언어공감각
공통한중어

작은
행동

차례

제1부
준비운동　　　　　　　　　　　　　　006

- 책의 구성　　　　　　　　　　　　　　008
- 중국어 발음 | 이중모음과 성조　　　　009
- 공통 한중어 예문 설명　　　　　　　　016

서문　　　　　　　　　　　　　　　　022
서문 예문　　　　　　　　　　　　　　　025

01　Alphabet 병음이 한국인에게 방해되는 건 아닐까?　037
예문 1　　　　　　　　　　　　　　　　043

02　다양한 언어의 싱싱한 칵테일, 페낭　055
예문 2　　　　　　　　　　　　　　　　063

03　Alphabet이 만든 오해　　　　　075
예문 3　　　　　　　　　　　　　　　　081

04　'디딤한글병음'의 탄생　　　　　093
예문 4　　　　　　　　　　　　　　　　101

제2부
언어란 무엇인가? 　　　　　　　　　　　　**114**

05　언어의 기원 1 　　　　　　　　　　　　**117**
예문 5 　　　　　　　　　　　　　　　　　　123

06　언어의 기원 2 　　　　　　　　　　　　**135**
예문 6 　　　　　　　　　　　　　　　　　　145

07　외래어가 현지화되는 과정 　　　　　　**157**
예문 7 　　　　　　　　　　　　　　　　　　167

08　한자 문화권에 건배 　　　　　　　　　　**179**
예문 8 　　　　　　　　　　　　　　　　　　185

제3부
인공지능 시대에 외국어를 배울 필요가 있는가?　**198**

09　제4의 물결, 인공지능 　　　　　　　　　**201**
예문 9 　　　　　　　　　　　　　　　　　　207

10　구구단 안 외울거야? 구구단도 AI에게 시킬 거야?　**219**
예문 10 　　　　　　　　　　　　　　　　　　227

11　인공지능 시대에 외국어를 배울 필요가 있는가?　**239**
예문 11 　　　　　　　　　　　　　　　　　　247

12　언어가 전부다 　　　　　　　　　　　　**259**
예문 12 　　　　　　　　　　　　　　　　　　265

제4부

언어는 어떻게 습득되는가?   278

---

13   언어는 어떻게 습득되는가?   281
예문 13   287

14   과연 우리는 엄마 배 속에서도 언어를 습득했을까?   299
예문 14   307

15   아기가 모국어를 깨우치는 과정에서 배우는 외국어 습득   319
예문 15   327

16   도움이 되는 입력은 '이해 가능한 입력'뿐이다   339
예문 16   343

17   언어는 결국 대화를 통한 상호작용으로 완성된다   355
예문 17   361

제5부
외국어 습득 로드맵   374

18   성인이 외국어를 배울 때 아이와의 차이점   377
예문 18   381

19   운동에 비유해 본 언어 습득 과정   393
예문 19   399

20   악기 연습에 비유해 본 언어 습득 과정   411
예문 20   419

21   외국어 구사 능력의 목표치는 어느 정도가 타당할까?   431
예문 21   439

제6부
기초 중국어 습득, 누구나 할 수 있다   452

22   누구나 외국어 습득이 가능한 이유   455
예문 22   461

23   마치며   474
예문 23   479

참고 문헌   492
찾아보기   494

제1부

준비운동

언어 공감각, 공통 한중어

책의 구성	006
중국어 발음의 특징 l 이중모음과 성조	009
공통 한중어 예문 설명	016
서문	022
1장 Alphabet 병음이 한국인에게 방해되는 건 아닐까?	037
2장 다양한 문화가 공존하는 살아있는 박물관, 페낭	056
3장 Alphabet이 만든 오해	076
4장 '디딤한글병음'의 탄생	094

책의 구성

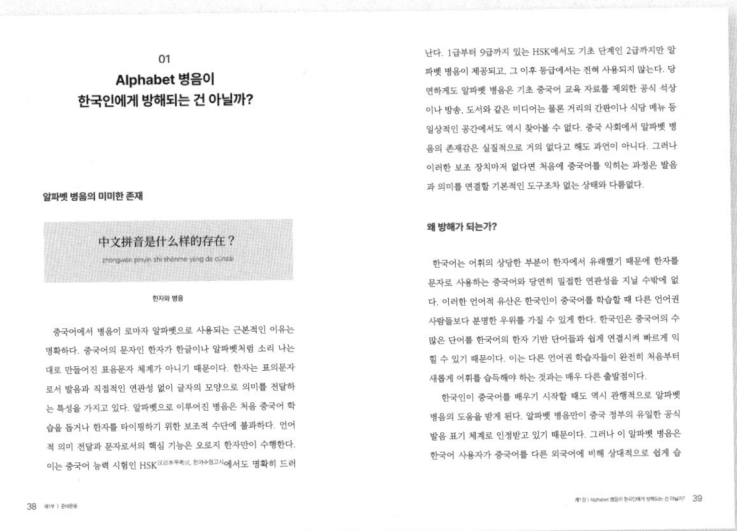

본문 다양한 관련 주제의 본문

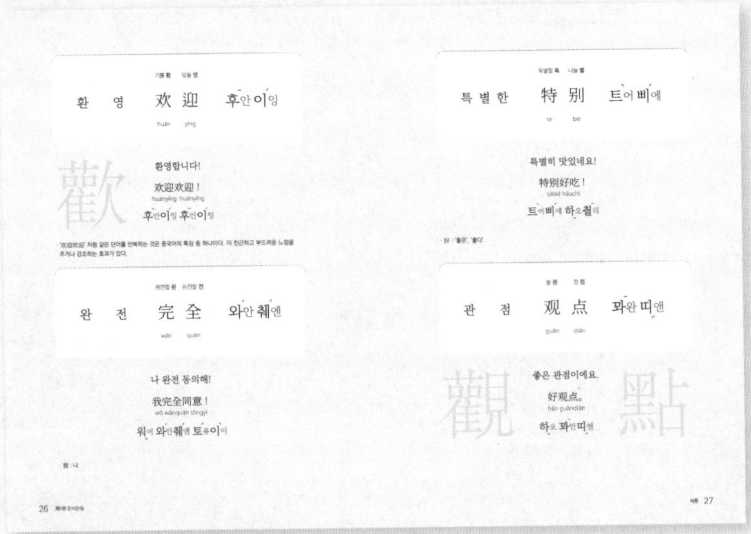

예문 본문에 등장한 공통 한중어를 이용한 예문

┃ 중국어 발음

 이 책의 각 장 뒤에 수록된 공통 한중어 예문을 활용하기 위해서는 기본적인 중국어 발음 방법을 알아야 한다.

중국어 발음의 특징 1. "이중모음"

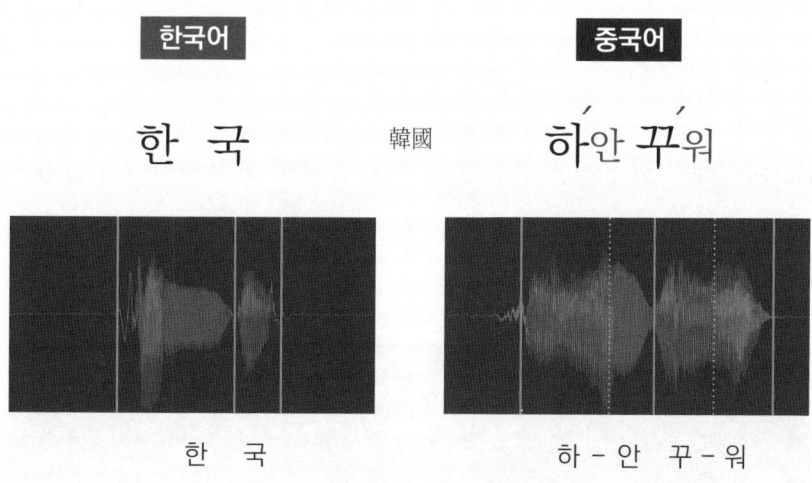

'한국'을 각 언어로 녹음한 WAVE 파형

 중국어의 모음 발음은 한국어처럼 '한', '국', 이렇게 딱딱 끊어지는 것이 아니라, '하-안', '꾸-워', 이런 식으로 늘어지는 느낌이다. 한번에 발음하지만, 두 개의 모음이 이어지는 이중모음이다.

중국어 발음의 특징 2. "성조"

중국어 발음을 나타내는 알파벳 병음에서의 성조 표기

중국어가 이중모음으로 발음하게 되는 이유는 성조를 표현해 단어의 의미를 구별하기 위해서다.

한국어에서 감정을 표현하는 어조나 억양이, 중국어에서는 성조로써 의미를 구분하는 핵심 역할을 한다.

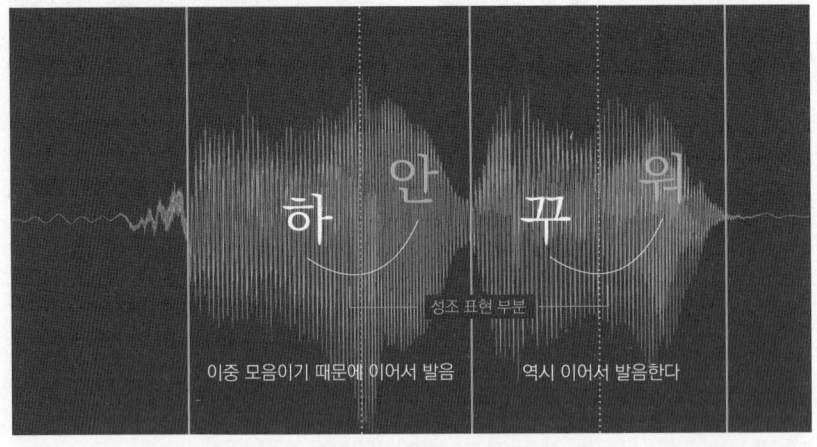

'한국'(韓國)을 중국어식으로 발음한 WAVE 파형

중국어 발음 표기법 <디딤한글병음>

다음을 살펴보자.

로마자 병음		한글 병음
hán guó	韓國	하́안 꾸́워
zhòng yào	重要	죠̀옹 야̀오
yuán yīn	原因	유́앤 이̄인

　로마자 병음이 더 쉽게 느껴지나, 한글 병음이 더 쉽게 느껴지나? 중국어 입문자라면 한글로 표기된 발음법이 익숙하게 느껴지는 경우가 더 많을 것이다. 이 책에서 제시한 중국어의 한글 발음 기호인 '디딤한글병음'은 한글을 변형시키지 않으면서 c/ch/q, f/p, l/r, s/sh/x, j/z/zh의 발음을 표기상 가능한 선에서 분류하였으며, 중국어 발음의 두 가지 핵심 요소인 이중모음과 성조를 효과적으로 구현하려고 노력한 결과물이다. 하지만 한글 병음 역시 보조 도구일 뿐, 반드시 실제로 듣고 말하는 경험이 필요하다.

성조 발음하는 방법

와̄아~!
ā

1성
1성의 발음은 한국어에서 감탄사로 쓰이는
'와~!(→)'의 억양과 같다.

왜́에?
á

2성
2성의 발음은 궁금하듯 살짝 끝을 올리며
'왜?(↗)' 하는 것과 같다.

아̌아~
ǎ

3성
　3성은 몰랐던 것을 알았을 때 '아(↘) 아(↗)~'하는 억양과 비슷하다. 2성과 헷갈리기 쉬운데, 2성이 끝을 살짝 올린다면, 3성은 처음 모음을 가능한 낮게 '아(↘)' 하고 눌렀다가, 이어서 살짝 올려 '아(↗)'하고 발음하는 식이다.
　기존 알파벳 병음에서는 'ˇ'의 형태로 표현하지만, 이 책의 중국어 발음 표기법인 '디딤한글병음'에서는 글자 아래에 거꾸로 된 L자 형태로 나타낸다.
　이는 입문자가 2성의 발음과 헷갈리는 경우가 많기 때문이다.

아ˋ아!

à

4성

4성은 맞았을 때 나오는 '아!(ㄺ)'하는 소리와 비슷하다.

나아.

a

경성

경성은 힘을 빼고 가볍게 '나.'라고 툭 던지듯 말하는 느낌과 비슷하다. 경성은 성조 표시가 없다.

성조 예시1

한국어

한 국   韓國
한 어   汉语
(표준 중국어)

한글 병음

하́안 꾸́워

하́안 위̀이

한국을 뜻하는 **'한'**

하́안

韓

2성

중국의 한족을 뜻하는 **'한'**

하̀안

汉

4성

잠깐!

우리가 부르는 중국어 = 한 어 (汉语, 한족의 언어)
                                     보통화 (普通话, 표준어)

중국은 다민족 국가다. 그중에서도 한족의 비율이 90% 이상을 차지해 압도적으로 많기 때문에 한족의 언어인 '한어'를 공용어로 사용한다. 우리가 말하는 '중국어'는 바로 이 한어를 가리키며, 이를 표준어라는 의미에서 '보통화'라고 부르기도 한다. 또한 '중문'(中文)이라는 표현을 사용하기도 한다.

성조 예시 2

한국어

중 국　　中國
중 요　　重要

한글 병음

죠옹 꾸워
죠옹 야오

가운데 **중**

죠옹

中

1성

무거울 **중**

죠옹

重

4성

　한국어에서는 같은 소리로 발음되는 '한'과 '중'이지만, 중국어에서는 성조에 따라 의미가 구별된다. 그래서 중국어는 성조를 틀리면 말이 통하지 않는다.

공통 한중어 예문 설명

 본문 각 장의 뒤에는 주제와 연관된 2~3자로 이루어진 공통 한중어 단어들과 함께, 그 단어를 활용한 예문이 함께 제시된다. 단어를 이루는 한자(漢字)의 중복은 있을 수 있으나 같은 단어가 반복되지는 않는다.

한자 훈음 수록

단어의 이해를 돕기 위해 해당 한자의 훈음(뜻과 소리)을 함께 수록하였다.

기존 로마자 알파벳 병음 수록

　중국어의 기존 병음은 한자의 발음을 표기하기 위한 것으로, 로마자 알파벳으로 만들어져 있다. 하지만 이는 영어식 발음과는 엄연한 차이가 있다. 그래서 중국어 입문 시 그렇지 않아도 한국어와 발음 체계가 달라 익숙하지 않은데, 알파벳으로 표기된 병음 때문에 오히려 혼란을 겪는 경우가 많다. 병음은 어디까지나 '보조 수단'일 뿐이며, 정확한 발음은 반드시 소리를 듣고 직접 말해 보며 익혀야 한다. 알파벳 병음은 주로 타이핑할 때 사용된다. 병음 표기는 신화한어사전(新华汉语词典)을 따랐다.

· 위 한자어를 우리말로 읽었을 때 '어언'이지만, 이 책의 목적은 중국어를 익히는 것이기 때문에 중국식 한자어를 따른다.

예문 수록

외국어를 배울 때 단어만 놓고 외우면 나중에 단어의 조합만을 내뱉는 '고장난 외국어'를 구사하기 쉽다. 또한 서로 다른 언어끼리는 1:1로 의미가 통하지 않는 경우도 있다. 그렇기 때문에 가능한 맥락을 파악할 수 있는 정도의 긴 문장을 통해, 단어가 어떻게 사용되는지 이해할 필요가 있다.

한국어　　　　　　　　　　**중국어**

나눌 **부**　나눌 **분**

부　분　　部　分　　뿌우 펑헌

bù　fen

여기는 설명 부분이에요.

这里是说明部分。

zhèlǐ shi shuōmíng bùfen

쪄어리이 싈의 슈오미잉 뿌우펑헌

번체 수록

중국에서는 복잡한 한자를 간소화한 '간체'를 사용한다. 반면 한국과 홍콩, 마카오, 대만은 전통적인 형태의 '번체'를 사용하므로, 간체화 된 한자는 번체를 옅은 배경으로 함께 실었다.

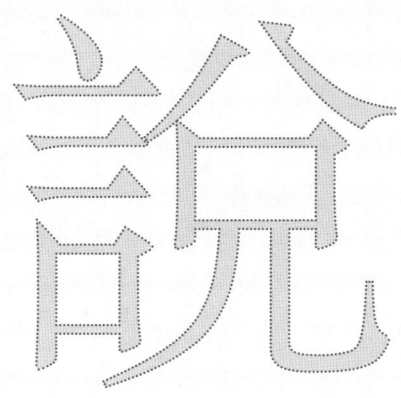

한국어 　　　　　　　　　　중국어

말씀 **설**　밝을 **명**

설　명　　说　明　　슈ー오　미́잉

shuō　míng

추가 설명 수록

예문에 등장하는 실용적인 단어나 관련된 요긴한 설명을 함께 수록했다.

내용을 상세히 설명해 주세요.

请详细说明内容。

qǐng xiángxì shuōmíng nèiróng

치잉 씨앙씨이 슈오미잉 네이르옹

· 请 : '청하다', '부탁하다', '~해주세요'라는 뜻이다.

언어공감각
공통한중어

서문

　시대마다 강한 헤게모니를 지닌 문화권의 언어는 그 영향력이 강렬하게 확산된다. 알파벳은 고대 페니키아 문명●으로부터 시작되어 그리스, 로마를 거쳐 스페인·포르투갈의 대항해시대, 그리고 영국-미국으로 이어지는 패권의 흐름을 따라 전 세계에 퍼져나갔다. 동양에서는 20세기 초까지 한자가 그와 비슷한 역할을 담당했다.

　한반도는 역사적으로 중국과 오랜 교류를 통해 같은 한자 문화권에 속해 있다. 15세기 훈민정음 창제 이후 한글이라는 독창적인 문자 체계를 발전시켜왔지만, 오랜 시간 동안 한자를 사용함으로써 자연스럽게 수많은 어휘를 차용하여 우리의 언어안에 녹여 냈다.

　한자가 중국 문명의 위대한 창조물이며 동아시아 문화의 근간을 이루는 핵심적 유산임은 자명한 사실이다. 이 정교한 표의문자 체계는 수천 년에 걸쳐 중국에서 발달하며 동아시아 전역으로 퍼져나갔다. 흥미로운 점은 한자가 국경을 넘어 각 지역의 언어와 문화에 맞게 변용되며, 풍부한 문화적 교류의 매개체가 되었다는 사실이다. 이는 고

● 지중해 동부 해안을 중심으로 발달한 고대 문명. (BC 1,500 ~ BC 300)

대 페니키아의 알파벳이 지중해를 건너 그리스, 로마를 거쳐 유럽 여러 국가들의 문자의 기원이 된 역사적 과정과 유사하다.

문자는 그 탄생지에서 비롯되지만, 시간이 흐르며 인류 공동의 문화유산으로 진화한다. 한자는 중국에서 태어나 한국, 일본, 베트남 등 여러 국가에서 각자의 방식으로 수용되고 발전했다. 이 과정에서 한자는 더욱 풍부해졌으며, 이러한 문화적 연결성은 동아시아 문명의 공통된 기반을 형성했다.

'언어 공감각, 공통 한중어'의 핵심 메시지는 명확하다. 한국어 사용자들은 이미 일상에서 사용하는 수많은 단어가 한자에 기반하고 있어, 다른 외국어보다 중국어를 상대적으로 쉽게 습득할 수 있다는 것이다. 이 책은 그러한 언어적 연결고리를 가시화하는 여정이다.

본문에서는 언어의 기원, 언어 습득 과정, 인공지능 시대의 언어 학습 가치 등 '언어'라는 폭넓은 주제를 다각도로 탐색한다. 이러한 다양한 탐구 과정은 단순히 중국어 학습서의 틀에 국한되지 않고, 우리가 언어를 어떻게 이해하고 배우는지에 대한 새로운 관점을 제공한다.

본문에 이어지는 '공통 한중어' 예문들은 우리가 일상에서 사용하는 한국어 단어들이 중국어와 얼마나 많은 공통점을 갖는지 보여준다. '교육'教育, '문화'文化, '사회'社會, '발전'發展과 같은 단어들이 한글, 한자, 중국어 발음으로 함께 제시되어, 두 언어 간의 깊은 연결성을 생생하게 드러낸다. 독자들은 이 비교를 통해 자신이 이미 상당한 중국어 어휘 기반을 갖추고 있음을 발견하게 될 것이다.

수많은 한중 공통 어휘들을 새로운 방식의 한글 병음과 함께 접하다 보면, 중국어에 대한 부담감이 한결 낮아질 것이다. 그러나 한국어와 중국어는 엄연히 다른 언어이며, 둘 사이에 존재하는 분명한 차이점들로 인해 반드시 별도의 노력이 필요하다는 점을 염두에 두길 바란다.

하나의 언어는 하나의 세계와 같다. 이 책은 비교적 쉽게 자신의 세계를 확장할 수 있는 기회를 제공한다. 중국은 거대한 나라다. 이 책이 여러분의 세계를 넓히는 데 도움이 되었으면 하는 바이다.

공통 한중어
서문 예문

- 환영 | 완전 | 특별한 | 관점
- 상대적 | 획득(얻다) | 비교적 | 용이(쉽다)
- 원인 | 이유 | 공통 | 의의(의미, 뜻)
- 간단 | 이해 | 실제 | 사용
- 가능 | 이후(앞으로) | 직접 | 판단
- 준비 | 개시(시작)

기쁠 **환**　　맞을 **영**

환　영　　欢迎　　후̄안 이́잉

huān　yíng

환영합니다!

欢迎欢迎！
huānyíng huānyíng

후̄안이́잉 후̄안이́잉

- '欢迎欢迎' 처럼 같은 단어를 반복하는 것은 중국어의 특징 중 하나이다. 더 친근하고 부드러운 느낌을 주거나 강조하는 효과가 있다.

완전할 **완**　　온전할 **전**

완　전　　完全　　와́안 춰́앤

wán　quán

나 완전 동의해!

我完全同意！
wǒ wánquán tóngyì

워̌어 와́안춰́앤 토́옹이̀이

- 我 : 나.

특별할 **특** 나눌 **별**

특 별 한   特 别   트어삐에
         tè   bié

특별히 맛있네요!

特別好吃！
tèbié hǎochī

트어삐에 하오칠의

· 好 : '좋은', '좋다'.

볼 **관**   점 **점**

관 점   观 点   꽈완 띠앤
         guān diǎn

좋은 관점이에요.

好观点。
hǎo guāndiǎn

하오 꽈안띠앤

서로 상   대할 대

상대적   相对   씨앙뚜위
xiāng duì

상대적으로 말하자면, 비교적 쉬운 편이에요.

相对来说，比较容易。
xiāngduì láishuō, bǐjiào róngyì

씨앙뚜위 라이슈오, 삐이쨔오 르옹이이

· ~来说 : '~로 말하자면'.

얻을 획   얻을 득

획 득   获得   휘어뜨어
(얻다)
huò dé

경험을 얻다.

获得经验。
huòdé jīngyàn

휘어뜨어 찌잉예앤

· 获得 : 결과적으로 어떤 것을 '얻다'는 의미로 사용한다.

견줄 **비**   견줄 **교**

비교적   比 较   삐̌이쨔̀오
bǐ   jiào

내용이 비교적 쉬워요.

内容比较容易。
nèiróng bǐjiào róngyì

네̀이르̌옹 삐̌이쨔̀오 르́옹이̀이

얼굴 **용**   쉬울 **이**

용 이   容 易   르́옹이̀이
(쉽다)
róng   yì

쉬워요?

容易吗?
róngyì ma

르́옹이̀이 마

· 중국어에서 '吗'를 사용하는 의문문은 어순을 바꾸지 않고 문장 끝에만 붙이면 되기 때문에, 다른 언어에 비해 의문문 표현이 매우 간단하고 직관적이다.

근원 **원**　　인할 **인**

원　　인　　原　因　　유́앤 이̄인
yuán　yīn

원인이 뭔가요?

什么原因?
shénme yuányīn

셔언머 유́앤 이̄인

· 什么 : '무엇' 또는 '어떤 것'을 묻는 의문대명사이다.

다스릴 **이**　말미암을 **유**

이　　유　　理　由　　리̌이 요́우
lǐ　yóu

이유를 찾다. (핑계를 대다)

找理由。
zhǎo lǐyóu

쟈̌오 리̌이 요́우

· 找 : '찾다' 또는 '구하다'를 뜻하며, 물건이나 사람을 찾거나 원하는 것을 구할 때 사용된다.

함께 공 한가지 동

공 통 共 同 꼬옹 토옹

gòng tóng

한국어와 중국어는 많은 공통 단어가 있다.

韩语和汉语有很多共同单词。
hányǔ hé hànyǔ yǒu hěnduō gòngtóng dāncí

하안위이 허어 하안위이 요우 허언뚜워 꼬옹토옹 따안츠으

· 和 : 주로 '~와', '~과'처럼 사람이나 사물을 나열할 때 쓰는 접속사이다.

뜻 의 옳을 의

의 의 意 义 이이 이이
(의미, 뜻)

yì yì

여기에는 특별한 의미가 있어요.

这里有特别的意义。
zhèlǐ yǒu tèbié de yìyì

져어리이 요우 트어삐에 떠 이이이이

· 的 : 앞의 말을 꾸며 뒤의 명사를 설명해 주는 역할을 한다. 우리말의 '~의', '~한'에 해당한다.

간략할 간　홀 단

간단　简单　찌앤 따안
jiǎn　dān

이거 쉬우니까 걱정하지 마세요.
这很简单，别担心。
zhè hěn jiǎndān, bié dānxīn
져어 허언 찌앤따안, 삐에 따안씨인

· 这 : '이', '이것'을 뜻하며, 가까운 사람이나 사물을 가리킬 때 쓰는 지시대명사이다.

다스릴 이　풀 해

이해　理解　리이 찌에
lǐ　jiě

이해해 줘서 고마워요.
谢谢你的理解。
xièxie nǐ de lǐjiě
씨에씨에 니이 떠 리이찌에

열매 실   이음새 제

실 제 实 际 실의찌이
shí jì

실제로 진짜 사용할 수 있어요.

实际上真的可以使用。
shíjìshang zhēnde kěyǐ shǐyòng

실의찌이샤앙 져언뜨어 크어이이 실의요옹

· 중국어에서 '上'은 단어 뒤에 붙어 '~의 면에서', '~적으로', '~상'이라는 뜻으로, 우리말처럼 어떤 측면이나 범위를 나타낼 때 자주 쓰인다.

하여금 사   쓸 용

사 용 使 用 실의요옹
shǐ yòng

어떻게 사용해요?

怎么使用？
zěnme shǐyòng

쩢언머 실의요옹

· 怎么 : '어떻게', '왜'를 뜻하며, 방법이나 이유를 물을 때 쓰는 의문사이다.

서문 33

옳을 **가**　능할 **능**

가　능　可 能　크ᵒ어 녀́ᵒ

kě　néng

불가능해요.

不可能。
bù kěnéng

뿌̀우 크ᵒ어 녀́ᵒ

· 중국어에서 '不'가 앞에 붙으면, 주로 뒤에 오는 동사나 형용사를 부정하여 '~하지 않다', '~이 아니다'의 의미가 된다.

써 **이**　뒤 **후**

이　후　以 后　이ᵒ이 호̀ᵒ우
　(앞으로)

yǐ　hòu

앞으로 어떤 계획이 있나요?

以后有什么计划？
yǐhòu yǒu shénme jìhuà

이ᵒ이 호̀ᵒ우 요̌ᵒ우 셔ᵒ언머 찌̀ᵒ이 화ᵒ

· 有 : 주로 '가지고 있다', '존재하다'는 뜻으로, 소유나 존재를 나타내는 동사이다.

곧을 직   이을 접

직 접   直 接   즈́의찌에
zhí   jiē

너 스스로 직접 판단해.

你自己直接判断吧。
nǐ zìjǐ zhíjiē pànduàn ba

니̀이 쭞́으̀찌이 즈́의찌에 파̀안뚜̀안 빠

· 你 : '너', '당신'을 뜻하는 가장 기본적인 2인칭 대명사이다.

판단할 판   끊을 단

판 단   判 断   파̀안 뚜̀안
pàn   duàn

상황 봐서 그다음에 판단하자.

看情况再判断吧。
kàn qíngkuàng zài pànduàn ba

카̀안 치́잉쿠̀앙 쫮̀이 파̀안뚜̀안 빠

· 看 : '보다', '읽다'는 의미로 쓰이는 기본적인 동사.

준할 준 갖출 비

준 비 准 备 쥬̆운뻬이
zhǔn bèi

준비됐나요?

准备好了吗？
zhǔnbèi hǎo le ma

쥬̆운뻬이 하̆오 러 마

· ~了 : 동작의 완료 또는 상태의 변화를 나타내는 조사다. 중국어에서 아주 자주 사용된다.

열 개   비로소 시

개 시 开 始 카̄이실̆의
(시작)
kāi shǐ

언제 시작해요?

什么时候开始？
shénme shíhou kāishǐ

셔́언머 실́이호우 카̄이실̆의

· 时候 : '때', '시간', '즈음'을 뜻하며, '什么时候'는 언제인지를 물을 때 쓰는 표현이다.

방해

1장

Alphabet 병음이
한국인에게 방해되는 건 아닐까?

妨碍

팡항아이

01
Alphabet 병음이
한국인에게 방해되는 건 아닐까?

알파벳 병음의 미미한 존재

> 中文拼音是什么样的存在？
> zhōngwén pīnyīn shì shénme yàng de cúnzài

한자와 병음

중국어에서 병음이 로마자 알파벳으로 사용되는 근본적인 이유는 명확하다. 중국어의 문자인 한자가 한글이나 알파벳처럼 소리 나는 대로 만들어진 표음문자 체계가 아니기 때문이다. 한자는 표의문자로서 발음과 직접적인 연관성 없이 글자의 모양으로 의미를 전달하는 특성을 가지고 있다. 알파벳으로 이루어진 병음은 처음 중국어 학습을 돕거나 한자를 타이핑하기 위한 보조적 수단에 불과하다. 언어적 의미 전달과 문자로서의 핵심 기능은 오로지 한자만이 수행한다. 이는 중국어 능력 시험인 HSK汉语水平考试, 한어수평고시에서도 명확히 드러난다. 1급부터 9급까지 있는 HSK에서도 기초 단계인 2급까지만 알파벳 병음이 제공되고, 그 이후 등급에서는 전혀 사용되지 않는다. 당연하게도 알파벳 병음은 기초 중국어 교육 자료를 제외한 공식 석상이나 방송, 도서와 같은 미디어는 물론 거리의 간판이나 식당 메뉴 등 일상적인 공간에서도 역시 찾아볼 수 없다. 중국 사회에서 알파벳 병음의 존재감은 실질적으로 거의 없다고 해도 과언이 아니다. 그러나 이러한 보조 장치마저 없다면 처음에 중국어를 익히는 과정은 발음과 의미를 연결할 기본적인 도구조차 없는 상태와 다름없다.

왜 방해가 되는가?

한국어는 어휘의 상당한 부분이 한자에서 유래했기 때문에 한자를 문자로 사용하는 중국어와 당연히 밀접한 연관성을 지닐 수밖에 없다. 이러한 언어적 유산은 한국인이 중국어를 학습할 때 다른 언어권 사람들보다 분명한 우위를 가질 수 있게 한다. 한국인은 중국어의 수많은 단어를 한국어의 한자 기반 단어들과 쉽게 연결시켜 빠르게 익힐 수 있기 때문이다. 이는 다른 언어권 학습자들이 완전히 처음부터 새롭게 어휘를 습득해야 하는 것과는 매우 다른 출발점이다.

한국인이 중국어를 배우기 시작할 때도 역시 관행적으로 알파벳 병음의 도움을 받게 된다. 알파벳 병음만이 중국 정부의 유일한 공식 발음 표기 체계로 인정받고 있기 때문이다. 그러나 이 알파벳 병음은 한국어 사용자가 중국어를 다른 외국어에 비해 상대적으로 쉽게 습득할 수 있는 잠재력을 제한한다.

낭비되는 인지력

근원 원　인할 인

원 인　原 因　yuán yīn
　　　　　　　유ˊ앤 이ˉ인

보기

　보기를 살펴보면 한국어의 '원인'(原因)과 중국어의 '유앤 이인'(原因)은 동일한 한자에 기반한 같은 의미의 단어다. 중국어를 이렇게 한글 병음으로 표기하면, 한국어 사용자는 친숙한 한글을 곧바로 읽고 발음할 수 있어 한국어 '원인'과의 유사성을 더 쉽게 인식할 수 있다. 반면에 'yuán yīn'은 알파벳으로 표기되어 있을뿐더러 영어식 발음과는 차이가 있기 때문에, 충분히 훈련되지 않았다면 한국어 사용자가 한글 병음을 활용하는 것에 비해 읽고 발음하는 데에 따른 추가적인 인지적 노력이 필요할 수밖에 없다. 이로 인해 공통 한중어인 '원인'과 '유앤 이인'의 연관성을 파악하는 데에도 더 많은 시간이 걸릴 수 있다. 게다가 중국어를 배우기 위해서는 '한자'와 '알파벳 병음'이라는 두 가지 체계를 동시에 익혀야 한다는 부담감마저 생길 수 있다.

　중국어 학습을 시작하게 되면 그렇지 않아도 한국어와 다른 발음 체계 때문에 익숙하지 않아 생소함을 느끼게 되는데, 여기다가 알파벳 병음이라는 또 다른 장벽이 더해진다. 학습자가 알파벳 병음을 활용하다 보면 시간이 지날수록 한자 자체보다 알파벳 병음에 의존해 중국어를 읽는 경향이 생기는데, 이는 매우 안 좋은 습관이다. 결국 본질은 '한자'漢字이지, 병음이 아니기 때문이다. 앞서 언급했던 바와 같이 알파벳 병음은 결국 타이핑을 하는 용도 외에는 쓸모가 없다. 알파벳 병음은 한국어 사용자에게 마치 '중국어 습득'이라는 목적지가 더 가깝게 위치해 있는데도 왠지 더 멀리 돌아가게 만들고 있는 것이 아닌가 하는 생각이 든다. 보기와 같이 한글 병음으로 중국어 발음을 표기한다면, 한국어 사용자들이 한글의 발음 체계를 활용하여 중국어 발음을 보다 직관적으로 이해하고, 한자어로 인한 연결고리를 더욱 자연스럽게 인식할 수 있을 것이다. 그런데 알파벳 병음은 이를 가로막으며 한국어와 중국어가 가진 유사성을 인위적으로 단절시키고 있다. 한국어를 모국어로 사용하는 우리에게는 한국어에 풍부하게 존재하는 한자어 덕분에 중국어 어휘 습득에 있어 분명한 이점이 있음에도 불구하고, 알파벳 병음이 이러한 강점을 가로막는 장애물로 작용하는 것이다. 이렇게 되면 한국인이 본래 가진 한자어 지식이라는 강력한 이점을 제대로 활용하지 못하게 된다.

언어공감각
공통한중어

공통 한중어
예문 1

- 정부 | 유일한 | 정식(공식) | 기호
- 보조 | 수단(수완) | 용도 | 낭비
- 고시(시험) | 등장 | 본질 | 무관
- 기능 | 방해 | 부담 | 혼란
- 초기 | 출발 | 분명 | 유리(유익,이득)
- 본래(원래) | 존재

정사 **정**　　마을 **부**

정부　政府　져̀ㅇ풍후̌

zhèng　fǔ

정부가 새로운 정책을 선포했다.

政府宣布了新的政策。
zhèngfǔ xuānbù le xīn de zhèngcè

져̀ㅇ풍후̌ 쒸̄앤뿌̀우 러 씨̄인 떠 져̀ㅇ츠̀어

오직 **유**　　한 **일**

유일한　唯一　웨́이 이ī

wéi　yī

이것이 나의 유일한 기회다.

这就是我唯一的机会。
zhè jiùshì wǒ wéiyī de jīhuì

져̀어 찌우̀쉴 우̌워 웨́이이ī 떠 찌ī이후̀이

· 就是 ~ : '바로 ~이다', '즉'이라는 뜻으로, 강조하거나 정의할 때 쓰이는 표현이다.

바를 정　법 식

정　식　正 式　　져ˇ엉ˋ실˙의
（공식）
　　　　　zhèng　shì

이번에 공식적으로 발표했다.

这次正式发表了。
zhècì zhèngshì fābiǎo le

져ˋ어츠으 져ˇ엉ˋ실˙의 팡ˇ하빠ˇ오 러

· 次 : '횟수', '번'을 나타내는 양사(수량이나 순서를 나타내는 단위)로, 동작이나 사건이 일어난 횟수를 셀 때 사용한다.

기록할 기　이름 호

기　　호　记 号　찌˙이하ˋ오
　　　　　jì　hào

저 기호는 무엇을 상징하나요?

这个记号象征什么？
zhège jìhào xiàngzhēng shénme

져ˋ어끄어 찌˙이하ˋ오 씨앙져ˇ엉 셔˙언머

도울 보　도울 조

보　조　补 助　뿌우쥬우

bǔ　zhù

정부가 많은 보조금을 제공했다.

政府提供了很多补助。
zhèngfǔ tígōng le hěn duō bǔzhù

쪄엉풀후 티이꼬옹 러 허언 뚜워 뿌우쥬우

· 很多 : '많다', '매우 많은'.

손 수　조각 단

수　단　手 段　쇼우뚜안
(수완)

shǒu　duàn

우리는 더 유효한 수단을 찾아야 한다.

我们需要找到更有效的手段。
wǒmen xūyào zhǎodào gèng yǒuxiào de shǒuduàn

우워먼 쒸이야오 쟈오따오 꺼엉 요우쌰오 떠 쇼우뚜안

· '我们'은 '우리'라는 뜻이다. '~们'은 '우리', '너희', '그들'처럼 여러 사람을 말할 때 뒤에 붙여서 복수로 만들어준다.

쓸 용　　길 도

용　도　　用 途　　요̀옹 트́우

　　　　　　　yòng　tú

이 상자의 용도를 아세요?

你知道这个箱子的用途吗?
nǐ zhīdào zhège xiāngzi de yòngtú ma

니̀이 즈의따̀오 져́어끄어 씨̀앙쯔으 떠 요̀옹트́우 마

· '知道'는 '알다', '알아요'라는 뜻이다. 반대로 '不知道'는 '모른다'이다.

물결 낭　　쓸 비

낭　비　　浪　费　　라̀앙 페̀이히

　　　　　　　làng　fèi

시간 낭비하지 마세요.

不要浪费时间。
búyào làngfèi shíjiān

뿌́우야̀오 라̀앙페̀이히 실́의찌́앤

· '不要'는 '하지 마세요', '~하지 말라'는 뜻으로, 어떤 행동을 하지 말라고 할 때 쓰는 표현이다. '不要'가 부정형이라면 '要'는 반대로 긍정형 표현이다.

생각할 **고**　시험할 **시**

고 시　考试　카오˘실`의
(시험)

kǎo　shì

시험 어려워요?

考试难吗？
kǎoshì nán ma

카오˘실`의 나´안 마

· 难 : '어렵다', '힘들다'.

오를 **등**　마당 **장**

등 장　登场　떠-엉 챠`앙

dēng　chǎng

새로운 경쟁자가 등장했다.

新的竞争者登场了。
xīn de jìngzhēngzhě dēngchǎng le

씨-인 떠´ 찌`잉 져-엉 져´어 떠-엉 챠`앙 러

근본 **본**　바탕 **질**

본　질　　本 质　　뻐ˇ언ˋ즈의

běn　zhì

본질적으로 다를 게 없어요.

本质上没什么不同。
běnzhìshang méi shénme bùtóng

뻐ˇ언ˋ즈의샤앙 메ˊ이 셔ˊ언머 뿌ˋ우토ˊ옹

· 没 : '없다', '하지 않았다'는 뜻으로, 과거의 부정이나 존재하지 않음을 나타낼 때 사용한다.

없을 **무**　관계할 **관**

무　관　　无 关　　우ˊ우꽈ˉ안

wú　guān

이것은 나와 무관해.

这和我无关。
zhè hé wǒ wúguān

져ˋ어 허ˊ어 우ˇ워 우ˊ우꽈ˉ안

공공　　능할 능

기　능　功　能　꼬옹너ˊ엉

gōng　néng

기능이 너무 복잡해요.

功能太复杂了。
gōngnéng tài fùzá le

꼬옹너ˊ엉 타ˋ이 풍ˋ후쩌ˊ아 러

- 太 : '너무', '아주'라는 뜻으로, 형용사를 강조할 때 쓰는 부사이다. 일반적으로 과도하거나 강한 감정을 표현할 때 사용된다.

방해할 방　　거리낄 애

방　해　妨　碍　팡ˊ항아ˋ이

fáng　ài

너 내 일 방해하지 마!

你不要妨碍我工作！
nǐ bùyào fáng'ài wǒ gōngzuò

니ˇ이 뿌ˋ우야ˋ오 팡ˊ항아ˋ이 우ˇ워 꼬옹쭈ˋ오

질부　멜담

부　담　负担　풍̀후따̄안
fù　dān

부담 갖지 마세요.

别有负担。
bié yǒu fùdān

삐́에 요̌우 풍̀후따̄안

· 别~ : '~하지 마'라는 뜻으로, 상대에게 어떤 행동을 말리거나 금지할 때 사용한다.

섞을 혼　어지러울 란

혼　란　混乱　후̀운루̀안
hùn　luàn

상황이 매우 혼란해요.

情况很混乱。
qíngkuàng hěn hùnluàn

치́잉쿠̀앙 허̌언 후̀운루̀안

· 很~ : '아주', '매우'라는 뜻으로, 주로 형용사 앞에 붙어 그 뜻을 강조하거나 문장을 자연스럽게 만드는 역할을 한다.

처음 초　기약할 기

초기　初期　츄ㅡ우치ㅡ이
chū　qī

초기 단계가 중요해요.

初期阶段很重要。
chūqī jiēduàn hěn zhòngyào

츄ㅡ우치ㅡ이 찌ㅡ에뚜안 허ˇ언 죠ˋ옹야ˋ오

· 阶段 : '단계', '시기'라는 뜻으로, 어떤 일이나 과정이 나뉘는 구간을 말할 때 사용한다.

날 출　필 발

출발　出发　츄ㅡ우팡ㅡ하
chū　fā

너 언제 출발해?

你什么时候出发?
nǐ shénme shíhou chūfā

니ˇ이 셔ˊ언머 실ˊ의호우 츄ㅡ우팡ㅡ하

나눌 분　밝을 명

분 명　分 明　펄̄헌 미́잉
fēn　míng

분명히 고의적이야.

分明是故意的。
fēnmíng shì gùyì de

펄̄헌미́잉 싈̀의 꾸̀우이́이 떠

· 是 : '~이다'라는 뜻으로, 무엇이 무엇인지 설명할 때 쓰는 말이다. 주로 A是B의 형태로 사용된다.

있을 유　이로울 리

유 리　有 利　요̌우 리̀이
(유익, 이득)
yǒu　lì

이것은 쌍방 모두에게 유익하다.

这对双方都有利。
zhè duì shuāngfāng dōu yǒulì

져̀어 뚜̀위 슈̄앙퐈̄항 또̄우 요̌우리̀이

· 对 ~ : '~에 대해', '~에게'라는 뜻으로, 영향을 받는 대상이나 방향을 나타낼 때 사용된다. '对'만 단독으로 사용할 경우 '맞아요', '그래요'라는 뜻으로 동의하거나 인정할 때 사용되기도 한다.

근본**본**　올**래**

본 래　本来　뻐언라이
(원래)
běn　lái

너 원래 알았지?

你本来知道吧？
Nǐ běnlái zhīdào ba

니이 뻐언라이 즈으따오 빠

- ~吧 : 제안이나 추측 또는 부드러운 명령을 할 때 문장 끝에 붙이는 말이다. 우리말의 '~하지?', '~하자', '~할까?' 같은 뉘앙스를 가진다.

있을 **존**　있을 **재**

존 재　存在　추운짷이
cún　zài

너의 존재는 매우 중요해.

你的存在很重要。
nǐ de cúnzài hěn zhòngyào

니이 떠 추운짷이 허언 죠옹야오

공존

2장

다양한 언어의
싱싱한 칵테일, 페낭

共存

02
다양한 언어의
싱싱한 칵테일, 페낭

    오늘날 말레이시아의 주요 전자 및 반도체 산업 중심지 중 하나인 페낭은 동남아시아의 교역로가 만나는 지점에 자리한 섬이다. 말레이반도 서해안에서 인도양 무역로의 중요한 경유지 역할을 해온 페낭은, 이러한 지리적 특성으로 인해 오랜 세월 동안 다양한 문화의 영향을 받아왔다.

다양한 문화가 공존하는 살아있는 박물관

페낭(Penang)

나는 페낭의 조지타운^{George Town} 근처에서 대략 두 달 정도 머물렀다. 조지타운은 1786년 영국 동인도 회사가 설립한 곳으로, 영국이 이곳을 관세가 거의 없는 자유 무역항으로 운영하면서 자연스럽게 다양한 지역의 상인들이 모여들었다고 한다. 이로 인해 19세기에 들어서며 점차 동서양 무역의 주요 교차점으로 발전했고 말레이계, 중국계, 인도계, 아랍계 등 여러 문화권의 언어와 관습, 종교가 함께 공존하는 독특한 사회가 형성되었다고 한다. 조지타운 시내에는 '하모니 스트리트'^{Street of Harmony}라는 거리가 있는데, 이곳에서는 중국 사원, 무슬림 모스크, 힌두교 사원, 기독교 교회가 불과 몇 블록 간격으로 자리 잡고 있다. 조지타운은 동남아시아 역사 도시 중 가장 보존이 잘 된 지역 중 하나로 유네스코 세계문화유산으로 지정되어 있는데, 19세기 영국 식민지 시대의 건축물과 각종 문화권의 다양한 상점가들이 옛 모습 그대로 어우러진 모습은, 그 자체로 이국적인 시간 여행을 하는 느낌을 주었다. 석양이 질 무렵 이 거리를 거닐 때면 마치 살아있는 거대한 박물관을 걷는 듯한 분위기를 자아냈다.

말레이시아는 말레이어를 공용어로 사용하지만 영어, 표준 중국어^{汉语(한어)}, 그리고 타밀어 또한 폭넓게 사용된다. 나는 페낭에서 지내는 동안 카페를 자주 찾았는데, 카페에 앉아 있으면 주변에서 동시에 여러 언어가 오가는 장면을 쉽게 접할 수 있었다. 부모는 아이들에게 중국어로 말하고, 점원에게는 말레이어로 주문하며, 외국인 관광객에게는 영어로 길을 안내해 주는 식이었다. 이들에게 언어의 전환은 마치 숨 쉬는 것처럼 자연스러운 일상으로 보였다 말레이시아 내에서도 페낭은 특히 중국계 화교가 많이 거주하는 지역이다. 그로 인해 위의 네 가지 언어 외에도 다양한 지역에서 건너온 화교들이 사용하는 한족 계열의 언어인 민남어閩語, Hokkien, 광둥어粵語, Cantonese, 객가어客家話, Hakka 등의 언어들이 함께 사용된다. 나는 페낭에 거주하는 중국계 말레이시아 사람을 여러 명 만나보았는데, 그들은 기본적으로 말레이어, 영어, 표준 중국어까지 3개 국어를 구사하는 것에 더해 집안 내력이나 환경에 따라 민남어, 광둥어, 객가어를 추가로 구사할 수 있었다. 여기서 흥미로운 점은 페낭에서 여전히 다양한 중국 방언들이 활발하게 사용되며 세대를 넘어 전승되고 있다는 것이었다.

민남어는 중국 푸젠성 남부 지역의 방언으로, 페낭 중국계 주민들 사이에서 자주 사용되고 있었다. 한 현지 식당에서 만난 70대 노인은 민남어로만 대화가 가능했는데, 흥미롭게도 그의 아들은 민남어, 광둥어, 표준 중국어, 말레이어, 영어를 모두 유창하게 구사했다. 이 가족은 세대 간의 언어적 차이를 확연히 보여주는 생생한 예였다. 노인은 자신의 고향 언어만을 고수했지만, 그의 자녀 세대는 다양한 언어를 습득하며 환경에 적응해 나간 것이다.

광둥어 역시 페낭에서 널리 사용되는 방언 중 하나였다. 홍콩과 마카오의 주요 언어이기도 한 광둥어는, 중국 남부 광둥성 지역의 방언이다. 페낭의 일부 차이나타운 지역에서는 광둥어가 일상 대화의 주요 언어로 사용되고 있었고, 말레이시아 내 중국어 라디오 방송 중 일부는 광둥어로 제공되기도 했다.

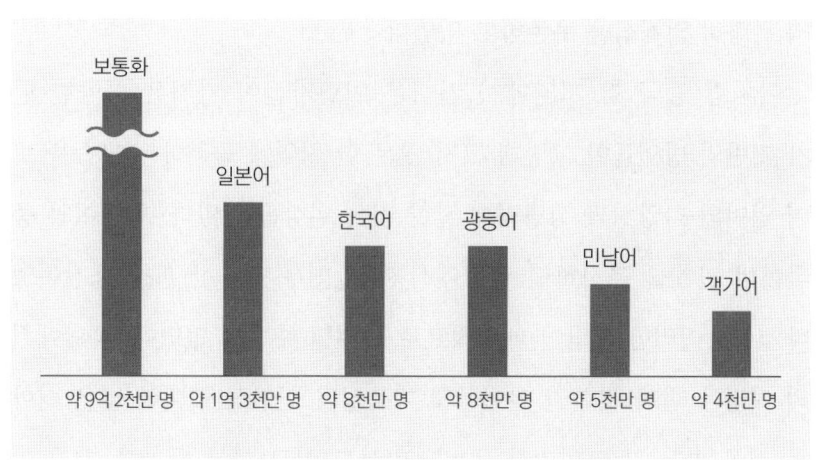

페낭에서 접한 주요 한자 기반 언어들(사용 인구 순)

　객가어도 페낭에서 만날 수 있는 중요한 한족 계열의 방언이었다. 객가인들은 중국 역사에서 여러 차례 이주를 경험한 민족으로, 그들의 언어는 중국 여러 지역의 언어적 특성을 혼합한 독특한 형태를 갖추고 있다고 한다. 특히 객가인은 언어도 다르고 민족적 정체성도 명확한데, 왜 중국 내 다른 소수민족처럼 따로 분류되지 않고 한족으로 분류되는지에 대한 의문을 자아냈다.

　흥미롭게도 객가어는 한자어 기반 언어 중에서 한국어와 발음이 가장 유사한 측면이 있었다.

　보통화를 포함한 이러한 한족 계열의 언어인 민남어, 광둥어, 객가어의 차이는, 보통화와 한국어처럼 발음과 어휘 면에서 서로 차이가 있어 서로 의사소통이 거의 불가능할 정도이다. 각 방언은 같은 한자를 사용하면서도 서로 다른 독특한 발음과 표현 방식을 통해 그들만의 문화적 정체성을 보존하고 있었다.

　이처럼 중국 각 지역에서 건너온 이민자들이 가져온 다양한 한자 기반의 방언들이 그렇게 크지 않은 한 지역에 공존하는 모습을 보며 언어의 다양성과 생명력에 관한 깊은 인상을 받았다. 한국어와 중국어의 관계를 조사하던 입장에서 이는 매우 귀중한 관찰 대상이었다. 나는 이러한 페낭이 매력적으로 느껴질 수밖에 없었다. 페낭에서의 여정은 한자 문화권 언어들의 다층성과 연결성에 대한 넓은 시야를 제공했다. 같은 한자를 공유하면서도 서로 다른 체계를 가진 여러 언어들의 모습은, 한국어와 중국어의 관계를 새로운 관점에서 바라볼 수 있게 하였다. 한자라는 공통 요소가 각 지역의 언어적 특성에 맞게 변형되고 적응된 모습은, 한국인이 중국어를 배울 때 경험하는 이질감과 친숙함의 근원을 이해하는 데 중요한 단서가 되었다.

　이러한 다중언어 환경에서의 체험은 '언어 공감각' 프로젝트의 방향성을 더욱 명확히 해주었다. 한국어와 중국어 사이의 역사적 연결성과 현대적 차이점을 동시에 고려하면서, 두 언어 사이의 가교 역할을 할 수 있는 효과적인 언어 습득 방법을 고민하게 되었다. 페낭에서 보낸 시간은 중국어 습득에 대한 새로운 접근법을 구상하는 데 중요한 영감의 원천이 되었다.

페낭 조지타운의 외곽 거리

언어공감각
공통한중어

공통 한중어
예문 2

- 다양 | 민족 | 종교 | 공존

- 해외 | 공사(회사) | 자유 | 무역

- 반도체 | 투자 | 시장 | 관세

- 핵심 | 위치 | 매력 | 지점(장소)

- 관찰 | 취재 | 석양 | 산보(산책)

- 찬란 | 풍경

많을 다 모양 양

다 양　多样　뚜̄워 야̌앙

duō　　yàng

우리는 다양한 의견이 필요하다.

我们需要多样化的意见。
wǒmen xūyào duōyànghuà de yìjiàn

우̌워먼 쒸̄이야오 뚜̄워야̀앙화아 떠 이̀이찌앤

백성 민 겨레 족

민 족　民 族　미́인 쭈́우

mín　　zú

중국은 하나의 다민족 국가이다.

中国是一个多民族国家。
zhōngguó shì yíge duōmínzú guójiā

죠̄옹꾸́워 싈̀의 이́이끄어 뚜̄워미́인쭈́우 꾸́워찌̄아

마루 **종**　가르칠 **교**

종교　宗教　쫑ˉ 쨔오ˋ
zōng　jiào

서로 다른 종교 신앙을 존중하다.

尊重不同的宗教信仰。
zūnzhòng bùtóng de zōngjiào xìnyǎng

쭌ˉ죵ˋ 뿌ˋ우토ˇ옹 떠 쫑ˉ쨔오ˋ 씨ˋ인야ˇ앙

함께 **공**　있을 **존**

공존　共存　꼬ˋ옹추ˊ운
gòng　cún

자연과 공존하다.

跟自然共存。
gēn zìrán gòngcún

꺼ˉ언 쯧ˋ으라ˊ안 꼬ˋ옹추ˊ운

· 跟~ : '~와', '~에게'라는 뜻을 가진 전치사로, 함께 하는 대상이나 말하는 상대를 나타낼 때 사용한다.

바다 해　바깥 외

해　외　海 外　하ˇ이 와ˋ이
hǎi　wài

나는 해외여행을 갈 계획이다.

我打算去海外旅游。
wǒ dǎsuàn qù hǎiwài lǚyóu

우ˇ워 따ˇ아수ˋ안 취ˋ이 하ˇ이와ˋ이 뤼ˇ이요ˊ우

· 打算 : 한자를 그대로 직역하면 '셈을 하다'라는 뜻이지만, 중국어에서는 '~할 계획이다', '~할 생각이다'라는 뜻으로, 앞으로의 의도나 계획을 표현할 때 사용한다.

공평할 공　맡을 사

공　사　公 司　꼬ˉ옹 스ˉ으
　(회사)
gōng　sī

회사의 발전이 매우 빠르다.

公司的发展很快。
gōngsī de fāzhǎn hěn kuài

꼬ˉ옹스ˉ으 떠 팡ˉ하쟈ˇ안 허ˇ언 콰ˋ이

· 很快 : '매우 빠르다' 또는 '곧'이라는 뜻으로, 속도나 시간을 나타낼 때 사용한다.

스스로 **자** 말미암을 **유**

자 유 自 由 쯔으요우
zì   yóu

나는 자유로운 생활을 갈망한다.
我渴望自由的生活。
wǒ kěwàng zìyóu de shēnghuó
우워 크어와앙 쯔으요우 떠 셔엉휘어

무역할 **무** 바꿀 **역**

무 역 贸 易 마오이이
mào   yì

국제 무역은 경제 발전에 매우 중요하다.
国际贸易对经济发展很重要。
guójì màoyì duì jīngjì fāzhǎn hěn zhòngyào
꾸워찌이 마오이이 뚜워 찌잉찌이 퐈하쟈안 허언 죠옹야오

제2장 | 다양한 언어의 상상한 칵테일, 페낭 67

반**반** 인도할**도** 몸**체**

반 도 체　　半导体　빠ˋ안 따ˇ오 티ˇ이

bàn　dǎo　tǐ

반도체는 현대 과학기술의 핵심이다.
半导体是现代科技的核心。
bàndǎotǐ shì xiàndài kējì de héxīn
빠ˋ안따ˇ오티ˇ이 싈ˋ의 씨ˋ앤따ˋ이 크ˉ어찌ˋ이 떠 허ˊ어씨ˉ인

· 科技 : 과학 기술. 科学(과학)과 技术(기술)의 앞자리를 딴 약자이다. 한자는 글자 자체에 의미가 또렷하게 담겨 있기 때문에, 중국어에서도 이러한 약어 표현이 매우 흔하고 자연스러운 방식이다.

던질**투**　재물**자**

투　자　　投 资　토ˊ우 쯔ˉ으

tóu　zī

투자하기 전에 충분한 위험 평가를 해야 한다.
投资前要做好充分的风险评估。
tóuzī qián yào zuò hǎo chōngfèn de fēngxiǎn pínggū
토ˊ우쯔ˉ으 치ˊ앤 야ˋ오 쭈ˋ오 하ˇ오 쵸ˉ옹펑ˋ헌 떠 펑ˉ헝씨ˇ앤 피ˊ잉꾸ˉ우

· 风险 : 위험.

저자 **시**　　마당 **장**

시　　장　　市　场　　싈의챠̀앙

shì　chǎng

이 시장은 매우 북적북적하다.

这个市场非常热闹。
zhège shìchǎng fēicháng rènào

져̌어끄̌어 싈의챠̀앙 펭̄히챠́앙 르̀어나̀오

· 热闹 : '번화하다', '북적북적하다'.

관계할 **관**　　세금 **세**

관　　세　　关　税　　꽈̄안슈̀위

guān　shuì

관세가 아주 높나요?

关税很高吗?
guānshuì hěn gāo ma

꽈̄안슈̀위 허̌언 까̄오 마

· 很高 : '매우 높다'라는 뜻이며, 높이나 수준, 수치 등이 클 때 그 정도를 강조할 때 사용한다.

씨 **핵**　　마음 **심**

핵　심　核　心　허어씨인
hé　　xīn

핵심이 뭐에요?

核心是什么？
héxīn shì shénme

허어씨인 쉴의 셔언머

자리 **위**　　둘 **치**

위　치　位　置　웨이즈의
wèi　　zhi

그것의 위치를 알려주세요.

请告诉我它的位置。
qǐng gàosu wǒ tā de wèizhi

치잉 까오스우 우워 타아 떠 웨이즈의

· 请 : 문장 앞에 위치하여 '부탁하다', '청하다'는 의미를 가지며, 공손하게 요청할 때 사용된다.

매홀할 매　힘 력

매 력　魅 力　메이리이
mèi　lì

그의 매력에 끌리다.

被他的魅力吸引。
bèi tā de mèilì xīyǐn

뻬이 타아 떠 메이리이 씨이이인

· 被 : 어떤 행동이나 영향을 '당함'을 나타내는 조사로, 주로 피동문을 만들 때 사용된다.

땅 지　점 점

지 점　地 点　띠이띠앤
(장소)
dì　diǎn

장소가 어디야?

地点在哪儿？
dìdiǎn zài nǎr

띠이띠앤 짲이 날알

· 在 : '~에 있다'는 뜻으로, 위치나 존재를 나타낼 때 사용된다.

볼 관   살필 찰

관 찰 观察 꾸안챠아

guān chá

그는 주위 환경을 관찰하는 것을 좋아한다.

他喜欢观察周围的环境。
tā xǐhuan guānchá zhōuwéi de huánjìng

타아 씨이후안 꽈안챠아 죠우웨이 떠 후안찌잉

- 他 : '그'라는 뜻의 남성을 가리키는 3인칭 대명사. 여성을 가리키는 3인칭 대명사는 문자로는 '她'지만 발음은 '他'와 같다. 한국어로는 '타인'이 '다른 사람'을 뜻하지만, 중국어에서는 '그', '그녀'라는 3인칭 대명사로 사용된다.

가질 취   재목 재

취 재 取材 취이차이

qǔ cái

취재에 관한 일이에요.

关于取材的事。
guānyú qǔcái de shì

꾸안위이 취이차이 떠 실의

- 事 : '일', '사건', '사안'.

저녁 석 볕 양

석   양   夕阳   씨̄이야́앙

xī yáng

석양이 정말 아름답네요.

夕阳真美。
xīyáng zhēn měi

씨̄이야́앙 져̄언 메̌이

· 真 : '정말', '진짜로'라는 뜻이며, 감탄이나 사실의 정도를 강조할 때 사용한다.

흩을 산 걸음 보

산   보   散 步   사̀안뿌̀우
  (산책)
        sàn bù

우리 산책하면서 얘기 좀 해요.

我们一边散步一边聊天吧。
wǒmen yībiān sànbù yībiān liáotiān ba

우̌워먼 이̄이삐̄앤 사̀안뿌̀우 이̄이삐̄앤 랴́오티̄앤 빠

· 一边~一边~ : '~하면서 ~하다'라는 뜻으로, 동시에 두 가지 동작을 할 때 쓰는 표현이다.

빛날 **찬**　빛날 **란**

찬　란　灿烂　차̀안 라̀안

càn　làn

햇빛이 찬란하다.
阳光灿烂
yángguāng cànlàn
야̄앙꽈̄앙 차̀안라̀안

· 阳光 : '햇빛', '햇살'.

바람 **풍**　경치 **경**

풍　경　风景　펑̄헝 찌̌잉

fēng　jǐng

여기 풍경이 참 아름답네요.
这里的风景真美
zhèlǐ de fēngjǐng zhēn měi
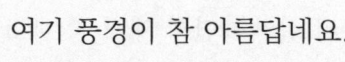

오해

3장

Alphabet이 만든 오해

误会

03
Alphabet이 만든 오해

I LOVE DRAMA

    제2차 세계 대전 때 일본군이 페낭을 점령했던 것과 관계가 있는지 없는지 모르겠지만, 페낭에서는 일본인 커뮤니티가 상당히 발달해 있었다. 나중에 일본에 사는 친구에게 듣기로 페낭은 일본인들이 특히 은퇴 후 머무는 곳으로 많이 선호한다고 했다.

    그것과는 아무 상관없이 나는 페낭에 머무는 동안 일본어를 배우기로 했다. 일본어 역시 한자 기반의 문자를 사용하기 때문에, 각종 한자 기반 언어에 일본어까지 첨가하면 서로 비교 분석하는 데 도움이 될 거라 여겼기 때문이다.

    페낭에 머물던 숙소의 집 주인이 소개해 준 일본어 선생님 하루나는 페낭에 20년 가까이 살며 현지에 정착하신 분이었다. 처음 찾아간 하루나의 교습소에서 나는 큰 화이트보드와 책상 외에도 여기저기 진열되어 있는 여러 일본산 물건들과 많은 일본어 서적을 볼 수 있었다. 나는 하루나가 그곳에서 꽤 오랜 시간 동안 전문적으로 일본어를 가르쳤다는 것을 알 수 있었다.

  수업을 시작한 첫날이었다. 수업을 마친 후 하루나는 오사카 출신 친구와 조지타운 시내에 볼일이 있어 같이 가기로 했다며, 나도 함께 가는 건 어떻겠냐고 제안했다. 하루나는 오사카 지역 사람들은 일본 내 다른 지역에 비해 말이 직설적이고 유머러스하다고 했다. 그리고 한 가지 중요한 내용을 덧붙였는데, '한 언어를 배우는 것은 해당 문화와 사람에 대한 이해가 함께 해야 한다'는 것이었다. 게다가 하루나의 친구 '메구미'는 오로지 일본어만을 할 줄 안다고 했다. 하루나는 '교실 안에 앉아서 교재를 펴고 하는 게 아니라, 이렇게 실생활 중에 부딪히는 것이야말로 진정 살아있는 수업'이라고 주장했다. 나는 하루나의 말에 깊이 공감했고, 100% 동의할 수밖에 없었다.

  그렇게 오사카 출신의 메구미 이모를 만나게 되었다. 메구미 이모는 남편의 건강 문제로 페낭에 머물고 있는 60대의 일본인 여성이었다. 사연을 들어보니 오사카보다 페낭이 공기도 좋고 의료 관련 서비스도 잘 되어있는 등 여러 가지 장점이 있다고 했다. 물론 당시 나의 일본어 실력은 형편없었기 때문에 이러한 대화를 일본어로 나누는 것은 불가능했다. 그렇기 때문에 하루나 선생이 중간에서 영어로 통역을 해주었다. 내가 영어로 하루나에게 말하면 하루나가 메구미 이모에게 일본어로 통역을 해주고, 반대로 메구미 이모가 일본어로 말하면 하루나가 다시 나에게 영어로 통역해 주는 식이었다. 메구미 이모는 만난 지 아직 5분도 채 안 된 것 같은데 나에게 곧장 결혼 여부를 묻는 등 시원시원한 성격이었다. 자신은 영어를 못 하지만 열심히 배우는 중이라고도 했다. 나는 일본어가 영어로 번역되며 오가는 대화 과정 안에서 일본어를 들으며 대략적인 말의 의미를 예상해 보기도 했는데, 이러한 행위가 재미있는 놀이처럼 여겨졌다. 그런데 신기하게도 그 맥락과 분위기만으로 대략 무슨 말을 하는지 여러 번 맞출 수 있었다.

이런저런 이야기를 나누다 보니 목적지에 도착했다. 우리는 먼저 메구미 이모의 일을 보고 나서 함께 식사를 하기로 했다. 두 일본인 이모님들과 함께 시간을 보내고 있으니, 잠시나마 페낭의 그 복합적이고 그야말로 다문화 융합적 환경에서 벗어나, 정적인 일본의 '와비사비'侘び寂び● 문화 속으로 들어와 앉아 있는 듯한 기분이 들었다.

식사를 마친 후 우리는 시내 이곳저곳을 둘러보며 시간을 보냈다. 그러던 중 하루나 선생이 잠시 아는 지인을 만나고 오겠다며 자리를 비웠다. 둘만 남겨진 나와 메구미 이모는 더 이상 대화로써 소통이 불가능해졌다. 그러자 메구미 이모는 곧장 익숙한 듯 번역기 앱을 구동하며 나에게 대화를 시도했다.

번역기는 우리를 짜증 나게 했다. 실시간으로 이루어져야 할 대화가 번역기의 입출력을 기다리는 동안 어색한 침묵의 시간으로 채워지기 일쑤였다. 게다가 빈번히 잘못 번역되기도 하고 근처 다른 사람의 말소리에 반응해버리는 등 그야말로 어이없는 상황에 스트레스만 받고 크게 도움이 되지 않았다. 차라리 번역기에 의지하지 않고 그냥 손짓, 발짓으로 소통을 시도하는 편이 정신건강에 낫지 않을까 하는

● 불완전하고 덧없는 것 속에서 고요한 아름다움을 느낀다는 일본의 미의식이다.

생각이 들었다.

　그렇게 답답한 시간을 보내던 중 하루나 선생이 돌아왔는데, 어찌나 반가웠는지 모른다. 하루나 선생이 자리를 비워 번역기에 의지해 대화를 시도했을 때는 메구미 이모와의 관계가 단절된 듯했는데, 선생이 돌아오면서 메구미 이모와 다시 연결되었다는 느낌이 들었다. 의사소통의 소중함을 새삼스레 느꼈던 순간이었다. 나는 환한 미소로 선생님을 맞이할 수밖에 없었다.

　다시 연결된 우리 셋은 오순도순 이야기를 나누기 시작했다. 메구미 이모는 그날 'I ♥ NEW YORK'이라는 유명한 문구가, 'I ♥ DRAMA'라고 패러디된 하얀색 면 티셔츠를 입고 계셨다. 나는 그 재치있는 티셔츠가 이모의 유쾌한 성격을 대변하는 듯하여 재미있다고 생각했다. 그래서 나는 아까 단둘이 있었을 때 번역기를 통해 물어보려다 실패한 질문을 다시 했다.

"드라마를 좋아하시나 봐요."

　하루나 선생은 번역기 대신에 나의 질문을 메구미 이모에게 통역해 주었다. 그런데 메구미 이모는 그 말을 듣자마자 곧장 흥분하며 무슨 엉뚱한 소리를 하느냐는 식의 반응을 보였다. 내용인즉, 드라마를 좋아하냐니 무슨 이상한 소리냐며, 자신이 드라마를 좋아하는 사람으로 보이냐며 이해를 못 하겠다는 듯이 내게 오히려 되물은 것이다. 당시 내가 느낀 이모의 반응을 굳이 한국어로 표현하자면, '뭔 쏘리고?

장난하나? 몬 쓸데없는 쏘린고?'라며 경상도 사투리를 맛깔나게 구사하시는 것 같았다. 왠지 일본어의 억양과 패턴이 경상도 사투리와 비슷하게 느껴졌기 때문이었다. 아무튼 나는 당황하며 이모가 입고 있는 티셔츠에 'I ♥ DRAMA'라고 쓰여 있어서 혹시 드라마를 좋아하시나 해서 여쭈어봤다고 설명했다. 그러자 메구미 이모는 내 말을 듣고 갑자기 황당한 표정을 지은 채 멍하니 내 얼굴을 바라보았다. 곧이어 말씀을 이어가기 시작했는데 이미 하루나 선생은 그 말을 듣고 깔깔대며 웃기 시작했다.

무슨 소리인지 들어보니, 메구미 이모는 자기 티셔츠에 'I ♥ DRAMA'라고 쓰여있는지 몰랐다는 것이다. 게다가 드라마에 별로 관심도 없다고 했다. 자기는 'I ♥ DREAM'이라고 쓰여 있는 줄 알았다는 것이다. 그 말을 듣자마자 나도 하루나 선생과 함께 박장대소하며 쓰러질 수밖에 없었.

이와 같은 상황이 비단 메구미 이모만의 경우가 아닐 것이다. 일본인들만의 상황도 아닐 것이다. 우리 한국인 중에도 이러한 경우가 없으리라는 법은 없다. 혹자는 이를 의무교육이 부실하기 때문이라고 분석할 수도 있을 것이다. 어쨌거나 이 에피소드는 모국어가 아닌 문자 체계를 접할 때 발생할 수 있는 문제를 생생하게 보여주는 예였다.

공통 한중어
예문 3

- 세계 | 전쟁 | 절대 | 반대

- 주장 | 의견 | 감동 | 동의

- 성격 | 소탈 | 유머 | 유쾌

- 목적지 | 시중심 | 공기 | 중요

- 담화 | 시도 | 황당 | 반응

- 압력(스트레스) | 어이(어이없다)

세상 세　경계 계

세　계　世界　쉴ˋ의 찌ˋ에
　　　　　shì jiè

세계 평화를 바랍니다.

希望世界和平。
xīwàng shìjiè hépíng

씨-이 와ˋ앙 쉴ˋ의찌ˋ에 허ˊ어피ˊ잉

· 和平 : 평화.

싸움 전　다툴 쟁

전　쟁　战争　쟈ˋ안 져-엉
　　　　　zhàn zhēng

전쟁의 대가는 막대합니다.

战争的代价是巨大的。
zhànzhēng de dàijià shì jùdà de

쟈ˋ안져-엉 떠 따ˋ이찌ˋ아 쉴ˋ의 쮜ˋ이따ˋ아 떠

끊을 **절**　대할 **대**

절　대　绝　对　쮜에뚜위
jué　duì

절대 포기하지 마세요.

绝对不要放弃。
juéduì bùyào fàngqì

쮜에뚜위 뿌우야오 팡항치이

· 放弃 : '포기하다', '단념하다'.

거스를 **반**　대할 **대**

반　대　反　对　팡한뚜위
fān　duì

저는 이 결정에 반대합니다.

我反对这个决定。
wǒ fǎnduì zhège juédìng

우워 팡한뚜위 져어끄어 쮜에띠잉

· 决定 : '결정', '결심'.

주장할 주   주장할 장

주 장　主张　쥬ˇ우 쟈ˉ앙

zhǔ　zhāng

나는 그의 주장에 동의하지 않는다.
我不同意他的主张。
wǒ bù tóngyì tā de zhǔzhāng
우ˇ워 뿌ˋ우 토ˊ옹이ˋ이 타ˉ아 떠 쥬ˇ우쟈ˉ앙

뜻 의　볼 견

의 견　意见　이ˋ이 찌ˋ앤

yì　jiàn

나는 너의 의견을 존중해.
我尊重你的意见。
wǒ zūnzhòng nǐ de yìjiàn
우ˇ워 쭈ˉ운죠ˋ옹 니ˇ이 떠 이ˋ이찌ˋ앤

느낄 **감**   움직일 **동**

감 동 感 动   까안 또옹

gǎn   dòng

이 영화는 나를 매우 감동하게 했다.

这部电影让我很感动。
zhèbù diànyǐng ràng wǒ hěn gǎndòng

져어뿌우 띠앤이잉 르앙 우워 허언 까안또옹

· 让~ : '~하게 하다', '시키다'.

한가지 **동**   뜻 **의**

동 의 同 意   토옹이이

tóng   yì

나는 너의 견해에 완전 동의해.

我完全同意你的看法。
wǒ wánquán tóngyì nǐ de kànfǎ

우워 와안취앤 토옹이이 니이 떠 카안팡하

· 看法 : '견해', '의견', '생각'이라는 뜻이며, 어떤 사안에 대한 개인이나 집단의 생각이나 판단을 나타낼 때 사용한다.

성품 **성**   격식 **격**

성 격 性 格   씨ˋ잉끄́어
xìng gé

사람마다 성격이 다 달라요.

每个人的性格都不一样。
měigèrén de xìnggé dōu bù yíyàng

메̌이끄́어르̌언 떠 씨ˋ잉끄́어 또̄우 뿌ˋ우 이́이야́앙

· 每 : '매','각각의', '모든', '~마다'라는 뜻이며, 모든 대상 하나하나를 하나씩 모두 포함할 때 사용한다.

뿌릴 **쇄**   벗을 **탈**

소 탈 洒 脱   사̌아투̄워
sǎ tuō

그는 성격이 소탈하다.

他性格很洒脱。
tā xìnggé hěn sǎtuō

타̄아 씨ˋ잉끄́어 허̌언 사̌아투̄워

그윽할 **유** 잠잠할 **묵**

유 머 　幽 默　 요̄우무̀어
　　　　　yōu　mò

그의 유머 감각은 매우 독특하다.

他的幽默感很独特。
tā de yōumò gǎn hěn dútè

타̄아 떠 요̄우무̀어 까̆안 허̆언 뜨̀우트̀어

· 幽默 : 영어 humor에서 유래한 중국어식 음역어이다. 중국어는 외래어를 이런 식으로 바꾸어 사용하기도 한다.

즐거울 **유** 쾌할 **쾌**

유 쾌 　愉 快　 위́이콰̀이
　　　　　yú　kuài

친구들과 함께 있으면 항상 즐겁다.

和朋友们在一起总是很愉快。
hé péngyoumen zài yìqǐ zǒngshì hěn yúkuài

허́어 퍼́영요우먼 짜̀이 이́이치̆이 쫑̆응실̀ 허̆언 위́이콰̀이

· 总是 : '항상', '늘', '언제나'.

눈 목   과녁 적   땅 지

목 적 지   目的地   무`우띠`이띠`이

mù dì dì

실례지만 목적지가 어디세요?

请问, 您的目的地是哪里？
qǐngwèn, nín de mùdìdì shì nǎlǐ

치`잉워`언, 니`인 떠 무`우띠`이띠`이 실`의 나`아리`이

도시 시   가운데 중   마음 심

시 중 심   市中心   실`의죠-옹씨-인

shì zhōng xīn

시중심의 교통이 매우 편리해요.

市中心的交通非常便利。
shì zhōngxīn de jiāotōng fēicháng biànlì

실`의죠-옹씨-인 떠 쨔`오토-옹 페-히챠´앙 삐`앤리`이

· 非常 : '매우', '대단히', '굉장히'라는 뜻이며, 정도를 크게 강조할 때 사용한다.

빌 공   기운 기

공 기   空 气   코͞옹치ˋ이

kōng   qì

신선한 공기는 건강에 매우 중요합니다.

新鲜空气对健康很重要。

xīnxiān kōngqì duì jiànkāng hěn zhòngyào

씨ˉ인씨ˉ앤 코͞옹치ˋ이 뚜ˋ위 찌ˋ앤카ˇ앙 허ˇ언 죠ˋ옹야ˋ오

氣

무거울 중   요긴할 요

중 요   重 要   죠ˋ옹야ˋ오

zhòng   yào

이 문제는 매우 중요해요.

这个问题很重要。

zhège wèntí hěn zhòngyào

져ˋ어끄어 워ˋ언티ˊ이 허ˇ언 죠ˋ옹야ˋ오

· 问题 : '문제', '질문', '이슈'라는 뜻이며, 궁금한 점이나 물어보는 내용 또는 해결해야 할 일이나 어려움을 가리킬 때 사용된다.

제3장 | Alphabet이 만든 오해   89

말씀 담　말씀 화

담　화　谈　话　타́안화́아
tán　huà

우리는 한 차례 유쾌한 담화를 나누었다.
我们进行了一次愉快的谈话。
wǒmen jìnxíng le yīcì yúkuài de tánhuà
우̀워먼 찌̀인씨́잉 러 이́이츠̀으 위́이콰̀이 떠 타́안화́아

시험할 시　그림 도

시　도　试　图　실̀의트́우
shì　tú

우리는 이 문제를 해결하려고 시도했다.
我们试图解决这个问题。
wǒmen shìtú jiějué zhège wèntí
우̀워먼 실̀의트́우 찌̀에쮜́에 져̀어끄̀어 워̀언티́이

· 解决 : 해결하다.

거칠 **황**　당황할 **당**

황　당　荒　唐　후̄앙 타́앙

huāng　táng

이 생각은 너무 황당하다.

这个想法太荒唐了。
zhège xiǎngfǎ tài huāngtáng le

져̌어끄어 씨̌앙퐐하 타̀이 후̄앙타́앙 러

· 想法 : '생각', '아이디어', '견해'를 뜻한다. 중국어에서 '~法'는 정말 자주 쓰이는 표현이며, 중국어의 언어적 특징 중 하나이다. '法' 자체는 '방법', '방식', '법칙'이라는 뜻이다. 그래서 어떤 행동이나 개념의 '방법'이나 '방식'을 표현할 때 뒤에 붙여 새로운 단어가 만들어 지는 식이다.

돌이킬 **반**　응할 **응**

반　응　反　应　퐐̌한 이̀잉

fǎn　yìng

그는 반응이 매우 빠르다.

他的反应很快。
tā de fǎnyìng hěn kuài

타̄아 떠 퐐̌한이̀잉 허̌언 콰̀이

누를 압   힘 력

압 력   压 力   야̄아 리̀이
(스트레스)
                yā   lì

업무 스트레스가 매우 크다.

工作压力很大。
gōngzuò yālì hěn dà

꼬웅쭈̀워 야̄아리̀이 허̌언 따̀아

없을 무   말씀 어

어 이   无 语   우́우 위̌이
(어이없다)
               wú   yǔ

그의 행동은 나를 어이없게 했다.

他的行为让我无语。
tā de xíngwéi ràng wǒ wúyǔ

타̄아 떠 씨́잉웨́이 르̀앙 우̌워 우́우위̌이

탄생

4장
'디딤한글병음'의 탄생

따안셔엉

诞生

04
'디딤한글병음'의 탄생

한글로 놓는 중국으로 가는 디딤돌

　두 일본 이모님들과 헤어지고 나서 숙소로 돌아오는 길이었다. 문득 메구미 이모의 입장이 되어 생각해 보니, 당시 이모가 창피한 감정이 들었을 수 있었겠다는 생각이 들었다. 아무리 세계 공용어인 영어라 할지라도, 평생을 일본에서 아이들을 키우며 생업에 종사하느라 바쁜 나날을 보냈기 때문에 영어에 서투를 수도 있는 것이다.
　나는 중간에 상점에 들러 긴 두루마리 형태의 벽지용 종이를 넉넉히 구입했다. 일본어 수업을 시작한 김에 히라가나와 가타카나를 큰 종이에 써서 포스터처럼 방에 붙여 놓고 익숙해지기로 한 것이다. 그 일을 하면서 일본어 발음 공부도 할 겸 메구미 이모에게 선물하기 위해, 영어 알파벳을 읽고 발음하는 것을 일본어 표음문자인 가나로 표기하는 작업을 병행해 보았다. 그런데 작업을 하다 보니 가나의 문자 체계는 발음 표현에 있어 한글보다 더 제한적이어서, 새롭게 변형하지 않는 이상 자연스러운 영어 발음을 담아내는 것이 불가능했다. 그렇기 때문에 한국 사람이 Coffee를 '커피'라고 하는 것에 비해 일본인은 '고-히-'라고 하는 식으로 이질적인 영어 발음을 할 수밖에 없겠다고 실감했다.

'Coffee'의 한중일 표기법

하지만 자신들의 문자 모양과 발음 체계가 외국어 발음 구사에 한계를 준다고 해서 신체 구조나 사고력까지 구속하는 것은 아니다. 그렇기에 원어민처럼 완벽한 발음까지는 아니더라도 충분히 이해 가능한 수준까지의 훈련은 얼마든지 가능하다. 하루나 선생의 유창한 영어 실력만 보아도 알 수 있다.

메구미 이모를 위해 영어 알파벳의 일본어 발음 기호를 만들며 이런 생각이 들었다. 이모가 영어를 익히기 위한 가장 좋은 방법은, 가나를 활용하지 않고 영어 발음 소리를 들으며 그 소리와 알파벳 모양을 일치시키는 방식의 학습이라는 것이다.

그리고 이와 함께 곧장 나의 뇌리에 번개처럼 드는 생각이 있었다. 중국어의 한자는 소리 나는 대로 만들어진 문자가 아니기 때문에 글자 수가 많다. 그렇기 때문에 실제로 발음되는 소리가 한국어보다 적다고 해도, 문자 체계상 처음에는 반드시 발음 기호의 도움을 받아야만 한다.

	실제 사용되는 발음 수	일상에서 자주 사용되는 발음 수
한국어	약 2,000 ~ 3,000개	약 1,000 ~ 1,000개
중국어	1,300개	약 700 ~ 900개

한국어와 중국어(성조 포함) 발음 수 비교

당시 나의 중국어 관련 취재는 '공통 한중어를 통해 한국어 사용자가 어떻게 효율적으로 중국어를 익힐 수 있을까?'라는 질문으로부터 시작되었다. 단순히 한국어와 중국어의 어휘가 상당 부분 공유된다는 사실을 알리는 것을 넘어, 한국인이라면 누구나 약간의 노력만으로도 기초 수준의 중국어를 익힐 수 있다는 확신을 가지고 그 방법을 제안하고 싶었다. 만약 메구미 이모처럼 영어 알파벳에 익숙하지 않은 한국어 사용자가 중국어를 배운다면 아무리 한자식 표현이 익숙하다 해도, 사실상 중국 사회에서 크게 존재감을 인정받지 못하지만 공식적인 발음 기호라는 이유만으로 활용되는 알파벳 병음을 맞닥뜨릴 수밖에 없다. 그리고 이 알파벳 병음은 오히려 한국 사람이 중국어를 배우는데 어느 정도 걸림돌이 될 수 있을 거라고 여겨졌다. 가볍게 중국어를 익힐 수 있는데도 정해진 코스처럼 알파벳으로 된 병음을 익히고, 한자도 익혀야 하는 이중고를 겪게 되는 것이다. 게다가 이 알파벳으로 된 병음은 영어 발음과는 다르다. 이러한 이유로 많은 이들이 처음 중국어를 접할 때 난해하게 느끼고 제대로 경험하기도 전에 포기하고 싶은 마음이 들 수 있을 거라 생각했다.

나는 이번 '언어 공감각' 프로젝트를 진행하면서 한중 공통 어휘를 시각적으로 보여주기 위한 한글 타이포그래피를 만드는 일과 관련하여 스스로에게 여러 가지 질문들을 던져 오고 있었다.

'영어와 달리 한국어와 중국어 간에는 수천 개의 공통 어휘들이 있는데, 이를 중국어 습득에 적극적으로 활용하지 않는 것은 손해가 아닐까?'

'어차피 알파벳으로 이루어진 병음은 타이핑을 하거나 중국어 입문 시에만 도움을 주기 위함이지 큰 존재감이 없는데, 그것이 공식적이라는 이유만으로 중국어를 배울 때 꼭 알파벳 병음만을 사용해야 할 절대적 필요가 있는 걸까?'

'목적을 수단이 방해하고 있는 것은 아닐까?'

'단순히 한글을 이용한 타이포그래피를 통해 한국어와 중국어의 공통 어휘의 발음 유사성을 단발적으로 보여주는 선에서 그치는 것이 아닌, 실제 언어 학습에 지속적으로 도움이 되게 적용할 수는 없을까?'

나의 이러한 고민들을 메구미 이모와의 만남이 한방에 해결해 주었다. 그녀가 자신의 티셔츠에 쓰인 알파벳 문구를 잘못 이해했던 것을 목도한 경험은, 익숙하지 않은 문자 체계를 접할 때 발생하는 인지적 어려움을 생생하게 보여주었다. 이 경험을 통해 나는 다음과 같은 확신을 얻게 되었다.

"공통 한중어로 인해 한국 사람에게 중국어 학습이 상대적으로 수월하다는 것을 알리기 위해서는, 한국어와 중국어의 문자에서의 괴리감을 시각적으로 좁혀줄 수 있는 새로운 한글 병음 체계가 반드시 필요하다."

시각과 청각은 서로 다른 방식의 감각이다. 언어는 물론 글보다 말소리가 우선한다. 하지만 시각이 청각보다 대략 8,000배나 많은 감각 세포를 사용하기 때문에 사람에게 더 큰 영향을 줄 수 있다고 한다. 그 점에 있어서도 한글 병음 체계는 시도할만한 가치가 있다고 느껴졌다. 하지만 일본어 문자인 가나로 영어 발음을 온전히 담을 수 없듯이, 아무리 한글이 과학적이고 훌륭한 체계의 문자라 해도 영어 발음은 물론 중국어 발음 역시 온전히 담을 수 없다. 그렇기 때문에 한글로 표준 중국어 발음을 표현하기 위해 한글에 변형을 가해야 하나 고민도 했다. 물론 국제 음성 기호●처럼 전 세계 모든 언어의 발음을 표기할 수 있도록 고안된 문자 체계가 있지만, 이 역시 또 하나의 문

● IPA (International Phonetic Alphabet) : 현존하는 모든 언어의 소리를 독자적이고 정확하면서 표준적인 방법으로 표시하기 위해 고안된 기호 체계.

자를 배워야 하는 것이나 다름없다. 또한 그렇게까지 학문적으로 접근하는 것은 전문가 수준에서 필요한 것이기 때문에 '모든 한국어 사용자가 쉽게 기초 수준의 중국어를 습득하는 것이 가능하다'는 점을 알린다는 의도와는 달리 오히려 부담이 될 수 있다.

오랜 숙고 끝에 한글을 변형하거나 이제는 고어가 되어버린 'ㅱ, ㅸ, ㅹ, ㆄ' 같은 훈민정음 순경음 등을 차용하는 것 또한 괴리감을 줄 수 있다고 판단하여, 현재 사용되는 한글만을 통해 한글 병음을 만들기로 결정했다. 사실 우리말도 한글로 쓰는 법과 발음하는 법이 달라지는 경우가 많다. 이와는 별개로 '자장면'이네, '짜장면'이네, 하는 소모적인 논쟁이 아주 긴 시간 이어진 경우도 있었다. 어느 나라 문자나 말소리에 맞추어 어느 정도 변하는 건 자연스러운 현상이다. 하지만 그보다 더 정형화된 중국어 발음 표기법을 만들 수 있을 것 같았다. '디딤한글병음'은 이렇게 탄생하게 되었다.

이 표기법이 비록 완벽할 수는 없지만, 최소한 한국어와 중국어 간의 수많은 한자 기반 공통 어휘들을 알리고 중국어 어휘력을 늘리는 데 유의미한 기능을 할 수 있을 것으로 기대해 본다. 그로 인해 한국어 사용자들의 중국어에 대한 진입 장벽을 낮추고 기본적인 중국어 습득에 도움이 될 수 있었으면 한다. 하지만 중국어 습득에 있어서 한글 병음 역시 '보조 도구'일 뿐, 결국 본질은 '한자'漢字라는 사실을 잊으면 안 된다. 또한 반드시 실제 대화 경험이 수반되어야만 한다.

만약 보다 전문적인 중국어 학습이 목표라면, 별도의 정식 교육 과정이 필요할 것이다.

언어공감각
공통한중어

공통 한중어
예문 4

- 당시 | 이모 | 감정 | 고려

- 평생 | 주부 | 이용 | 기대

- 구조 | 방식 | 상징 | 묘사

- 정리 | 정돈 | 일체(모두) | 공개

- 능력 | 증강 | 적극적 | 건의(제안)

- 탄생 | 축하

마땅 **당**   때 **시**

당 시   当时   따앙싈의
dāng shí

당시에는 그냥 그랬어요.

当时就那样。
dāngshí jiù nàyàng

따앙싈의 찌우 나아야앙

- 就 : 중국어에서 아주 자주 사용되는 부사이다. '바로', '곧', '단지 ~만' 등의 뜻을 가지며, 강조, 즉시성, 조건 반응, 한정 등을 나타낼 때 사용하며, 문맥에 따라 뜻이 달라지므로 상황 속에서 익히는 것이 좋다.

이모 **이**   어머니 **마**

이 모   姨妈   이이마아
yí mā

저는 이모와 매우 친밀한 사이예요.

我和姨妈的关系非常亲密。
wǒ hé yímā de guānxi fēicháng qīnmì

우워 허어 이이마아 떠 꽈안씨이 펭히챠양 치인미이

느낄 **감**　뜻 **정**

감　정　感 情　까안̌치̌잉

gǎn　qíng

다른 사람의 감정을 상하게 하지 마세요.

不要伤害别人的感情。
bùyào shānghài biérén de gǎnqíng

뿌̀우야̀오 샤̄앙하̀이 삐́에르́언 떠 까안̌치̌잉

· 别人 : '타인', '다른 사람', '남'이라는 뜻이다. 자기 외의 다른 사람을 지칭할 때 사용한다.

생각할 **고**　생각할 **려**

고　려　考 虑　카̌오뤼̀이

kǎo　lǜ

제 제안을 한번 고려해 주세요.

请考虑一下我的建议。
qǐng kǎolǜ yíxià wǒ de jiànyì

치̌잉 카̌오뤼̀이 이́이씨̀아 우̌워 떠 찌̀앤이̀이

· 一下 : 동작이 짧고 가볍게 일어남을 나타내는 표현으로, 부드럽고 정중한 느낌을 줄 때 자주 사용된다.

평평할 평   날 생

평생 平生 피́잉 셔́엉

píng   shēng

이번 여행은 내 평생 가장 잊을 수 없는 경험이다.
这次旅行是我平生最难忘的经历。
zhècì lǚxíng shì wǒ píngshēng zuì nánwàng de jīnglì

져̀어츠으 뤼́이씨́잉 싈̀의 우̌워 피́잉셔́엉 쭈̀이 나́안와̀앙 떠 찌́잉리̀이

· 经历 : '경험하다' 또는 '경험', '체험'을 뜻하며, 과거에 겪은 일이나 사건을 나타낼 때 사용한다.

주인 주   며느리 부

주부 主妇 쥬̌우풍̀후

zhǔ   fù

그녀는 전업주부다.
她是全职主妇。
tā shì quánzhí zhǔfù

타́아 싈̀의 췌́앤즈́의 쥬̌우풍̀후

· 全职 : '전업의' 라는 뜻이며, 일이나 직업에 전적으로 전념하는 상태를 나타낼 때 사용한다.

이로울 이　　쓸 용

이　　　용　　利 用　　리ˋ이 요ˋ옹
　　　　　　　lì　　yòng

그는 여가 시간을 이용하여 중국어를 배운다.

他利用业余时间学习汉语。
tā lìyòng yèyú shíjiān xuéxí hànyǔ

타ˉ아 리ˋ이요ˋ옹 예ˋ에위ˊ이 실ˊ의찌ˉ앤 쒸ˊ에씨ˊ이 하ˋ안위ˇ이

기약할 기　　기다릴 대

기　　　대　　期 待　　치ˉ이 따ˋ이
　　　　　　　qī　　dài

너무 기대하지 마세요.

别太期待。
bié tài qīdài

삐ˊ에 타ˋ이 치ˉ이따ˋ이

얽을 구　지을 조

구　조　构　造　꼬우짜오
gòu　zào

구조가 아주 간단해요.

构造很简单。
gòuzào hěn jiǎndān

꼬우짜오 허언 찌앤따안

본뜰 방　법 식

방　식　方　式　팡항스의
fāng　shì

매 사람마다 자신만의 생활 방식이 있다.

每个人都有自己的生活方式。
měigèrén dōu yǒu zìjǐ de shēnghuó fāngshì

메이끄어르언 또우 요우 쯔으찌이 떠 셩휘어 팡항스의

모양 상　부를 징

象征 씨ᣠ앙 져̣ᣟ엉

xiàng　zhēng

그건 뭘 상징하고 있나요?

它象征着什么?
tā xiàngzhēngzhe shénme

타̣ᣟ아 씨ᣠ앙져̣ᣟ엉져̣어 셔̣언머

· 着 : '~하고 있다', '~한 상태이다'를 표현할 때 사용한다. 동사 뒤에 붙어 동작의 지속이나 상태를 나타내는 조사이다.

그림 묘　펼 술

묘　사　描述　먀̣ᣟ오 슈̣ᣟ우

miáo　shù

당신의 느낌을 한번 묘사해 주세요.

请你描述一下你的感受。
qǐng nǐ miáoshù yíxià nǐ de gǎnshòu

치̣ᣟ잉 니̣ᣠ이 먀̣ᣟ오슈̣ᣟ우 이̣ᣠ이씨ᣠ아 니̣ᣠ이 떠 까̣ᣠ안쇼̣ᣟ우

· 感受 : '느낌', '느끼다', '감정', '체험하다'.

가지런할 **정**   다스릴 **리**

정 리 整 理 져͜ᵉⁿ 리͜ᵢ

zhěng   lǐ

나는 내 방을 정리해야 돼.

我需要整理我的房间。
wǒ xūyào zhěnglǐ wǒ de fángjiān

우͜ᵒ 쒸이야오 져͜ᵉⁿ리͜ᵢ 우͜ᵒ 떠 팡͜ʰᵃⁿ찌앤

· 房间 : '방', '객실'.

가지런할 **정**   어지러울 **돈**

정 돈 整 顿 져͜ᵉⁿ 뚜͜ⁿ

zhěng   dùn

제대로 한번 정돈해요.

好好整顿一下。
hǎohāo zhěngdùn yíxià

하͜ᵒ하͜ᵒ 져͜ᵉⁿ뚜͜ⁿ 이͜ᵢ씨아

· 好好 : '잘', '제대로', '꼼꼼히'라는 뜻이며, 어떤 행동을 충분히 주의 깊고 성실하게 하라는 의미로 강조할 때 사용된다.

한 **일** 온통 **체**

일 체 (모두) 一 切 이이치에

yí qiè

일체 다 준비됐으니, 시작해도 돼요.

一切都准备好了，可以开始了。

yíqiè dōu zhǔnbèi hǎo le, kěyǐ kāishǐ le

이이치에 또우 쥬운뻬이 하오 러, 크어이이 카이싈의 러

· 可以 : '~해도 좋다', '~할 수 있다'라는 뜻이며, 허락이나 가능성을 나타낼 때 사용한다. 중국어에서 매우 자주 사용되는 표현 중 하나이다.

공평할 **공** 열 **개**

공 개 公 开 꼬옹카이

gōng kāi

그는 공개적으로 이 결정을 지지한다고 밝혔다.

他公开表示支持这个决定。

tā gōngkāi biǎoshì zhīchí zhège juédìng

타아 꼬옹카이 빠오싈의 즈의칄의 져어끄어 쮜에띠잉

능할**능**　힘**력**

능 력　能 力　너́엉 리̀이
néng　　lì

나는 너의 능력을 믿어.

我相信你的能力。
wǒ xiāngxìn nǐ de nénglì

우̆워 씨̄앙씨̀인 니̆이 떠 너́엉리̀이

· 相信 : '믿다', '신뢰하다'.

더할**증**　강할**강**

증 강　增 强　쩡̄엉 치́앙
zēng　　qiáng

증강 현실(AR) 한번 해보자.

来试试增强现实吧。
lái shìshi zēngqiáng xiànshí ba

라́이 싈̀의싈의 쩡̄엉치́앙 씨앤̀싈의 빠

쌓을 적　다할 극

적극적　积极　찌̄이 찌́이
　　　　　jī　jí

우리는 적극적인 행동을 취해야 합니다.
我们需要采取积极的行动。
wǒmen xūyào cǎiqǔ jījí de xíngdòng
우̆워먼 쒸̄이야오 차̆이취̆이 찌̄이찌́이 떠 씨́잉또̀옹

· 采取 : 취하다.

세울 건　의논할 의

건 의　建议　찌̀앤 이̀이
(제안)　　　jiàn　yì

저 제안이 하나 있어요.
我有个建议。
wǒ yǒugè jiànyì
우̆워 요̆우끄̀어 찌̀앤이̀이

· 有个 : '하나 있다'는 의미로, 어떤 것이 하나 존재함을 나타낼 때 사용한다.

낳을 **탄**　　날 **생**

탄　생　诞　生　따안 셔영

dàn　shēng

한 새로운 생명의 탄생.

一个新生命的诞生。
yíge xīn shēngmìng de dànshēng

이이끄어 씨인 셔영미잉 떠 따안셔영

· 个 : 중국어에서 가장 기본적인 양사로, 사람이나 사물의 수량을 셀 때 자주 사용된다.

빌 **축**　　축하할 **하**

축　하　祝　贺　쥬우 허어

zhù　hè

축하해요!

祝贺你!
zhùhè nǐ

쥬우허어 니이

112　**제1부** 준비운동

언어공감각
공통현중어

제 2부

언어란 무엇인가?

언어 공감각, 공통 한중어

5장	언어의 기원 1	117
6장	언어의 기원 2	135
7장	외래어가 현지화되는 과정	157
8장	한자 문화권에 건배	179

언어공감각
공통한중어

언어

5장
언어의 기원 1

위이예앤

语言

05
언어의 기원 1

　'언어'는 단순한 의사소통 도구를 넘어 한 문화의 역사적 경험, 사회적 관계, 그리고 인간 의식의 복합적 발현체이다. 우리가 일상에서 무심코 사용하는 단어들 속에는 수백 년, 수천 년 이상의 역사가 압축되어 담겨있다. 특히 한국어의 경우 지정학적 위치와 주변국과의 끊임없는 교류 속에서 형성된 언어적 특성이 두드러진다. 그 가운데 가장 흥미로운 현상 중 하나는 외래어가 자국의 문화적 맥락 속에서 어떻게 변형되고 재해석되는지를 보여주는 사례들이다.

노다지

　많은 사람이 '노다지'라는 표현의 유래를 한 번쯤 들어본 적이 있을 것이다. 그 내용을 간단히 정리해 보면 다음과 같다.
　조선 말, 개항과 함께 미국인 사업가들이 조정으로부터 평안도와 함경도 지역의 금 채굴권을 획득하였다. 이들은 금광을 운영하기 위해 현지 노동력을 필요로 했고, 당시 어려운 경제 상황에 처해 있던 많은 조선인들이 생계를 위해 이 일자리를 택하게 되었다. 이렇게 조선인들은 언어와 문화가 전혀 다른 미국인들과 함께 일하게 되었다. 이러한 과정에서 재미있는 오해가 하나 생겨났는데, 금맥이 드러날 때마다 미국인들이 'No touch, no touch'^{노터치}라며 '만지지 마세요'라는 의미로 한 말을, 조선인들은 정황상 금이 발견될 때 외치는 구호가 '노터치'인가 보다, 하고 받아들인 것이다. 그들은 '노터치'라는 말을 금광을 찾았을 때의 환호성으로 인식한 것이다. 결국 이 소리는 한국식 발음인 '노다지'로 바뀌어, 이후 금을 캐내거나 횡재했을 때 외치는 기쁨의 함성으로 정착되었다고 한다.

이 사례는 서로 다른 언어 체계가 충돌할 때 발생하는 의미의 변형과 재해석 과정을 생생하게 보여준다. 또한 언어가 단순히 음성학적 형태가 아닌 생활 속 맥락에서 의미를 획득하는 살아있는 유기체임을 증명한다.

대한민국 대표 욕설의 기원

여기 또 하나의 설이 있다. 인류학적 관점에서의 욕설은 단순히 불경한 표현이 아니라, 한 사회의 금기와 감정의 깊이를 드러내는 문화적 지표로도 볼 수 있다. 한국의 대표적 욕설 중 하나의 기원에 관한 이 이야기는 사실 한중 국경지대에서의 역사적 경험과 깊은 관련이 있다.

고려 시대와 조선 시대를 관통하는 호랑이에 관한 기록에 따르면, 예전에 한반도 여기저기에 호랑이가 자주 출몰했다고 한다. 포악한 호랑이는 서너 달 만에 수백 명의 사람을 잡아먹기도 하여 그야말로 재난이자 공포의 대상이었다고 한다. 사람들은 이를 '호환'이라 불렀고 천연두가 유발하는 것을 '마마'라고 하여, 이 두 가지를 '호환-마마'라 부르며 사회적으로 큰 해악으로 여겼다고 한다. 조정에서는 이런 위험천만한 호랑이를 잡기 위해 특수 부대를 두기도 했지만 역부족이었다. 산이 많은 지형적 특성과 호랑이의 빠른 이동성 때문에 효과적인 대응이 어려웠던 것이다. 이러한 국가적인 차원의 적극적인 대처에도 불구하고 도처에 호랑이가 나타나 사람을 해치는 사고가 끊임없이 발생했다고 한다. 특히 백두산과 압록강 인근 국경지대에서는 이러한 위협이 더욱 극심했다고 한다. 연암 박지원의 『열하일기』 '도강록'편에는 조선에서 청나라로 오가는 사신들이 압록강 근처에서 노숙을 해야 할 때면, 밤새도록 삼백여 명이 간헐적으로 한꺼번에 소리를 지르며 시끄럽게 하는 방식으로 호랑이를 경계했다고 기록되어 있다.

  호랑이를 그저 피해만 다닐 수는 없는 노릇이다. 이러한 공포에 맞서기 위해 조선과 청나라의 사냥꾼들은 종종 호랑이 퇴치를 위한 합동 작전을 펼쳤다고 한다. 용감하게 목숨을 건 사냥꾼들은 호랑이 사냥에 성공하기도 했지만, 실패하는 경우도 많았다.

  어느 날 하루는 조선과 청의 호랑이 소탕 연합 작전이 그만 어마어마한 대참사로 이어져 수많은 인명 피해가 발생하고 말았다. 살아남은 사냥꾼들은 사방으로 흩어져 도망쳤고, 해가 저물기 전에야 간신히 마을로 돌아와 다시 모일 수 있었다.

  처참한 분위기 속에 몇 명 남지 않은 청나라와 조선의 사냥꾼들이

모여 작전이 실패한 것에 대해 울분을 토하며 서러워하였다. 비통함을 나누던 가운데 청나라 사냥꾼 중 한 명이 격한 감정과 함께 허공에 주먹을 휘두르며, '썰의 빠이失敗...! 썰의 빠이失敗...!'라며 중국어로 '실패했다'라는 의미를 통곡하듯 내뱉었다. 함께 있던 조선인 사냥꾼들은 이 소리를 극도의 분노와 좌절이 담긴 '욕설'로 받아들였다. 그들은 청나라 사냥꾼들의 부르짖음을 따라 하며 절규에 가까운 비명을 토해냈다.

이후 조선인 사냥꾼들은 격한 감정이 들거나 울분이 치미는 상황 때마다 '씩~빠이! 씩~빠!'라고 외쳤다고 한다. 바로 이 표현이 한반도 전역으로 퍼져 발음 소리가 조금씩 조금씩 현지화되어 오늘날까지 이어져, 한국의 대표적인 욕설이 되었다는 설이다.

'실패'(失敗)의 한자 문화권 지역별 발음

이 이야기의 진위 여부는 명확히 확인된 바 없지만, 언어가 단순한 의사소통 도구를 넘어 인간의 가장 원초적인 감정을 담아내는 그릇이 될 수 있음을 보여 준다. 또한 서로 다른 문화권 사이에서 의미의 전이와 변형이 어떻게 일어나는지, 그리고 이러한 과정이 어떻게 새로운 언어적 산물을 만들어내는지를 흥미롭게 조명한다.

언어의 기원을 탐구하는 여정에서 이러한 사례들은 중요한 의미를 지닌다. 그것은 언어가 단순히 기호학적 체계가 아니라 인류의 집단적 경험과 기억, 문화적 충돌과 융합의 산물임을 시사하기 때문이다.

공통 한중어
예문 5

- 도처(여기저기) | 맹수 | 출현(나타나다) | 기록

- 의외(뜻밖의) | 사고 | 왕왕(종종) | 발생(생기다)

- 충격 | 공포 | 용감 | 분노

- 연합 | 작전 | 피해 | 예방

- 공격 | 방어 | 성공 | 실패

- 비명 | 오해

이를 도　곳 처

도　처　到处　따오츄우
(여기저기)
dào　chù

여기저기 다 아름다운 풍경이네요.
到处都是美丽的风景。
dàochù dōu shì měilì de fēngjǐng
따오츄우 또우 슬의 메이리이 떠 펑형찌잉

- 都 : '모두', '전부'라는 뜻의 부사로, 앞에 나온 표현의 범위 전체에 해당함을 나타낼 때 사용한다.

사나울 맹　짐승 수

맹　수　猛兽　머엉쇼우
měng　shòu

숲 속에 맹수가 엄청 많아요.
森林里有很多猛兽。
sēnlín lǐ yǒu hěn duō měngshòu
셔언리인 리이 요우 허언 뚜워 머엉쇼우

- ~里 : 위치를 나타내는 명사나 명사구 뒤에 붙어 '~안, ~속'의 의미를 나타내는 조사로, 공간의 내부를 가리킬 때 사용한다.

날 출   나타날 현

출 현 　出现　츄ˉ유 씨ˋ앤
(나타나다)

chū　xiàn

어젯밤에 그가 갑자기 나타났다.

昨天晚上他突然出现了。
zuótiān wǎnshàng tā túrán chūxiàn le

쭈ˊ오티ˇ앤 와ˇ안샤ˋ앙 타ˉ 트ˊ우르ˊ안 츄ˉ우씨ˋ앤 러

· 突然 : '갑자기', '돌연히'라는 뜻이며, 예고 없이 빠르게 일어난 상황이나 변화를 표현할 때 사용한다.

기록할 기   기록할 록

기 　록 　记 录 　찌ˋ이 루ˋ우

jì　lù

그는 세계 기록을 깼다.

他打破了世界纪录。
tā dǎpò le shìjiè jìlù

타ˉ아 따ˇ아푸ˋ어 러 싈ˋ의찌ˋ에 찌ˋ이루ˋ우

· 打破 : '깨다', '돌파하다'라는 뜻이며, 기록·규칙·침묵 등을 깨거나 넘을 때 사용한다.

뜻 의　　바깥 외

의　외　　意　外　　이ˋ이와ˋ이
(뜻밖의)
　　　　　　yì　wài

우리의 계획에 의외의 변화가 생겼다.

我们的计划发生了意外的变化。
wǒmen de jìhuà fāshēng le yìwài de biànhuà

우ˇ워먼 떠 찌ˋ이화ˋ아 팡ˉ하셔영 러 이ˋ이와ˋ이 떠 삐ˋ앤화ˋ아

· 计划 : 명사로는 '계획', '기획', 동사로는 '계획하다', '기획하다'라는 뜻이다. 중국어는 하나의 단어가 명사와 동사로 동시에 쓰이는 경우가 매우 흔하다. 이것은 중국어의 특징 중 하나이다.

일 사　　연고 고

사　고　　事　故　　싈ˋ의꾸ˋ우
　　　　　　shì　gù

교통사고가 발생했다.

发生了交通事故。
fāshēng le jiāotōng shìgù

팡ˉ하셔영 러 쨔ˉ오토옹 싈ˋ의꾸ˋ우

갈 **왕**　　갈 **왕**

왕　왕　　往　往　　와̆앙 와̆앙
(종종)　　wǎng　wǎng

그는 왕왕 지각한다.

他往往迟到。
tā wǎngwǎng chídào

타ˉ아 와̆앙 와̆앙 츨́의따ˋ오

· 迟到 : '지각하다', '늦게 도착하다'.

나타날 **발**　　날 **생**

발　생　　发　生　　파ˉ앙 셔ˉ엉
(생기다)　　fā　shēng

무슨 일 생겼어?

发生了什么事？
fāshēng le shénme shì

파ˉ앙 셔ˉ엉 러 셔́언머 슬̌의

찌를 충　　칠 격

충 격　冲 击　쵸̀옹 찌̄이

chōng　jī

이 소식은 정말 충격적이다.

这个消息真是一个冲击。
zhège xiāoxī zhēnshì yíge chōngjī

져̀어끄어 쌰̄오씨̄이 져̄언슬̀의 이́이끄어 쵸̄옹찌̄이

두려울 공　　두려워할 포

공 포　恐 怖　코̌옹 뿌̀우

kǒng　bù

그 영화 너무 공포스러웠어.

那部电影太恐怖了。
nàbù diànyǐng tài kǒngbù le

나̀아뿌̀우 띠̀앤이̌잉 타̀이 코̌옹뿌̀우 러

· 电影 : 영화.

날랠 **용**　감히 **감**

용감 勇敢 요͜옹까͝안
yǒng　gǎn

용감하게 맞서야 해.

要勇敢面对。
yào yǒnggǎn miànduì

야͝오 요͜옹까͝안 미͝앤뚜͝위

· 面对 : '마주하다', '직면하다'.

분할 **분**　성낼 **노**

분노 愤怒 펑͝헌 느͝우
fèn　nù

분노의 정서는 판단력에 영향을 줄 수 있다.

愤怒的情绪会影响判断力。
fènnù de qíngxù huì yǐngxiǎng pànduànlì

펑͝헌느͝우 떠 치͝잉쒸͝이 후͝위 이͝잉씨͝앙 파͝안뚜͝안리͝이

· 会 : '~할 것이다'(미래), '~할 줄 안다'(능력), '~하기 쉽다'(가능성) 등의 뜻을 가지는 조동사로, 문맥에 따라 의미가 달라진다.

연이을 **연**　합할 **합**

연 합　联 合　리́앤 허́어
lián　hé

연합하다. / 뭉치다.

联合起来。
liánhé qǐlái

리́앤허́어 치̌이라́이

· 起来 : 기본적으로 '일어나다'는 뜻인데, 동사 뒤에 붙어 어떤 동작이 시작되거나 감정·느낌이 올라오는 것을 표현할 때도 사용된다.

지을 **작**　싸움 **전**

작 전　作 战　쭤ò 쟈̀안
zuò　zhàn

이번 작전은 매우 성공적이었다.

这次作战非常成功。
zhècì zuòzhàn fēicháng chénggōng

져́어츠으 쭤̀워쟈̀안 펑́히챠́앙 쳐́엉꼬옹

입을 **피**　해할 **해**

피　해　被害　뻬이하이
bèi　hài

누가 피해자에요?

谁是被害者？
shéi shì bèihàizhě

셰이 실의 뻬이하이져어

· 谁 : '누구'라는 뜻이며, 사람을 물을 때 사용하는 의문사이다.

미리 **예**　막을 **방**

예　방　预防　위이팡항
yù　fáng

미리 예방하세요.

提前预防。
tíqián yùfáng

티이치앤 위이팡항

· 提前 : '미리', '앞당기다'라는 뜻으로, 원래보다 이르게 어떤 일이 발생하거나 실행될 때 사용된다.

칠공　칠격

공 격　攻 击　꼬ᴗ옹 찌ᴵ이

gōng　jī

우리는 반드시 공격을 방어해야 합니다.
我们必须防御攻击。
wǒmen bìxū fángyù gōngjī

우ᵕ워먼 삐ᴵ이쒸ᴵ이 팡́항위́이 꼬ᴗ옹찌ᴵ이

막을 **방**　막을 **어**

방 어　防 御　팡́항 위́이

fáng　yù

우리는 반드시 방어 준비를 잘 해야 합니다.
我们必须做好防御准备。
wǒmen bìxū zuò hǎo fángyù zhǔnbèi

우ᵕ워먼 삐ᴵ이쒸ᴵ이 쭞오 하́오 팡́항위́이 쥬ᵕ운뻬̀이

· 做 : '하다', '만들다', '행하다'라는 뜻으로, 어떤 행동이나 일을 실행할 때 사용한다.

이룰 성　공 공

성　공　成 功　쳐́ㅇ꼬̄ㅇ

chéng　gōng

그는 거대한 성공을 거두었다.

他取得了巨大的成功。
tā qǔdé le jùdà de chénggōng

타́아 취̌이뜨어 러 쮜̀이따̀아 떠 쳐́ㅇ꼬̄ㅇ

잃을 실　패할 패

실　패　失 败　실̄의빠̀이

shī　bài

실패를 두려워하지 마세요.

不要怕失败。
búyào pà shībài

뿌́우야̀오 파̀아 실̄의빠̀이

· 怕 : '두려워하다', '무서워하다'.

슬플 비　울 명

비 명　悲鸣　뻬̄이 미́잉
bēi míng

비명 소리가 들려요.

听到悲鸣。
tīngdào bēimíng

티̄잉따̀오 뻬̄이 미́잉

- '听'은 '듣다'라는 기본 동작을 나타낸다. 결과 보어 '到'가 붙게 되면, '듣게 되다', '소리가 들리다'는 의미가 되어, 결과의 실현을 강조한다.

그르칠 오　모일 회

오 해　误会　우̀우 후̀위
wù huì

우리 사이에 오해가 있어요.

我们之间有误会。
wǒmen zhījiān yǒu wùhuì

우̌워먼 즈̄의찌̄앤 요̌우 우̀우 후̀위

- 之间 : '~사이', '~간', '~지간'.

기원

6장

언어의 기원 2

起源

치이유앤

06
언어의 기원 2

인류의 가장 위대한 발명품 중 하나인 '언어'는 어떻게 탄생했을까? 인간 의식의 확장이자 공동체의 기반을 형성한 언어의 기원은 인류 역사의 가장 깊은 층위에 자리하고 있다. 우리가 당연하게 여기는 일상 소통 방식의 기원을 탐색하는 여정은, 인간 존재의 본질을 이해하는 열쇠가 될 수도 있다.

고요 속의 외침

예전에 '가족오락관'이라는 TV 예능 프로그램이 있었다. 한국 리얼 버라이어티 프로그램의 시초로 알려진 가족오락관에는 '고요 속의 외침'이라는 한 코너가 있었는데, 이 코너에서는 진행자를 제외한 참가자 모두가 시끄러운 음악이 나오는 헤드폰을 끼고서 오로지 입모양 만을 보고 단어를 맞추는 게임에 임한다.

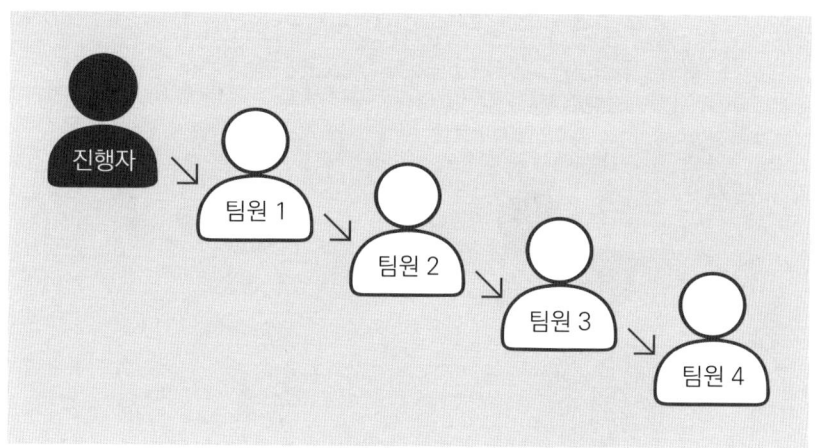

'고요속의 외침'에서의 단어 전달 순서

　게임은 방식은 다음과 같다. 먼저 총 4명으로 이루어진 팀이 진행자로부터 일렬로 자리한다. 게임이 시작되면 첫 번째 팀원이 진행자가 쪽지를 통해 보여준 단어 하나를 읽고, 그것을 곧장 두 번째 팀원에게 말로 전달한다. 당연히 모든 팀원은 시끄러운 헤드폰으로 인해 바깥 상황이 전혀 들리지 않는다. 첫 번째 팀원이 소리 지르듯 말하는 것을 두 번째 팀원이 입 모양만을 보고 추측하여 이를 세 번째 팀원에게 전달하고, 세 번째 팀원 역시 같은 방식으로 맨 바깥쪽에 위치한 네 번째 팀원에게 자신이 가늠한 답안을 전달하게 된다. 이렇게 입모양만을 통해 연이어 전달받은 단어를 마지막에 자리 잡은 네 번째 팀원이 원래 쪽지에 적혀 있는 대로 맞추면 점수를 획득하는 방식이다.

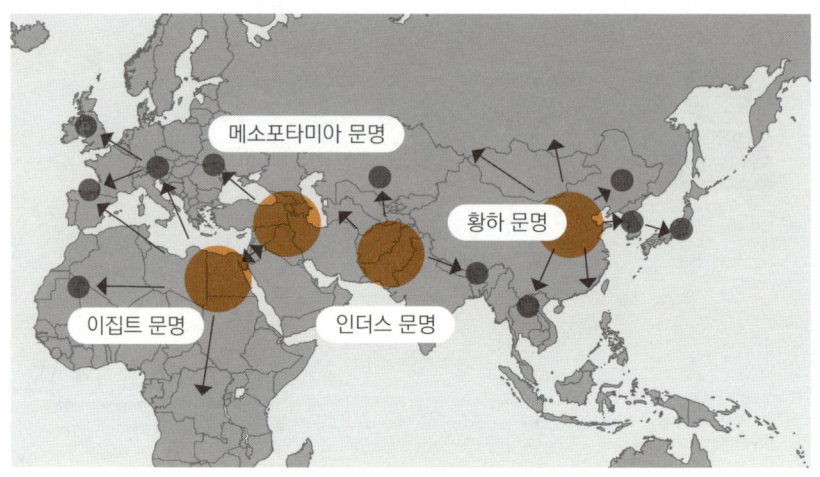

4대 문명 발상지와 예상 문화 확산 경로

이 게임은 언어의 전파와 변형 과정을 미시적으로 보여주는 은유로 해석할 수 있다. 각 참가자를 서로 다른 지역에 사는 사람들로, 외부 소리가 차단된 헤드폰은 지리적 거리나 시간적 간격으로, 그리고 각자가 해석하는 입 모양을 지역별 발음 체계로 상정한다면, 우리는 어떻게 언어가 시공간을 가로질러 변화하는지를 엿볼 수 있다.

태초의 언어

우리가 사용하는 말, 이 언어는 도대체 어떻게 만들어지게 된 것일까? 언어의 탄생을 가정해 보기 위해 '고요 속의 외침'이라는 게임을 조금 변형해 보자. 먼저 배경은 텔레비전 스튜디오가 아니라 아주 오래전 고대의 자연환경이고, 진행자를 포함한 참가자들을 공동체의

석기 시대의 아프리카(잠비나이 루사카 국립 박물관. Photo by Ninara)

일원이라고 가정해 보자. 이 공동체에는 아직 언어가 없다. 진행자는 단어를 적어 놓은 쪽지가 아니라 어떤 한 물건, 예를 들어 '사과'를 들고 있다고 해보자. 여기서 점수를 획득하는 방법은 이 먹을 수 있는 사과를 수확하여 식량을 많이 확보하는 것이라고 하자. 고대인들은 혼자서 사과를 수확하는 것보다 여럿이서 협력하는 것이 더 많은 사과를 수확할 수 있다는 것을 경험을 통해 알게 된다. 그래서 고대인들은 팀을 구성하기 시작하였다.

   고대인들은 사과를 수확하기 위한 여러 차례 지속되는 협력 과정 안에서 새로운 아이디어가 떠올랐다. 더 많은 사과를 수확할 수 있게끔 생산성을 늘리기 위해서는 서로 지시나 전달, 요청 등을 할 수 있는 의사소통이 필요하다는 것을 발견한 것이다. '아아', '우우', '킁킁'

처럼 단순히 동물들이 소리 내는 듯한 의성어나 감탄사로서는 구체적인 소통이 이루어질 수 없다. 그래서 사과를 수확하는 협력 과정에서 필요한 의미 있는 소리인 '용어'를 만들어 이를 정리하여 함께 사용하기로 하는 사회적 합의가 절실히 필요하다는 생각을 떠올리게 된 것이다. 그렇게 해서 일관된 소리 패턴으로 이루어진 원시적 형태의 단어를 만들어내기 시작했다.

먼저 대상이 되는 물체인 사과의 이름을 정할 필요가 있었다. '식량', '과일' 이런 식으로 뭉뚱그려 지칭하기에는 먹을 것들이 매우 다양하므로, 결국 사과는 '사과'라고 정하여 다 함께 '사과'라고 부르기로 약속하였다. 이렇게 특정 대상에 소리를 부여하고 그것이 모든 구성원에게 동일한 의미를 가지도록 하는 언어적 프로토콜[•]이 확립되기 시작한 것이다. 더 효율적인 협업을 위해 역할 분담을 하고, 역할에 맞는 정확한 지시나 전달을 하기 위해서 이제 개인을 구별하는 각자의 이름이 필요해졌다. 이름은 하는 일이나 사는 곳에 따라 짓기도 하고, 때로는 쉽게 부를 수 있는 별명처럼 정하기도 하였다. 성공적인 수확을 위해 정확한 소통이 필요했기에 '어이', '이봐'보다는 더 구체적으로 서로의 이름을 부르도록 약속한 것이다. 이제는 '사과'라고 정한 그 먹을 수 있는 물건을 효율적으로 협력하여 채집하는데 필요한 작전을 수행하고, 행동을 구분할 수 있는 용어도 필요해졌다. '잡아', '따', '줘', '이리 와', '가자' 등과 같은 행동을 나타내는 동사가 만들어졌다. 어디서 모일지, 어느 부분을 지칭할지를 위해 '여기', '저기',

---

• Protocol : 원활한 교류를 위해 만들어진 약속.

'거기' 등 장소나 위치를 나타내는 지시 대명사도 만들어졌다. 그러다 뭉뚱그려 지칭하는 지시 대명사만으로는 정확한 장소를 나타내기 불가능하기 때문에 '광장', '길동이 집 앞'처럼 더 명확한 표현을 만들어 냈다. 이러한 위치의 좌표적 표현은 공동 작업의 정확성을 높이는 데 필수적이었다. 이제는 수확한 사과를 나누어 갖고 사과의 상태나 사과를 먹을 때 드는 감정을 표현하기 위해 '좋아', '싫어', '맛있어', '맛없어', '익었어', '덜 익었어', '기뻐', 심지어 '사랑스러워'처럼 추상적인 표현의 어휘들도 만들어냈다. 이런 식으로 언어가 몇백 년, 몇천 년, 몇만 년 이상의 아주 긴 시간에 걸쳐 계속해서 발달해 온 것이다.

　이렇게 가정한다면, 언어는 공동체에서 협력을 위한 소통의 도구로써 먼저 발달하였었다고 볼 수 있다. 언어는 공동체의 생존과 번영을 위한 일종의 추상적 도구였던 것이다. 이는 인류가 생물학적으로는 독립된 개체이지만, 의식적으로는 상호 연결된 집단으로 진화했음을 보여주는 증거이기도 하다. 이런 식으로 세계 각지에서 비슷한 과정을 통해 각각의 언어가 탄생하게 되었다. 각 지역은 지리적 거리와 환경의 차이로 인해 서로 다른 언어 체계가 발달하였다. 지역이 가까운 곳들은 서로 영향을 받아 언어가 유사하기도 하지만, 거리가 멀수록 언어의 차이가 더 클 수밖에 없었을 것이다. 예를 들어 사과를 한국어로 '사과'라고 하지만 중국어로는 '피잉 꾸워'苹果라고 하고, 일본어로는 '링고'リンゴ, 영어로는 '애플'Apple, 스페인어로는 '만자나'Manzana, 페르시아어로는 '시브'سیب/sib라고 불린다. 각 언어가 듣기로는 전혀 다른 소리이지만 모두 동일한 대상을 가리킨다. 여기서

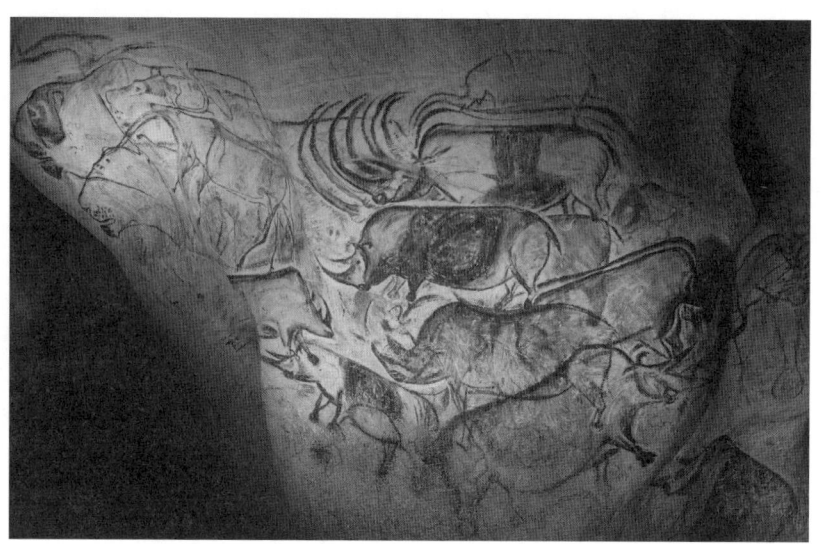
약 30,000년 전 것으로 추정되는 프랑스의 '쇼베 동굴 벽화'(Chauvet Cave)

핵심은, 사실 언어 자체는 사물의 의미나 본질과는 아무런 상관이 없지만, 공동체 구성원 간의 협력을 위한 사회적 합의로 인해 그 의미를 갖게 된다는 것이다. 따라서 각 언어는 그 언어를 사용하는 해당 공동체가 가지고 있는 특성과 역사, 환경, 생활방식 등 그 공동체의 삶 자체로 만들어졌다고 해도 과언이 아닐 것이다.

각각의 언어는 부족, 민족, 국가 등으로 구분되기 시작했다. 이렇게 언어는 처음에 협력을 목적으로, 협력을 본질로서 탄생하였다. 하지만 서로 다른 언어를 사용하거나 심지어 억양이 다르다는 이유로 서로를 구분 짓고 차별하는 원인이 되기도 한다. 이는 언어가 단순한 소통 도구를 넘어 정체성과 소속감을 나타내는 중요한 요소로 자리 잡았음을 보여준다. 시간이 흐름에 따라 인류는 구어만으로는 자원의 정확한 계산과 기록 등 공동체의 이익을 관리하는데 불충분함을 깨달았다. 이를 해소하기 위해 문자가 발명되었고, 이는 인류 문명의 발전에 결정적인 역할을 했다. 문자의 등장으로 지식과 경험이 시공간의 제약을 뛰어넘어 전달될 수 있게 되었고, 이는 인류가 축적적 진보를 가능케 한 근본적 전환점이 되었다.

인류가 언제부터 언어를 사용했는지 정확히 알 수는 없지만, 문자의 발명 이후로는 남아있는 기록을 통해 과거 문명의 모습을 어느 정도 재구성해 볼 수 있게 되었다. 문자는 인류의 집단 기억을 확장하고 과거와 현재, 그리고 미래를 연결하는 다리가 되었다.

언어공감각
공통한중어

공통 한중어
예문 6

- 위대 | 발명 | 참가 | 진행
- 방법 | 설명 | 기괴(이상한) | 표정
- 최종 | 발표 | 이익 | 생존
- 행동 | 배경 | 모양(모습, 꼴) | 추측
- 식품 | 음료 | 수확 | 분배(나누다)
- 환경 | 전파

훌륭할 위　클 대

위　대　伟　大　웨이 따아
　　　　wěi　dà

얼마나 위대한가!

多么伟大！
duōme wěidà

뚜워머 웨이따아

· 多么 : '얼마나', '참으로'라는 감탄을 나타내는 부사로, 정도의 크기나 감정을 강조할 때 사용한다.

필 발　밝을 명

발　명　发　明　퐐하 미잉
　　　　fā　míng

누가 발명했나요?

谁发明的？
shéi fāmíng de

셰이 퐐하미잉 떠

참여할 참   더할 가

참 가   参 加   차안찌아
cān jiā

저는 이 행사에 참여하고 싶어요.

我想参加这个活动。
wǒ xiǎng cānjiā zhège huódòng

우어 씨앙 차안찌아 져어끄어 훠어뚜어옹

· 想 : '~하고 싶다'는 의지를 나타내는 조동사. '생각하다', '그리워하다'라는 동사로도 사용된다. 반대말은 '不想'이다.

나아갈 진   행할 행

진 행   进 行   찌인씨잉
jìn xíng

회의는 현재 진행 중입니다.

会议正在进行中。
huìyì zhèngzài jìnxíng zhōng

후웨이이 져엉짝이 찌인씨잉 죠옹

· 正在 : '~하는 중이다'라는 뜻으로, 동작이나 상태가 진행 중임을 나타낸다.

힘쓸 판　법 법

방　법　办　法　빠`안 팡´하

bàn　　fǎ

방법이 없어요.

没有办法。
méiyǒu bànfǎ

메´이요`우 빠`안 팡´하

· 没有 : '~가 없다', '아니다'라는 뜻으로, '有'의 부정형이다.

말씀 설　밝을 명

설　명　说　明　슈ˉ오 미´잉

shuō　　míng

상세히 설명해 주세요.

请详细说明一下。
qǐng xiángxì shuōmíng yíxià

치`잉 씨´앙씨`이 슈ˉ오미´잉 이´이씨`아

기이할 기　괴이할 괴

기　괴　奇 怪　치ˇ이 꽈ˇ이
(이상한)
qí　guài

뭔가 이상해요.

我觉得有点奇怪。
wǒ juéde yǒudiǎn qíguài

우ˇ워 쮜ˊ에뜨어 요ˇ우띠앤 치ˇ이꽈ˇ이

· 觉得 : '~라고 느끼다', '~라고 생각하다'라는 뜻으로, 주관적인 의견이나 감정을 표현할 때 자주 사용된다.

겉 표　감정 정

표　정　表 情　뱌ˇ오 치ˊ잉
biǎo　qíng

표정이 아주 이상해요.

表情很奇怪。
biǎoqíng hěn qíguài

뱌ˇ오치ˊ잉 허ˇ언 치ˇ이꽈ˇ이

가장 **최** 끝 **종**

최 종　最 终　쭈이죠옹
　　　　　　zuì　zhōng

최종 결과가 만족스러워요.

最终的结果令人满意。
zuìzhōng de jiéguǒ lìngrén mǎnyì

쭈이죠옹 떠 찌에구워 리잉르언 마안이이

· 令人~ : '~하게 하다'. 주로 감정이나 반응을 일으키는 대상을 말할 때 쓰이며, '사람을 ~하게 만든다'는 의미로 사용된다.

낼 **발** 겉 **표**

발 표　发 表　팡하뺘오
　　　　　　fā　biǎo

의견을 발표해 주세요.

请发表你的意见。
qǐng fābiǎo nǐ de yìjiàn

치잉 팡하뺘오 니이 떠 이이찌앤

이로울 이   더할 익

이 익   利 益   리ㅣ이 이ㅣ이
lì   yì

자기 이익만 생각하지 마세요.

別光想着自己的利益。
bié guāngxiǎngzhe zìjǐ de lìyì

삐에 꽈앙씨앙져어 쯎으찌이 떠 리ㅣ이 이ㅣ이

· 光想~ : '오로지 ~만 생각하다' 뜻으로, 부정적인 뉘앙스를 줄 때 자주 쓰인다.

날 생   있을 존

생 존   生 存   셔ㅇ엉 추ㅜ운
shēng   cún

어떻게 생존해요?

如何生存?
rúhé shēngcún

루ㅜ우허ㅓ어 셔ㅇ엉 추ㅜ운

· 如何 : '어떻게', '어떠한가'라는 뜻으로, 방법이나 상태를 물을 때 사용하는 의문사다.

행할 **행**　움직일 **동**

행　동　行 动　씨ˊ잉 또ˋ옹

xíng　dòng

우리는 행동으로 자신을 증명해야 한다.

我们要用行动证明自己。
wǒmen yào yòng xíngdòng zhèngmíng zìjǐ

우ˇ워먼 야ˋ오 요ˋ옹 씨ˊ잉 또ˋ옹 져ˋ엉미ˊ잉 쯔ˋ찌ˇ어

· 用 : '사용하다', '이용하다'라는 뜻으로, 어떠한 도구나 방법을 통해 목적을 이루는 것을 나타낸다.

등 **배**　경치 **경**

배　경　背 景　뻬ˋ이 찌ˇ잉

bèi　jǐng

이 일은 배경이 아주 복잡해요.

这事儿背景很复杂。
zhè shìr bèijǐng hěn fùzá

져ˋ어 셜ˋ얼 뻬ˋ이찌ˇ잉 허ˇ언 푸ˋ후 쨪ˊ아

· 儿 : 북방 방언으로, 명사 뒤에 붙어 친근하고 구어체 느낌을 더해주는 접미사이다.

본뜰 **모** 모양 **양**

모 양 模 样 무́우 야̀앙
(모습, 꼴)   mú yàng

너 이게 무슨 꼴이야?

你这是什么模样啊？
nǐ zhè shì shénme múyàng a

니́이 져̀어 싈́의 셔́언머 무́우야̀앙 아

- 啊 : 문장 끝에 붙어 의문, 감탄, 부드러운 어조 등을 나타내는 조사이다. 말을 더 자연스럽고 친근하게 만들어 준다.

헤아릴 **시** 헤아릴 **측**

추 측 猜 测 차̄이 츠̀어
           cāi cè

난 그냥 추측한 거야.

我只是猜测。
wǒ zhǐshì cāicè

우́워 즈̌의싈́의 차̄이츠̀어

- 只是 : '단지', '다만', '그저', '그냥'이라는 뜻이며, 어떤 사실이나 상황을 제한하거나 강조할 때 사용한다.

밥식 물건품

식 품　食 品　실́의피̀인
shí　pǐn

이 식품의 유통기한이 얼마나 되나요?

这个食品的保质期是多久？
zhège shípǐn de bǎozhìqī shì duōjiǔ

져̀어끄어 실́의피̀인 떠 빠̌오즈̀의치̄이 실̀의 뚜̄워찌̌우

- '保质期'는 '유통기한'을 나타낸다. '多久'는 '얼마나 오래'라는 뜻으로, 시간의 길이나 기간을 물을 때 사용하는 의문사이다.

마실음　재료료

음 료　饮 料　이̌인랴̀오
yǐn　liào

어떤 음료를 좋아하세요?

你喜欢什么饮料？
nǐ xǐhuan shénme yǐnliào

니̌이 씨̌이후안 셔́언머 이̌인랴̀오

- 喜欢 : 좋아하다.

거둘 **수**　거둘 **확**

수　확　收获　쇼̄우훠̀어

shōu　huò

우리는 풍부한 경험을 얻었다.

我们收获了丰富的经验。
wǒmen shōuhuò le fēngfù de jīngyàn

우̖워먼 쇼̄우훠̀어 러 펑̄형풍̄후 떠 찌̄잉예̀앤

獲

· '收获'는 우리말 표현과 마찬가지로 '성과를 얻다'는 의미로 사용할 수 있다.

나눌 **분**　나눌 **배**

분　배　分配　펑̄헌 페̀이
(나누다)　　　fēn　pèi

이렇게 나누는 건 좀 불공평한 것 같아.

我觉得这样分配不太公平。
wǒ juéde zhèyàng fēnpèi bú tài gōngpíng

우̖워 쮜̀에뜨어 져̀어야̀앙 펑̄헌페̀이 뿌̄우 타̀이 꼬̄옹피́잉

제6장 | 언어의 기원 2　155

두를 환   경계 경

환　경　环　境　후ˊ안 찌ˋ잉

huán　jìng

環

환경 보호는 매우 중요하다.

保护环境很重要。
bǎohù huánjìng hěn zhòngyào

빠ˇ오후ˋ우 후ˊ안찌ˋ잉 허ˇ언 죠ˋ옹야ˋ오

전할 전   뿌릴 파

전　파　传　播　츄ˊ안 뽀ˉ

chuán　bō

傳

소식이 인터넷을 통해 빠르게 전파됐다.

信息通过网络传播很快。
xìnxī tōngguò wǎngluò chuánbō hěn kuài

씨ˋ인씨ˉ이 토ˉ옹꾸ˋ워 와ˇ앙루ˋ워 츄ˊ안뽀ˉ 허ˇ언 콰ˋ이

과정

7장

외래어가
현지화되는 과정

꾸워쳐영

过程

07
외래어가
현지화되는 과정

싱가폴 위치

싱글리쉬와 콩글리쉬, 김치와 기무치

언어는 결코 정적인 실체가 아니다. 언어는 끊임없이 흐르는 강물처럼 시간과 공간을 가로질러 변모하며, 만나는 모든 지형에 적응하고, 또 그 지형을 변화시키기도 한다. 특히 서로 다른 언어가 접촉하는 경계에서는 더욱 흥미로운 현상이 발생한다. 외래어가 현지화되는 과정은 단순한 언어적 변형이 아니라 문화적 충돌과 융합의 생생한 기록이자 인간 공동체의 적응력과 창의성을 보여주는 증거이다.

영어(English)	싱글리쉬(Singlish)
Can you do it?	Can?
I can do it!	Can can!
You can do it!	Can lah!

영어가 변형된 싱글리쉬(Singlish) 사례

 싱가포르와 말레이시아 지역은 이러한 언어적 혼합 문화의 대표적 사례를 보여준다. 이 지역에서는 영어에 민남어, 광둥어, 말레이어, 타밀어 등의 요소가 융합된 '싱글리쉬'^{Singlish}라는 독특한 변종 영어•가 사용되고 있다. 'Can you do it?'^{할 수 있어?}이라는 표현을 간결하게 'Can?'으로 축약하거나, 친근함을 표현하기 위해 'Can lah'^{할 수 있어!}와 같이 말레이어인지 중국식의 어미 조사인지 정체 모를 표현이 첨가되는 현상은, 언어가 실용적 필요에 따라 어떻게 변형되는지를 보여준다. 이는 단순한 언어적 오류라기보다는 다문화 사회의 일상적 소통 속에서 자연스럽게 발전한 창의적 적응의 결과물이라 해석할 수 있지 않을까?

- 싱가포르식 영어를 싱글리쉬(Singlish), 말레이시아식 영어는 맹글리쉬(Manglish)라고 한다.

영어	실제 원음 유사 표기	한국어
Pizza	피 쯔아	피자
Family	뺑 밀 이	패밀리

Pizza와 Family 실제 원음식 발음 및 한국어 표기 비교

한국에서는 또 다른 현상이 관찰된다. 한국어의 음운 체계에서는 영어의 'P'와 'F' 발음을 'ㅍ'으로 나타낼 수밖에 없다. 그렇기 때문에 한국인은 'F'발음을 익히기 어렵다. 'Z'역시 한국어 체계에는 없는 발음이다. 그렇기 때문에 'ㅈ'으로 대체될 수밖에 없다.

영어 발음이 교정되지 않은 한국식 영어 '콩글리쉬'Konglish는 언어 간 음운적 차이가 실제 발화에서 어떻게 조정되는지를 보여주는 사례이다.

김치 - 기무치(キムチ)

'김치'의 한-일 발음 비교

한 가지 더 사례를 들어보자. 일본어는 어떨까? 일본어의 음절 구조는 대부분 자음과 모음의 조합으로, 받침이 되는 종성 자음은 'ん'(n)을 제외하고는 존재하지 않는다. 그 결과 한국어의 '김치' 같은 경우 일본어 체계에서는 '김'의 받침인 'ㅁ'을 표현할 수 없기 때문에 '기무치'(キムチ)로 조정된다. 이 또한 외래 언어가 수용 언어의

음운 체계에 맞게 변형된다는 사실을 보여준다.

중국어 원음 유사 표기	티̄앤	띠̀이	쒸́앤	후́앙
한자	天	地	玄	黃
한국식 훈독음	하늘 천	땅 지	검을 현	누를 황

천자문 첫 구절의 중국어 원음식 발음과 한국식 훈독음 비교

　언어의 현지화 과정은 어휘에서도 뚜렷하게 나타난다. 한반도에서는 15세기에 훈민정음이 창제되었지만, 실질적으로 한글이 공문서와 일상생활에서 널리 사용되기 시작한 것은 20세기 중반 광복 이후의 일이다. 그전까지는 약 이천년에 걸쳐 한자가 공식적인 문자로 지배적인 위치를 차지하였다. 한글이 보편화되기 이전에는 문자는 중국의 한자를 사용하면서도, 구어로는 한국어를 사용하는 독특한 이중언어 상황이었으리라 짐작된다. 훈민정음 서문 내용처럼 '나라의 말이 중국과 달라 문자(한자)로 서로 통하지 아니하였던' 것이다. 그렇기 때문에 한자를 익히기 위해서는 천자문을 낭독하는 것처럼 '하늘 천, 땅 지, 검을 현, 누를 황', 이런 식으로 의미 따로, 소리 따로 하는 훈음 방식을 취할 수밖에 없었다.

훈민정음 언해본 서문

한국어	눈	코	입	귀	엉덩이
중국어	眼 예앤	鼻 삐이	口 코우	耳 어얼	屁股 피이꾸우
일본어	目 메	鼻 하나	口 쿠치	耳 미미	尻 씨리 ヒップ 힛쁘
영어	eye	nose	mouth	ear	heap

각 언어별 일상 용어 비교

이러한 상황에서 문자와 구어 간의 관계는 매우 흥미로운 양상을 보인다. 대개 모든 지역에서 사용되고 있는 현지인들의 언어를 살펴보면, 특히 일상적인 대상이나 용어에 있어서는 대개 그들만의 용어가 있다. 예를 들어 '눈', '코', '입', '귀', '엉덩이'와 같은 신체 부위나, '먹다', '마시다'와 같은 기본적인 행위는 대개 고유의 현지어가 사용된다. 이는 이러한 단어들이 이미 현지 공동체에서 오랜 기간 사용되어 왔기 때문에 외래어가 도입되더라도 쉽게 대체되지 않는 경향이 있음을 보여준다.

耳	鼻	咽 喉	科
귀 이	코 비	목구멍 인 목구멍 후	과목 과

'귀', '코', '목구멍', '과목'의 한자음

반면 '이비인후과'와 같은 전문 용어는 한자어로 정착되었다. 이는 의학과 같은 전문 분야의 지식이 주로 한자로 기록된 문헌을 통해 전파되었기 때문이다. 게다가 당시 의원(병원) 간판을 내걸거나 치료 과정에서 문자를 사용해야 할 때면 한자 외에 다른 대안이 없었을 것이다. 17세기 초, 허준이 저술한 '동의보감' 역시 시대적 배경에 따라 한자로 쓰였다. 여담으로 덧붙이자면, 동의보감은 중국의 의학 이론에 조선에서의 치료법을 더한 내용을 담은 의학 서적으로, 당시 중국에서도 상당한 인기를 끌었다고 한다.

이처럼 문자로 기록되고 공식적 맥락에서 사용되는 언어, 특히 학술적이거나 전문적인 표현은 구어와는 다른 경로로 발전하며, 때로는 역으로 구어에 영향을 미치기도 한다. 해당 표현을 문자를 통해 자꾸 사용하다 보면 아무리 현지어가 있다 해도 더 자주 사용하게 되는 표현이 고착화되는 것이다.

한자 역시 한반도에 유입된 후 현지화 과정을 겪었다. 중국식 발음이 따로 있더라도 이미 한반도에 뿌리내린 고유 언어의 음운 체계와 발화 특성에 따라 발음이 어느 정도 변형될 수밖에 없었을 것이다. 이는 모든 외래어가 현지 언어 체계의 틀 안에서 재해석되고 변형된다는 보편적 원리를 보여준다. 이러한 언어의 현지화 과정은 궁극적으로 의사소통의 경제성 원리를 반영한다. 생소한 발음의 외래어가 들어오면 이를 현지에서 발음하기 쉽고 사용하기 편리한 형태로 변형시키는 것은 의사소통에서 인지적, 물리적 노력을 최소화하려는 인간의 자연스러운 경향이다. 이는 단순한 게으름이 아니라 제한된 자원을 효율적으로 활용하려는 인간 정신의 지혜를 보여주는 것이다.

언어의 현지화 과정은 또한 문화적 정체성의 형성과 유지에도 중요한 역할을 한다. 외래어를 그대로 수용하는 것이 아니라 자신들의 언어 체계에 맞게 변형함으로써 해당 공동체는 문화적 주체성을 유지하면서도 외부 세계와 소통할 수 있게 된다. 이러한 과정은 한국어와 중국어의 관계에서도 분명하게 나타난다. 한국어가 한자어에서 많은 어휘를 차용했음에도 불구하고 독자적인 언어로서의 정체성을 유지할 수 있었던 것은, 이러한 차용어들이 한국어의 음운 체계와 문법 구조에 맞게 철저히 현지화되었기 때문이다.

   이렇게 볼 때, 언어의 현지화 과정은 인류의 적응력을 보여주는 중요한 사례라고 볼 수 있다. 이 과정은 언어가 고정된 규칙의 집합이 아니라 끊임없이 변화하고 진화하며 공동체의 필요에 맞춰 스스로를 조정하는 역동적인 존재임을 보여준다. 이러한 언어의 유연성과 적응력에 대한 이해는 한국인이 중국어를 배울 때 갖는 독특한 이점의 뿌리를 파악하는 데 있어서도 중요한 단서를 제공한다.

언어공감각
공통한중어

공통 한중어

예문 7

- 시간 | 공간 | 충돌 | 대체

- 지방(장소, 곳) | 특색(특징) | 선명 | 독특

- 국가 | 반도 | 광복 | 친근

- 의원(병원) | 치료 | 소화 | 융합(어울리다)

- 최소한(적어도) | 증거 | 철저 | 보존(보관)

- 대표 | 자원

때시　사이간

시　간　时　间　실ˊ의 찌ˉ앤

shí　jiān

언제 시간이 있는지 알려주세요.
请告诉我你什么时候有空。
qǐng gàosu wǒ nǐ shénme shíhou yǒu kòng

치ˇ잉 까ˋ오스우 우ˇ워 니ˇ이 셔ˊ언머 실ˊ의호우 요ˇ우 코ˋ옹

· 告诉 : '알려주다', '말하다'라는 뜻으로, 정보를 전달하는 행위를 나타낼 때 쓰인다.

빌공　사이간

공　간　空　间　코ˉ옹 찌ˉ앤

kōng　jiān

여기 공간이 너무 좁아요.
这里的空间很小。
zhèlǐ de kōngjiān hěn xiǎo

져ˋ어리ˇ이 떠 코ˉ옹찌ˉ앤 허ˇ언 쌰ˇ오

짜를 충　갑자기 돌

충　돌　冲突　쵸ㅇ트ㅜ
chōng　tū

그들 사이에 자주 충돌이 발생한다.

他们之间经常发生冲突。
tāmen zhījiān jīngcháng fāshēng chōngtū

타아먼 즈의찌앤 찌잉챠ㅏㅇ 퐈하셔ㅇ 쵸ㅇ트ㅜ

· 经常 : '자주', '늘'이라는 뜻의 부사로, 어떤 일이 반복적으로 일어남을 나타낼 때 쓰인다.

대신할 대　바꿀 체

대　체　代替　따ㅣ티ㅣ
dài　tì

이걸로 대체하세요.

用这个代替。
yòng zhège dàitì

요ㅇ 져어끄어 따ㅣ티ㅣ

땅**지**　방향**방**

지 방 地 方 띠̀이팡̄항
(장소, 곳)
dì　fāng

여기 주소 좀 알려주세요.

请告诉我这个地方的地址。
qǐng gàosu wǒ zhège dìfang de dìzhǐ

치̀잉 까̀오스우 우̀워 져̀어끄어 띠̀이팡항 떠 띠̀이즈의

· '地方'에서 '方'은 보통 1성으로 발음되지만, 특정 상황에서는 경성으로 발음되기도 한다. 보통 '어떤 지역'일 때는 1성으로, '하나의 공간'을 뜻할 때는 경성으로 발음하는 경우가 많다.

특별할**특**　빛**색**

특 색 特 色 트̀어스̀어
(특징)
tè　sè

이 도시의 특색은 뭔가요?

这个城市的特色是什么?
zhège chéngshì de tèsè shì shénme

져̀어끄어 쳐́엉쉴의 떠 트̀어스̀어 쉴의 셔́언머

· 城市 : 도시.

고울 **선**　　밝을 **명**

선　명　鮮　明　씨ᅟᅢᆫ 미ᅟᅵᆼ
xiān　míng

이 색은 굉장히 선명하네요.

这个颜色非常鲜明。
zhège yánsè fēicháng xiānmíng

져ᅥ 끄ᅥ 야ᅟᅡᆫ스ᅥ 펠히챠ᅟᅡᆼ 씨ᅟᅢᆫ 미ᅟᅵᆼ

· 颜色 : '색깔', '색'.

홀로 **독**　　특별할 **특**

독　특　独　特　뜨우 트ᅥ
dú　tè

이 디자인은 매우 독특하네요.

这个设计非常独特。
zhège shèjì fēicháng dútè

져ᅥ 끄ᅥ 셔ᅥ 찌이 펠히챠ᅟᅡᆼ 뜨우 트ᅥ

나라**국**　집**가**

국　가　国家　꾸´워 찌아

guó　jiā

각 나라마다 다 다른 특징이 있어요.

每个国家都有不同的特征。
měige guójiā dōu yǒu bùtóng de tèzhēng

메이꼬어 꾸´워찌아 또우 요우 뿌`우토´옹 떠 트`어져엉

· 不同 : '다르다'라는 뜻의 형용사로, 비교되는 대상들이 서로 같지 않음을 나타낸다. 반대말은 '相同'이다.

반**반**　섬**도**

반　도　半岛　빠`안따오

bàn　dǎo

그는 한반도의 역사에 관심이 많다.

他对韩半岛的历史很感兴趣。
tā duì hán bàndǎo de lìshǐ hěn gǎnxìngqù

타아 뚜`위 하´안빠`안따오 떠 리`이시´일의 허언 까´안씨`잉취이

빛 광 회복할 복

광 복 光 复 꽈앙풍후

guāng fù

광복 후 사람들은 새로운 삶을 시작했다.
光复后，人们开始了新的生活。
guāngfù hòu, rénmen kāishǐ le xīn de shēnghuó
꽈앙풍후 호우, 르언먼 카이실의 러 씨인 떠 셔엉훠어

친할 친 가까울 근

친 근 亲 近 치인찌인

qīn jìn

한 사람과 친해지려면, 먼저 그를 이해해야 한다.
想亲近一个人，先要了解他。
xiǎng qīnjìn yígèrén, xiān yào liǎojiě tā
씨앙 치인찌인 이이끄어르언, 씨앤 야오 랴오찌에 타아

· 了解 : '이해하다', '알다', '파악하다'라는 뜻으로, 어떤 대상에 대해 분명히 인식하고 있는 상태를 나타낸다.

의원 의 집 원

의 원 医院 이̄이유앤̀
(병원)   yī yuàn

병원이 어디에 있나요?

医院在哪儿？
yīyuàn zài nǎr

이̄이유앤̀ 짜̀이 날̌

· 哪儿 : '어디'라는 뜻으로, 장소를 물을 때 사용된다.

다스릴 치 병고칠 료

치 료 治疗 즈̀의랴́오
       zhì liáo

이 약으로 감기를 치료할 수 있어요.

这种药可以治疗感冒。
zhèzhǒng yào kěyǐ zhìliáo gǎnmào

져̀어죠̌옹 야̀오 크어이̌이 즈̀의랴́오 까̌안마̀오

· 感冒 : 감기.

사라질 **소** 될 **화**

소 화 消化 쌰오화아
xiāo huà

소화불량이에요.

消化不良。
xiāohuà bùliáng

쌰오화아 뿌우랴앙

녹을 **융** 합할 **합**

융 합 融合 르옹허어
(어울리다)
róng hé

그들은 곧 잘 어울리게 됐다.

他们很快就融合了。
tāmen hěn kuài jiù rónghé le

타아먼 허언 콰이 찌우 르옹허어 러

- 就 ~ 了 : '바로 ~했다', '곧 ~했다'라는 뜻으로, 어떤 일이 빠르게 일어나거나 조건이 충족되자 곧 일어났음을 나타내는 표현이다.

이를 지   적을 소

최소한   至 少   즈̀의샤̌오
(적어도)
　　　　zhì　shǎo

적어도 한 번은 해 봐야 합니다.

你至少应该试一试。
nǐ zhìshǎo yīnggāi shìyíshì

니̌이 즈̀의샤̌오 이̄잉까̄이 싈̀의이̄이싈̀의

· 应该 : '~해야 한다', '마땅히 ~해야 한다'라는 뜻으로 어떤 행동이 필요하거나 옳다고 생각할 때 사용된다.

증거 증   근거 거

증 거   证 据   져̀엉쮜̀이
　　　　zhèng　jù

증거를 제시해 주세요.

请提供证据。
qǐng tígōng zhèngjù

치̌잉 티̄이꼬̄옹 져̀엉쮜̀이

꿰뚫을 철　바닥 저

철　저　彻底　쳐어띠이
　　　　 chè dǐ

철저히 해결하다.

彻底解决。
chèdǐ jiějué

쳐어띠이 찌에쮜에

지킬 보　있을 존

보　존　保存　빠오추운
(보관)　　bǎo cún

이 음식은 냉장 보관해야 합니다.

这个食物需要冷藏保存。
zhège shíwù xūyào lěngcáng bǎocún

져어끄어 실의우우 쒸이야오 러엉차앙 빠오추운

· 食物 : '음식', '식품'이라는 뜻으로, 사람이 먹을 수 있는 모든 것을 가리킨다.

대신할 **대** 겉 **표**

대 표 代 表 따이빠오
dài biǎo

학생 대표로서 참가해요.

作为学生代表参加。
zuòwéi xuéshēng dàibiāo cānjiā

쭈오웨이 쒸에셔영 따이빠오 차안찌아

· 作为~ : '~으로서'.

재물 **자** 근원 **원**

자 원 资 源 쯔으유앤
zī yuán

시간도 일종의 중요한 자원입니다.

时间也是一种重要的资源。
shíjiān yě shì yìzhǒng zhòngyào de zīyuán

슬의찌앤 예에 슬의 이이죠옹 죠옹야오 떠 쯔의유앤

· ~也 : '~도', '~ 마찬가지로', '역시'라는 뜻으로, 어떤 것을 덧붙여서 말할 때 쓰는 붙임말이다.

건배

8장

한자 문화권에 건배

까안빼이

干杯

08
한자 문화권에 건배

'건배'에 담긴 수천 년의 화합

문명의 역사에서 언어와 문자는 단순한 의사소통 도구를 넘어 문화적 정체성과 집단 기억의 중심축으로 작용해왔다. 동아시아에서 한자는 그러한 축의 가장 강력한 상징이자 실체였다. 서구 문명에서 그리스어와 라틴어의 어휘와 문법 체계가 유럽 전역의 언어에 지대한 영향을 미쳤듯이, 동아시아에서는 한자가 언어적 DNA의 기본 단위로서 작용하며 거대한 문화권을 형성했다.

당나라와 연관된 지명인 '당진'과 '당인리'. 일본 '가라쓰'는 한국의 당진과 같은 한자를 사용한다

학자들은 기원전 2-3세기 한나라 시대부터 중국의 어휘가 주변국들에 차용되기 시작했다고 추측한다. 특히 당나라 시기(618-907)는 중국의 영향력이 절정에 달했던 시기로, 정치·제도뿐 아니라 문학, 음악, 복장, 불교 등 다양한 문화와 기술이 주변국으로 전파되었다고 한다. 한 연구*에 따르면 중국은 물론 한국, 일본 등 주변 한자 문화권 국가의 한자 발음 체계가 대부분 이 시기에 정립되었다고 한다. 당나라의 표준 발음인 '장안음'^{현재의 시안(西安)}이 한국, 일본, 베트남 등 주변국의 한자음 형성에 결정적인 영향을 미쳤다는 것이다.

한반도에서 한자는 단순한 문자 사용의 차원을 넘어 정신적, 지적 지형을 형성한 근본적인 요소였다. 한반도의 역사와 언어는 한자와 깊이 연결되어 있으며, 이는 동아시아 전반에 걸쳐 한자가 단순한 문자 체계를 넘어 사유 방식과 세계관 형성에 지대한 영향을 미쳤기 때문이다.

고려 시대에 도입된 과거제도는 한자가 한반도에 얼마나 큰 영향을 미쳤는지 보여주는 대표적인 예다. 중국의 관리 선발 제도를 본떠 만들어진 이 제도는 한자로 실시되었으며, 시험 내용에는 '논어', '대학', '중용'과 같은 유교 경전과 '사기', '한서'와 같은 중국 역사서가 포함되어 있었다. 또한 '맹자', '시경', '서경', '역경', '춘추', '예기', '손자병법' 등의 중국 고전을 읽고 해석할 수 있어야 했고, 중국 전통 형태의 한시 창작 능력도 요구되었다. 이뿐만이 아니다. 정부의 외교

- 이토 진카이(伊藤仁恢), 〈동아시아 한자음 비교 연구〉 - 당나라 시대 중국어의 표준 발음인 '장안음'이 한국, 일본, 베트남 등 주변국의 한자음 형성에 미친 영향 분석.

기록을 포함한 각종 공문서뿐 아니라 시나 소설 등의 창작물에도 한자가 사용되었다. 이는 당시 식자층이 한자에 매우 능숙했음을 보여주며, 이러한 배경 속에서 한반도에 한자를 기반으로 한 중국 어휘들이 압도적으로 증가하게 된 것으로 보인다.

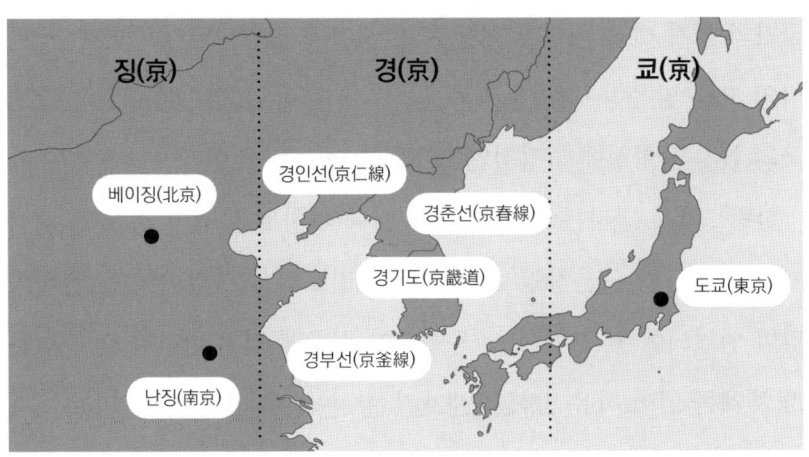

같은 '수도 경'(京)이 한중일에서 각각 '경', '징', '쿄'로 발음된다

현재까지도 한자 기반의 어휘는 한국, 중국, 일본 세 나라의 일상생활 속에 깊숙이 자리 잡고 있다. 세 나라를 관통하는 문화적 연결고리로서 한자의 역할은 여전히 강력하다. 대표적인 예로 방향을 나타내는 '동서남북'東西南北과 수도를 뜻하는 '경'京을 들 수 있다. '동, 서, 남, 북'은 중국어로 '또옹, 씨이, 나안, 뻬이'東西南北, 일본어로는 '토오, 자이, 난, 보쿠'東西南北라고 발음된다. 수도를 의미하는 '경'京은 중국에서 '지잉'京, 일본에서는 '쿄'京로 발음된다.

이러한 공통된 한자를 바탕으로 북쪽의 수도라는 의미의 중국의

'베이징'北京, 동쪽의 수도라는 의미의 일본의 '도쿄'東京, 남쪽의 수도라는 의미의 중국의 '난징'南京같은 도시 이름이 형성되었다. 우리나라에서는 일제 강점기에 서울을 '경성'京城이라고 부르다가 독립 이후에는 사용하지 않게 되었지만, '경기도'京畿道의 '경기'가 '수도 주변'을 뜻하는 한자어로 여전히 사용되고 있다. 또한 서울에서 부산까지 이어지는 철도를 '경부선'京釜線, 서울에서 인천까지의 철도는 '경인선'京仁線, 서울에서 춘천까지의 철도는 '경춘선'京春線이라 부른다. 이처럼 한자어는 행정 명칭뿐 아니라 법률, 의학, 철학 등 다양한 분야에서 여전히 중요한 위치를 차지하고 있다.

한국	중국	일본
건배	까안 뻬이	칸파이
乾杯	干杯	乾杯

'건배'의 한중일 발음 비교

'건배'乾杯라는 표현도 동아시아 삼국의 문화적 연결성을 보여주는 흥미로운 예다. 한국에서는 '건배'乾杯, 중국에서는 '까안 뻬이'干杯, 일본에서는 '칸파이'乾杯라고 발음한다. 현대 중국에서는 '건'에 해당되는 글자를 간체자로 사용하고 있지만, 실질적으로는 한중일 모두 같은 한자를 사용하며 발음 또한 유사하다. 이는 이들 국가가 역사적으로 깊은 상호작용을 통해 일상의 작은 의례까지 공유해 왔음을 보여준다. 이렇게 '건배'라는 짧은 말 한 마디 속에 수천 년에 걸친 동북아시아의 교류와 우정, 화합의 정신이 압축되어 있다고 볼 수 있지 않을까? 언어 속에 담긴 한중일 삼국의 역사적, 문화적 연결성은 이처럼 우리의 일상 속에서 쉽게 발견할 수 있는 생생한 현실이다.

한자 문화권의 존재는 한국인이 중국어를 배울 때 갖는 독특한 이점을 설명하는 중요한 근거가 된다. 한국어에 이미 깊이 뿌리내린 한자 어휘들은 중국어 학습 시 친숙하게 다가오며, 더 쉽게 익힐 수 있는 발판이 된다. 이는 단순한 어휘적 유사성을 넘어, 수천 년에 걸쳐 형성된 공통된 전통문화의 공유를 의미한다.

동아시아 한자 문화권은 서로 다른 언어를 사용하는 국가들이 하나의 문자 체계를 중심으로 형성한 주요 문명 공동체 중 하나이다. 이는 서로 다른 민족과 국가가 공통된 문자 체계를 통해 어떻게 각자의 지적 토양과 고유한 정체성을 발전시킬 수 있었는지를 보여준다. 오늘날에도 이 공유된 역사적 유산은 동아시아 국가들 사이에 대화와 협력을 위한 중요한 토대가 될 수 있는 가능성을 시사한다.

공통 한중어
예문 8

- 동서(물건) | 관리 | 수도 | 부근(근처)

- 정치 | 외교 | 정책 | 제도

- 전통 | 의복(옷) | 사회 | 사상(생각)

- 도덕 | 존중 | 기타(그 외) | 등등

- 세월 | 관통 | 주변 | 독립

- 건배 | 만세

동녘 **동**　　서녘 **서**

동　서　　东　西　　또̄옹씨이
(물건)　　 dōng xi

이게 뭐 하는 물건이에요?

这是什么东西？
zhè shì shénme dōngxi

쪄어 싈의 셔′언머 또̄옹씨이

· 东西 : '물건', '어떤 것'이라는 뜻으로 구체적이거나 추상적인 사물을 가리킬 때 자주 사용되는 요긴한 표현이다.

주관할 **관**　다스릴 **리**

관　리　　管　理　　꽈̌안리̌이
　　　　　 guǎn   lǐ

자기 자신을 잘 관리하세요.

好好管理自己。
hǎohāo guǎnlǐ zìjǐ

하̌오하̄오 꽈̌안리̌이 쯫̀으찌̌이

머리 수   도읍 도

수 도　首 都　쇼우뚜우
shǒu　dū

한국의 수도는 서울입니다.

韩国的首都是首尔。
hánguó de shǒudū shì shǒu'ěr

하안꾸워 떠 쇼우뚜우 싈의 쇼우얼

붙을 부   가까울 근

부 근　附 近　풍후찌인
(근처)
fù　jìn

실례합니다, 근처에 지하철역이 어디에 있나요?

请问，附近的地铁站在哪里？
qǐngwèn, fùjìn de dìtiězhàn zài nǎlǐ

치잉워언, 풍후찌인 떠 띠이티에쨔안 짲이 나아리이

· 地铁站: 지하철역.

정사 **정** 　다스릴 **치**

정　치　政 治　져˚엉즈ˋ의

zhèng　zhì

정치와 경제는 밀접하게 관련되어 있습니다.

政治和经济密切相关。
zhèngzhì hé jīngjì mìqiè xiāngguān

져˚엉즈ˋ의 허ˊ어 찌ˉ잉찌ˋ이 미ˋ이치ˋ에 씨ˉ앙꽈ˉ안

바깥 **외**　사귈 **교**

외　교　外 交　와ˋ이쨔ˉ오

wài　jiāo

이건 외교 문제입니다.

这是外交问题。
zhè shì wàijiāo wèntí

져ˋ어 싈ˋ의 와ˋ이쨔ˉ오 워ˋ언티ˊ이

정사 정   꾀 책

정   책   政 策   져̀엉츠̀어

zhèng   cè

환불에 관한 정책이 있나요?

有没有关于退票的政策？
yǒu méiyǒu guānyú tuìpiào de zhèngcè

요̀우 메이요̌우 꽈̄안위́이 투̀이퍄̀오 떠 져̀엉츠̀어

· 退票 : '표를 되돌려주다', '환불하다'.

지을 제   법도 도

제   도   制 度   즈̀의뚜̀

zhì   du

이 제도는 좀 바꿔야 합니다.

这个制度应该改改了。
zhège zhìdu yīnggāi gǎigǎi le

져̀어끄̄어 즈̀의뚜̀ 이̄잉까̄이 까̌이까̌이 러

· 改改 : '(가볍게)고치다', '(약간)수정하다'라는 뜻으로, 기존의 것을 조금 변경하거나 손보는 행위를 나타낸다.

전할 전　거느릴 통

전 통　传 统　츄안토옹

chuán tǒng

전통 수공예품이 정말 특색 있네요.
传统手工艺品很有特色。
chuántǒng shǒugōngyìpǐn hěn yǒu tèsè
츄안토옹 쇼우꼬옹이이피인 허언 요우 트어스어

옷 의　옷 복

의 복　衣 服　이이풍후
　(옷)

yī fu

저는 새 옷을 사야 해요.
我需要买新衣服。
wǒ xūyào mǎi xīn yīfu
우워 쒸이야오 마이 씨인 이이풍후

· 买 : '사다', '구매하다'.

모일 사 　 모일 회

사 회　社会　셔ˋ어후ˋ위

shè　huì

사회 변화에 적응하다.

适应社会的变化。
shìyìng shèhuì de biànhuà

싈ˋ의이ˋ잉 셔ˋ어후ˋ위 떠 삐ˋ앤화ˊ아

· 适应 : '적응하다', '익숙해지다'라는 뜻으로, 새로운 환경이나 상황에 맞춰 자신의 행동이나 생각을 변화시키는 것을 의미한다.

생각 사 　 생각 상

사 상　思 想　스ˉ으씨ˇ앙
(생각)

sī　xiǎng

그의 생각은 아주 심도 있다.

他的思想很有深度。
tā de sīxiǎng hěn yǒu shēndù

타ˉ아 떠 스ˉ으씨ˇ앙 허ˇ언 요ˇ우 셔ˉ언뜨ˋ우

· 很有 : '매우 ~하다', '아주 ~하다'라는 뜻으로, 정도가 높음을 나타낸다.

길도 덕덕

도 덕 道 德 따ˋ오 뜨́어

dào dé

사회는 도덕을 필요로 합니다.

社会需要道德。
shèhuì xūyào dàodé

셔ˉ어후ˋ위 쒸ˉ이야ˋ오 따ˋ오뜨́어

높을 존 무거울 중

존 중 尊 重 쭈̄ㄴ죠ˋ옹

zūn zhòng

나는 너의 선택을 존중해.

我尊重你的选择。
wǒ zūnzhòng nǐ de xuǎnzé

우ˇ워 쭈̄ㄴ죠ˋ옹 니ˇ이 떠 쒸ˇ앤쯔́어

· 选择 : '선택', '고르다'라는 뜻으로, 여러 가지 중에서 하나를 고르는 행위 또는 그 결과를 의미한다.

그기   다를타

기 타   其他   치이타아
(그 외)
　　　　qí　tā

그 외의 방법을 알려주세요.

请告诉我其他方法。
qǐng gàosu wǒ qítā fāngfǎ

치잉 까오스우 우어 치이타아 팡항팡하

무리등   무리등

등   등   等 等   떠엉떠엉
　　　　děng　děng

그는 음악 듣기, 영화 보기 등을 좋아한다.

他喜欢听音乐、看电影等等。
tā xǐhuan tīng yīnyuè, kàn diànyǐng děngděng

타아 씨이후안 티잉 이인위에, 카안 띠앤이잉 떠엉떠엉

• '等'은 상황에 따라 '기다리다'라는 뜻으로도 사용된다. 회화에서는 '잠깐만요'라는 의미의 '等一下'가 자주 사용된다.

해 세 　 달 월

세　　월　　岁　月　　스̀위 위̀에

sùi　　yuè

세월이 그의 얼굴에 흔적을 남겼다.

岁月在他的脸上留下了痕迹。
suìyuè zài tā de liǎnshang liúxià le hénjì

스̀위위̀에 쫭이 타̄아 떠 리 앤샤̀앙 리̌우씨̀아 러 허́언찌이

· 留下 : '남기다', '남겨두다'.

꿸 관 　 통할 통

관　　통　　贯　通　　꽈̀안 토̄옹

guàn　　tōng

이 길은 두 도시를 관통한다.

这条路贯通了两个城市。
zhètiáo lù guàntōng le liǎnggè chéngshì

져̀어탸́오 루̀우 꽈̀안토̄옹 러 랴̌앙끄̀어 쳐́엉싈의

· 条 : '길', '강', '뱀', '물고기' 등 길고 가느다란 사물을 셀 때 사용하는 양사이다. '양사'는 중국어에서 명사의 수량을 나타낼때 쓰이는 단위로, 대부분의 경우 반드시 사용된다. 만약 양사가 빠지게 되면 어색하거나 의미가 불분명해질 수 있다.

두루**주**　**가**변

주　변　周边　죠우삐앤

zhōu　biān

주변에 맛있는 식당이 있나요?

周边有什么好吃的餐厅吗？

zhōubiān yǒu shénme hǎochī de cāntīng ma

죠우삐앤 요우 셔언머 하오츨의 떠 차안티잉 마

· 餐厅 : '식당', '레스토랑'.

홀로**독**　설 립

독　립　独立　뚜우리이

dú　lì

그는 이미 독립하여 생활하고 있다.

他已经独立生活了。

tā yǐjīng dúlì shēnghuó le

타아 이이찌잉 뚜우리이 셔영훠어 러

마를 간　잔 배

건　배　干　杯　까̄안뻬̀이
gān　bēi

우리 함께 건배합시다!

我们一起干杯吧!
wǒmen yīqǐ gānbēi ba

우̌워먼 이̄이치̌이 까̄안뻬̄이 빠

· 一起 : '함께', '같이'.

일만 만　해 세

만　세　万　岁　와̀안스̀위
wàn　suì

우리가 이겼습니다, 만세!

我们赢了, 万岁!
wǒmen yíngle, wànsuì

우̌워먼 이́잉러어, 와̀안스̀위

· 赢 : '이기다', '승리하다'. '지다'는 뜻은 '输'.

언어공감각

공통된 증어

제 3부

인공지능 시대에 외국어를 배울 필요가 있는가?

언어 공감각, 공통 한중어

9장	제4의 물결, 인공지능	201
10장	구구단 안 외울 거야? 구구단도 AI에게 시킬 거야?	219
11장	인공지능 시대에 외국어를 배울 필요가 있는가?	239
12장	언어가 전부다	259

언어공감각
공통한중어

9장

제4의 물결, 인공지능

09
제4의 물결, 인공지능

제4의 물결, 인공지능

소위 AI 대격동의 시대다. 우리는 지금 역사적 대전환의 순간에 서 있다. 인류 문명의 물결이 다시 한번 거대한 파도를 일으키며 세계를 근본적으로 재편하고 있다.

앨빈 토플러
(Alvin Toffler, 1928 ~ 2016)

미래학자 앨빈 토플러는 인류 문명사의 혁명적 전환점을 거대한 물결에 비유했다. 그는 제1의 물결은 농업 혁명, 제2의 물결은 산업 혁명, 제3의 물결은 정보 혁명이라 명명했다.

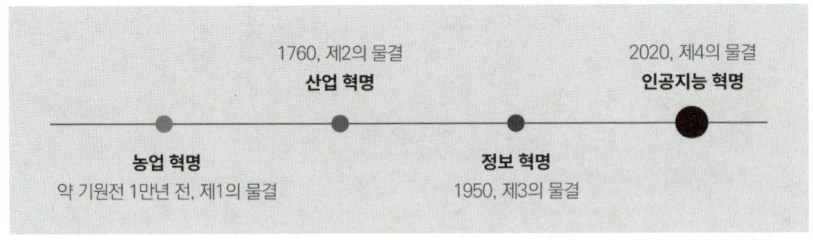

앨빈 토플러가 제안한 '물결 이론'과 인공지능 혁명

이제 우리는 그가 예견한 물결을 넘어서는 새로운 흐름의 한가운데 서 있다. 컴퓨터와 인터넷의 발달로 일상생활에 서서히 침윤되어 오던 기술의 진보가, 이제는 '인공지능'이라는 제4의 물결이 되어 거센 파도처럼 세상을 향해 몰아치고 있다. 보이지 않는 거대한 변화의 흐름 속에 있으면 그 변화가 잘 느껴지지 않다가, 결국 시간이 더 흘러 눈에 보이는 변화의 현상과 결과물들이 나오기 시작해서야 비로소 그 변화를 완전히 인정하기 마련이다. 전문가들은 본격적인 상업용 AI 서비스의 등장을 산업혁명, 컴퓨터, 인터넷, 스마트폰의 등장에 비견하며, 이전의 혁신들과는 비교할 수 없을 정도로 더 큰 혁신이라고 평가했다. 이러한 혁신들은 단순한 기술적 진보를 넘어 인류가 일하고, 소통하고, 배우고, 생각하는 근본적인 방식 자체를 변화시켰다. AI는 이제 그 변화의 속도와 범위를 한층 더 확장시키며, 인간의 인지 능력까지도 증강하는 새로운 차원의 혁명을 보여주고 있다.

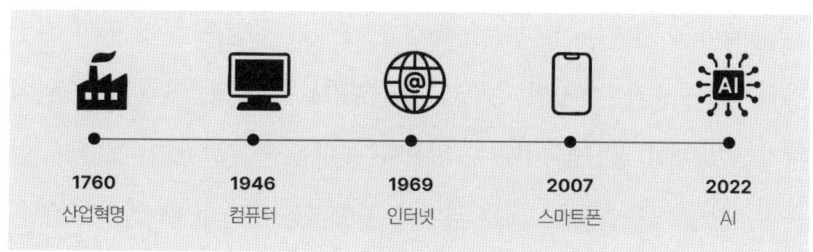

시대의 변화를 이끌어낸 대표적인 기술 혁신

ChatGPT의 대중화 이후 AI 기술과 관련 산업은 폭발적으로 성장했으며, 그 속도는 계속해서 가속화되고 있다. 이미 AI 기술은 거의 모든 분야와 결합하여 발전하고 있다. 쇼핑, 법률, 의료, 제조, 행정, 농업, 교육, 연구, 심지어 예술 창작에 이르기까지 다양한 영역에서 인간의 접근 방식뿐만 아니라 생활 방식 자체에도 근본적인 변화를 가져오고 있다. AI 기술이 양자 컴퓨팅의 강력한 연산 능력과 결합하여 발전하는 것을 상상해 보자면, 기술이 인간의 능력을 추월하여 초월하게 되는 '기술적 특이점'Technological Singularity을 떠올리지 않을 수 없다. 이제는 인간 외에 새로운 지능체의 등장을 받아들여야 한다는 주장을 하는 사람들이 점점 더 많아지고 있다.

끝없는 신기술의 행진

어떤 현상을 관찰하기 위해서는 먼저 관찰 대상을 설정해야 한다. AI의 물결을 관찰 대상으로 설정했다면 먼저 그것이 미치는 영향력의 공간적 범위가 얼마만큼인지 상정해야 한다.

이 AI라는 일종의 신기술은 특정 분야에만 국한된 것이 아닌 전방위적, 전 지구적, 심지어 우주까지도 영향을 미치고, 아직 영향을 미치지 않았다면 영향을 미칠 수 있는 잠재력을 가지고 있어 보인다. 이는 우리가 닿을 수 있는 모든 영역에 영향력을 행사할 수 있다고 해도 과언이 아니다.

공간적 범위에 대하여 다시 말해 보자면 이미 예전에 인터넷 서비스들은 다양한 언어로 서비스를 제공하며 지리적 한계를 초월하였다. 물리적 거리, 국적, 언어의 차이는 더 이상 절대적 장애물이 아니다. 인터넷만 연결되면 언제 어디서나 디지털 세계를 펼쳐서 접속할 수 있다. 인터넷을 통한 디지털 세계뿐만이 아니다. 번역 기술의 급성장으로 이제는 인터넷이 연결되지 않아도 스마트폰에 내장된 번역 기능$^{On-device}$을 통해 모국어가 아닌 언어에 예전보다 더 쉽고, 더 빠르고, 더 저렴하게 대응할 수 있게 되었다. 번역 기능이 더욱 발전함에 따라 실제 외국인과의 소통에서도 이전과는 비교할 수 없을 만큼 원활한 소통이 가능해질 것이다. 이로 인해 언어와 문화의 장벽이 더욱 낮아지고 국제적인 교류가 더 활발해지면서 폭발적인 파급효과가 일어날 수도 있다. 이러한 초국경·초문화적 환경 속에서 인간이 따라잡을 수 없는 엄청난 속도로 지속되는 이 신기술의 행진을 우리는 어떻게 대응하고 활용해야 할까?

    신기술은 앞으로도 계속해서 발전하고 끊임없이 쏟아질 것이다. 마치 패션 아이템처럼 온갖 신기술들을 세련된 광고로 무장하고 뽐내듯 등장하는 새로운 상품과 서비스들을 시즌마다 마주할 수 있게 될 것이다. 하지만 이것들을 단편적으로만 바라보며 '아, 끝내주네! 이번에 나온 신상으로는 무엇을 할 수 있을까?' 하는 궁금증과 호기심으로 그때그때 끌려다니듯 휩쓸리기보다는, 더 적절한 대응이 필요할 것이다. 그러기 위해서는 각종 신기술을 단편적으로 바라보기보다는 이 기술들이 형성하는 전체적인 변화의 흐름을 하나의 '패러다임'^{paradigm}●으로 인식할 필요가 있다. 이는 기술이 단순한 도구가 아

● 특정 시대나 분야에서 사람들이 세상을 바라보고 해석하는 지배적인 사고의 틀이나 인식 체계를 의미한다.

니라 우리의 사고방식과 세계관, 그리고 인류의 미래를 결정짓는 근본적인 요소임을 이해하는 것이다.

자, '혁신적 신기술'을 내세운 각종 서비스와 상품들을 마주하는 자신의 모습을 떠올려보자. 이 '신기술'이라는 도구를 어떻게 활용하면 나에게 도움이 될까? 이 '신기술'이라는 도구를 잘 활용하는 것이 나의 능력과 잠재력을 확장 가능하게 해 줄 수 있다면, 그러한 유용한 도구를 효과적으로 활용하기 위해서 나는 어떠한 소양을 밑바탕으로 갖추고 있어야 할까? 만약 당장 이러한 흐름이 명확하게 그려지지 않는다면, 어떻게 방향을 설정해야 할지 잠시 멈춰서 깊이 고민해 볼 가치가 있다. 이것은 단순한 기술 적응의 문제가 아니라 급변하는 세계 속에서 인간으로서의 품격과 정체성을 재정립하는 근본적인 질문이기 때문이다.

이 거대한 변화가 더 진행되어 지금보다 훨씬 더 우리 일상에 파고들어와 있을 미래 시대의 세대들을 상상해 보자. 다음 세대들은 AI를 잘 활용하기 위한 기본 소양을 위해 어떠한 교육을 받게 될까? 그들이 AI를 효과적으로 활용하기 위해 중요하게 다루어져야 하는 핵심 역량으로 어떤 것들이 손꼽히고 있을까?

공통 한중어
예문 9

- 소위(이른바) | 인공 | 지능 | 시대
- 유명 | 진보(늘다, 발전하다) | 정보 | 범위
- 첨단 | 산업 | 파도 | 비유
- 생활(삶) | 변화 | 신변(곁에) | 도달(달성)
- 각종 | 영역(분야) | 발달 | 속도
- 상상 | 초월

바 소　　이를 위

소　위　所谓　스ˇ워 웨이ˋ
(이른바)
suǒ　wèi

소위 '문화 차이'입니다.

所谓'文化差异'。
suǒwèi wénhuà chāyì

스ˇ워웨이ˋ 워ˊ언화ˋ아 챠ˉ아이ˋ

· 所谓 : 한국에서도 사용되는 비교적 친근한 표현으로, 어떤 개념이나 말을 소개하거나 강조할 때 쓰는 표현이다.

사람 인　장인 공

인　공　人工　르ˊ언꼬ˉ옹
rén　gōng

난 인공지능에 관심이 많아.

我对人工智能很感兴趣。
wǒ duì réngōng zhìnéng hěn gǎnxìngqù

우ˇ워 뚜ˋ위 르ˊ언꼬ˉ옹 즈ˋ의너ˊ엉 허ˇ언 까ˇ안씨ˋ잉취ˋ이

· 感兴趣 : 어떤 것에 흥미나 관심이 생긴다는 뜻으로, 보통 '对~感兴趣'구조로 사용된다.

슬기 **지** 능할 **능**

지   능   智 能   즈̀의 너́엉

zhì néng

인공지능이 우리의 삶을 바꾸고 있다.

人工智能正在改变我们的生活。
réngōng zhìnéng zhèngzài gǎibiàn wǒmen de shēnghuó

르́언꼬̄옹 즈̀의너́엉 져̀엉짜̀이 까̌이삐앤̀ 우̌워먼 떠 셔̄엉훠́어

· 改变 : 모양이나 상태, 상황 등을 바꾸다는 뜻으로, 변화시키는 동작을 나타낼 때 사용된다.

때 **시** 대신할 **대**

시   대   时 代   실́의 따̀이

shí dài

우리는 변화의 시대에 살고 있다.

我们生活在一个变化的时代。
wǒmen shēnghuó zài yíge biànhuà de shídài

우̌워먼 셔̄엉훠́어 짜̀이 이́이끄어 삐앤̀화̀아 떠 실́의따̀이

있을 **유**　　이름 **명**

유　명　有　名　요우미잉
yǒu　míng

그는 유명한 작가이다.

他是有名的作家。
tā shì yǒumíng de zuòjiā

타아 실의 요우미잉 떠 쭤오찌아

- 作家: '작가'라는 뜻이다. 중국어에서도 한국어처럼 '~家'는 어떤 분야에서 뛰어난 사람이나 전문가를 가리키는 말로 자주 사용된다.

나아갈 **진**　걸음 **보**

진　보　进　步　찌인뿌우
(늘다, 나아지다)　　jìn　bù

너 많이 늘었구나.

你进步了很多。
nǐ jìnbù le hěn duō

니이 찌인뿌우 러 허언 뚜워

- 보통 '进步'는 개인이나 부분의 점진적인 향상을 의미한다. 정치·사회적 입장을 나타낼 때도 사용된다.

뜻 정　　알릴 보

정　보　情报　치́잉빠̀오

qíng　bào

네 정보 좀 공유해 줘.

分享一下你的情报吧。
fēnxiǎng yíxià nǐ de qíngbào ba

펑̄헌씨̌앙 이́이씨̀아 니̌이 떠 치́잉빠̀오 빠

· 分享 : '자신이 가진 것(정보, 경험, 기쁨 등)을 다른 사람과 나누다', '공유하다'.

넓을 범　　둘레 위

범　위　范围　팡̀한웨́이

fàn　wéi

범위를 넘어섰어요.

超出范围了。
chāochū fànwéi le

챠̄오츄̄우 팡̀한웨́이 러

· 超出 : '기준이나 한계를 넘어서다', '초과하다'.

뾰족할 첨　끝 단

첨　단　尖　端　찌͞앤 뚜͞안

jiān　duān

이것은 세계에서 가장 첨단의 과학 기술입니다.

这是世界上最尖端的科技。
zhè shì shìjièshang zuì jiānduān de kējì

져̀어 싈̀의 싈̀의찌̄에샤̀앙 쭈̀이 찌̄앤뚜̄안 떠 크̄어찌̄이

- 最 : '가장', '최~'라는 뜻으로 주로 어떤 말 앞에 붙어 사용된다. 한국어에서도 자주 사용되는 수식어인 '최~'와 같은 표현이다.

낳을 산　업 업

산　업　产　业　챠̀안 예̀에

chǎn　yè

이 산업은 전망이 아주 밝습니다.

这个产业很有前景。
zhège chǎnyè hěn yǒu qiánjǐng

져̀어 끄̄어 챠̀안예̀에 허̀언 요̀우 치̄앤찌̀잉

- 前景 : '앞으로 펼쳐질 상황이나 발전 가능성'을 뜻하며, 주로 미래의 전망이나 기대를 나타낼 때 사용된다.

물결 **파**　물결 **도**

파　도　波　涛　뽀̄오타̄오
bō　tāo

바다 위의 파도가 매우 세차다.

海面上的波涛很汹涌。
hǎimiànshang de bōtāo hěn xiōngyǒng

하̌이미︢앤샤̀앙 떠 뽀̄오타̄오 허̌언 씨̄옹요̌옹

· 汹涌 : 물결이나 파도가 매우 거세고 세차게 움직이다.

건줄 **비**　깨우칠 **유**

비　유　比　喻　삐̌이위̀이
bǐ　yù

이 비유는 아주 적절해요.

这个比喻很恰当。
zhège bǐyù hěn qiàdàng

져̀어끄어 삐̌이위̀이 허̌언 치̀아따̀앙

· 恰当 : 적절하고 알맞다.

날생   살활

生活   생활   셔엉훠어
(삶)   shēng huó

우리는 일과 생활의 균형을 맞출 필요가 있습니다.

我们需要平衡工作和生活。
wǒmen xūyào pínghéng gōngzuò hé shēnghuó

우워먼 쒸이야오 피잉허엉 꼬옹쭈오 허어 셔엉훠어

· 平衡 : '균형', '두 가지 이상을 고르게 맞추어 안정된 상태를 유지하다'는 뜻이다.

변할변   될화

변 화   变化   삐앤화아
              biàn huà

변화가 너무 빨라요.

变化太快了。
biànhuà tài kuài le

삐앤화아 타이 콰이 러

몸신 가변

신 변 身 边 셔언삐앤
(곁에)
shēn bian

내 곁에는 좋은 친구들이 많이 있다.

我身边有很多好朋友。
wǒ shēnbiān yǒu hěn duō hǎo péngyou

우워 셔언삐앤 요우 허언 뚜워 하오 퍼엉요우

· 朋友 : 친구.

통달할 달 이를 도

도 달 达 到 따아따오
(달성)
dá dào

드디어 목표를 달성했다.

终于达到目标了。
zhōngyú dádào mùbiāo le

죠옹위이 따아따오 무우뱌오 러

· 终于 : '드디어', '마침내'.

각각 **각**　씨 **종**

각 종　各 种　꼬어죠옹
gè　zhǒng

마트에 각종 과일이 있다.

超市里有各种水果。
chāoshì lǐ yǒu gèzhǒng shuǐguǒ

챠오실의 리이 요우 꼬어죠옹 슈위꾸워

· 水果 : 과일.

옷깃 **영**　지경 **역**

영 역　领 域　리잉위이
(분야)
lǐng　yù

그는 이 분야에서 경험이 많다.

他在这个领域很有经验。
tā zài zhège lǐngyù hěn yǒu jīngyàn

타아 짤이 져어꼬어 리잉위이 허언 요우 찌잉예앤

필**발**　통달할**달**

발 달　发 达　파̄하따́아
fā　dá

이 지역의 관광업은 매우 발달되어 있다.
这个地区的旅游业非常发达。
zhège dìqū de lǚyóuyè fēicháng fādá
져̀어끄어 띠̀이취̄이 떠 뤼̌요̀우예̀에 페̄이챠́앙 파̄하따́아

· 地区 : '지역', '~지구'.

빠를**속**　법도**도**

속 도　速 度　스̀우뜨̀우
sù　dù

그의 달리기 속도는 매우 빠르다.
他的跑步速度很快。
tā de pǎobù sùdù hěn kuài
타̄아 떠 파̌오뿌̀우 스̀우뜨̀우 허̌언 콰̀이

· 跑步 : '달리기', '달리다'.

생각 **상**　모양 **상**

상　상　想像　씨̆앙 씨̀앙

xiǎng　xiàng

너의 상상력을 발휘해 봐.

发挥你的想像力。

fāhuī nǐ de xiǎngxiànglì

팡̄하후̆위 니̆이 떠 씨̆앙씨̀앙리̀이

뛰어넘을 **초**　넘을 **월**

초　월　超越　챠̄오 위̀에

chāo　yuè

모든 사람의 기대를 초월했다.

超越了所有人的期待。

chāoyuè le suǒyǒurén de qīdài

챠̄오위̀에 러 스̆워요̆우르̄언 떠 치̄이따̀이

· 所有 : '모든', '전부의'라는 뜻이다. 뒤에 나오는 사람이나 물건 전부를 가리킬 때 사용한다.

계산

10장

구구단 안 외울 거야?
구구단도 AI에게
시킬 거야?

찌이수안

计算

10
구구단 안 외울 거야?
구구단도 AI에게 시킬 거야?

인공지능 시대의 교육

    계산기라는 의미의 컴퓨터는 이제 AI 그 자체가 되었다. 그만큼 AI는 이미 우리 일상에 깊숙이 자리 잡고 있으며, 우리의 삶을 근본적으로 재편하고 있다. 이러한 시점에서 우리는 AI라는 유용한 도구를 어떻게 현명하게 활용할 수 있을지에 대해 깊이 생각해 볼 필요가 있다. 사람과 기계 사이의 적절한 역할 분담에 대한 고찰이 필요한 때이다. AI가 지금보다 더 발전하고 일상 깊숙이 자리 잡게 될 미래를 살아갈 지금의 아이들과, 앞으로 태어날 세대들은 어떠한 삶을 살아가게 될까? 아이들이 AI를 지혜롭게 활용하기 위해 앞으로의 교육은 어떤 역량을 중심으로 재구성되어야 할까?

    AI를 적극 활용하며 살아가는 환경에서 자라날 새로운 세대를 상상해 보자. 그들은 출생 순간부터 최첨단 기술로 만들어진 'AI 보모'를 통해 지식의 습득이 이루어질 수도 있다. 의무 교육은 개인의 성향과 능력에 맞춰 초 맞춤형으로 제공받을 수 있을 것이며, 각종 다양한 분야를 아주 높은 수준까지 학습하는 것이 가능해질 수도 있다. 결과적으로 엄청나게 효율적으로 지적 능력을 향상시킬 수 있을지 모른다. AI 기술은 이미 산업 곳곳에 자리 잡았기 때문에, AI 시대에서 교육의 초점은 단순 암기나 계산을 하는 방향은 아닐 것이다. 그보다는 쉽게 접근할 수 있는 온갖 지식과 정보와 기술들을 적절히 수용할 수 있는 능력과, 이를 어떻게 활용할 수 있을지 스스로 판단하여 결정할 수 있는 사고력이 핵심 역량으로 부상할 것이다. 그러면 AI를 사람이 활용하는 일종의 도구라는 대상으로 놓고 보았을 때, 아이들이 이를 효과적으로 활용하기 위한 수용력과 사고력을 기르려면 구체적으로 어떤 방식의 교육이 필요할까?

이미 대중화된 AI 서비스를 통해 코딩, 글쓰기, 디자인, 영상 제작, 작곡 등 다양한 기능들을 쉽게 이용할 수 있게 되었다. 그렇다면 먼저 이러한 AI의 기능들에 의해 영향을 받을 수 있는 기존 교과목들에 대해 살펴볼 필요가 있다.

대표적인 과목으로 꼽히는 국어, 영어, 수학을 중심으로 살펴보자. 먼저 인문계열 과목을 위시하는 국어를 살펴보자. 이제는 취업할 때도 AI가 이력서에 들어갈 자기소개서를 대신 써 줄 수 있고, 이메일도 대신 써줄 수 있다. 심지어 에세이, 노래 가사, 소설, 시 등 전부 대신 써주는 게 가능하다. 이렇게 AI 서비스가 글도 써줄 뿐만 아니라 무슨 내용이든지 물어보면 그때그때 알려주고 요약도 해줄 텐데, 이제 국어나 인문 계열 과목들을 열심히 공부해 봤자 그다지 삶에 도움이 안 되는 건 아닐까? 어차피 역사든 인간 삶의 모양새에 대해서든 무엇이든지 그때그때 궁금하고 필요한 것을 AI가 즉시 알려줄 수 있을 텐데 말이다. 어쩌면 인문학 공부를 하는 게 시간 낭비처럼 여겨질지도 모르겠다. 특히 요즘 시대에 문과 계열 전공은 이과보다 취업에 상대적으로 불리한데, 원하지 않는 학생들은 인문학 관련 수업을 안 받아도 되지 않을까? 이제는 그저 AI에 명령을 전달할 프롬프트를 어떻게 잘 작성할지에 대해 교육의 초점을 맞추는 것이 더 실용적일지 모른다.

사실 극단적으로 말하자면 이제는 생각할 필요조차 없는 시대가 되었다고도 볼 수 있다. 그저 편하게 AI가 제시하는 대로 따르기만 하면 되는 세상이 온 것이다. 원하는 숫자가 나올 때까지 주사위를 던지는 것처럼 AI 프로그램을 계속 작동 시키기만 하면 된다. 더 나아가서는 이제는 편하게 누워만 있어도 모든 것을 AI가 처리해 주는 세상이 도래할지도 모른다. 이러한 상황이 극단적으로 발전한다면 어떤 모습이 될까? 한번 과장되게 상상해 보자. 편하게 누워만 있어도 되니 어느 기업에서는 혁신적인 인큐베이터를 개발했다고 홍보하며 'AI형 고시원 프랜차이즈'라는 새로운 거주 형태를 선보이고 부동산 투자 설명회를 개최할지도 모른다. 입주자들은 그저 그 안에 들어가 편히 잠만 자다가 원하는 시간에 일어나 식사를 하거나 AI를 활용한 비즈니스를 구동 시키기도 하고, 무료할 때는 쇼츠 동영상을 감상함과 동시에 틈틈이 나오는 광고 시청을 통해 관리비를 할인해 주는 포인트를 채우기도 한다. 그리고 다시 먹고 자고를 반복하는 그런 지속 가능한 생활을 영위할 수 있을지도 모른다. 그 안에서 정말 누워만 있어도 되는 기가 막힌 상품을 설계해 놓은 것이다. 이런 거대한 인큐베이터 단지가 땅값이 저렴한 곳에 초고층 빌딩 형태로 촘촘히 조성되어 비교적 저렴한 가격에 입주하게 될 수 있을지 모른다.

그런데 이런 식으로 모든 걸 AI가 알아서 해주는 삶이 과연 올바른 방향일까? 그래도 힘겹게 살기보다는 편하게 누워서 먹고 자는 게 낫다고 여기는 이들이 있을지도 모르겠다. 하지만 뭔가 깊은 불안감과 부자연스러움이 느껴지는 것 같지 않은가? 이런 방식의 삶이 문제가 있어 보인다면, 도대체 어떤 점이 잘못된 것일까?

기초 교육의 중요성

앞서 이야기가 너무 비약해서 흘러간 것 같다. 다시 국어 교육의 가치로 돌아가 보자. 국어 수업을 해야 할까? 국어 수업을 중요시하는 게 맞을까? 수업의 내용을 살펴보자. 인문계열 수업은 대개 책을 읽거나 글을 쓰고, 발표를 하고, 토론을 하는 등의 내용으로 이루어져 있다. 이러한 읽고, 쓰고, 듣고, 발표하고, 토론하는 활동들은 수용력과 사고력을 향상시키는 데 있어서 핵심적인 과정이다. 아이들이 주체적인 삶을 살기 위해 AI를 어떻게 활용할 수 있을지에 대하여 스스로 판단할 수 있는 사고력을 기르기 위해서는 아무래도 책을 읽고, 글을 쓰고, 발표를 하고, 토론하는 등의 수업을 하는 게 필수적이지 않을까? 너무 AI를 중심에 두고 그것만 활용하려는 자세는 AI가 도구임에도 불구하고 주인이 되어버리는 주객전도 현상을 초래할 수 있다.

세상을 오로지 AI라는 렌즈를 통해서만 바라보게 되는 것이다.

점점 AI를 반드시 사용해야지만 뒤처지지 않는다는 사회적 분위기가 조성되고 있다. AI 관련 기업들의 마케팅 전략이 성공적으로 작동하고 있음을 보여준다. 어차피 이미 모든 플랫폼이 그들 손아귀 안에 들어있다. 그들은 겉으로는 혁신과 초월과 생산성 향상과 진보된 삶을 이야기하지만, 실상은 이를 통해 사람의 인생을 통째로 길들여 가면서 자사의 상품과 서비스에 의존하게 만들어 평생에 걸쳐 정기적인 구독료를 받아내는 것이 목표일 것이다. 초기 투자비용이 큰 AI 기술은 장기적인 사용자 기반 없이는 수익성을 확보하기 어렵고, 정기 구독이라는 비즈니스 모델이야말로 이러한 기업들이 지속적인 수익을 창출할 수 있는 유일한 방법이기 때문이다.

이러한 무한 확장을 향한 탐욕적 수익 추구의 극단적 미래를 상상해 보면 더욱 우려스러운 시나리오가 펼쳐질 수도 있다. 어떤 기업들은 소비자가 사망한 후에도 고인을 기념하고 유가족을 위한다는 명분으로 디지털 장례식 서비스를 만들어 자사의 핵심 기술인 '초 맞춤형 AI 알고리즘 시스템'을 통해 절대 피할 수 없는 광고를 살포하며 소비를 유도할지 모른다. 또한 매년 기일마다 제사상에 올릴 가상 제물 또한 메타버스 상에서 이모티콘으로 판매하고, 설날과 추석에는 대목을 노리며 '블록체인 기술을 활용한 기념비적이며 유일무이한 NFT'라는 현혹적인 문구와 함께 마치 면죄부를 팔듯 홀리는 선전을 앞세워 유명을 달리한 소비자 시체의 이빨에 낀 고춧가루 한 점마저도 놓치지 않겠다며 이쑤시개로 긁어갈 태세로 마케팅 캠페인을 펼

칠지도 모른다. 디지털 세상의 영토는 무한이다!

　이처럼 상업적 이익만을 추구하는 디지털 환경 속에서 독립적인 사고를 잃는다면, 사용자는 끝없는 소비 사이클에 갇히게 될 가능성이 크다. 따라서 우리 아이들이 그러한 지뢰성 광고와 기사, 영상 및 각종 매체에 휩쓸리지 않도록 국어 및 인문계열의 교육은 반드시 필요해 보인다. 이를 통해 비판적 사고력과 가치 판단 능력을 배양해야만 할 것이다.

　수학은 어떨까? 구구단을 예로 들어보자. 구구단은 어린 시절 반드시 외워야만 하는 공식처럼 간주되고 있다. 그런데 구구단을 외우는 행위 따위는 창의적이지도 않은데, 그런 기계적이고 단순한 암기 작업은 애초에 계산 기계인 AI에게 맡기는 것이 합리적이지 않을까? 게다가 사람은 가끔 실수할 수 있지만, AI는 구구단은 물론 복잡한 계산도 정확하게 처리하며 코딩 역시 사람보다 훨씬 뛰어나게 해낼 수 있다. 그렇다면 구구단을 외울 시간에 차라리 창의력을 길러줄 수 있는 다른 일을 하는 것이 기회비용 측면에서 더 현명한 선택이지 않을까? 아니면 간단한 암산 정도는 할 줄 알아야 도움이 될 테니 구구단은 외우는 게 나을까? 만에 하나 배터리가 방전됐는데 정전까지 일어나 충전도 못 하는 비상사태가 발생할 수 있을지도 모르니까 말이다. 한국은 비교적 안전한 편이지만 지진이나 홍수 등 자연재해의 위험에 노출된 지역도 있기는 하니까 말이다.

　영어는 어떨까? 먼저 영어를 이야기하기 전에 모국어부터 살펴보자. 그래도 모국어는 당연히 기본적으로 할 줄 알아야지 외국어는커

녕 모국어조차 할 줄 모른다는 것은 세상으로부터 유기된 채 동떨어진 세계에 머무는 다른 종류의 존재로 치부될 수밖에 없다. 하지만 그럴 일이 일어날 가능성은 없다. 어차피 모국어는 부모나 주변 사람을 통해 자연스럽게 습득할 수밖에 없는 구조의 환경에서 자라날 것이기 때문이다. 모국어 같은 경우는 필연적으로 습득할 수밖에 없을 거라 가정할 수 있다. 생존을 위해서라도 필수적이다. 최소한 배가 고프면 배가 고프다고 할 줄 아는 등 자신의 욕구와 의사 표시를 할 수 있어야 살아갈 수 있으니까 말이다.

그렇다면 외국어는 어떨까? 어차피 번역 기술이 발달한 시대에 모국어만 잘 익히면 됐지, 영어를 포함한 외국어 학습에 시간과 노력을 들이는 것은 별 쓸데없는 짓은 아닐까? 이 책의 주제가 언어, 그중 외국어를 중심으로 다루는 만큼 다음 장에서 '인공지능 시대에 외국어를 배울 필요가 있는가?'라는 주제로 더 심도 있게 다뤄보겠다.

공통 한중어
예문 10

- 숫자 | 계산 | 예술 | 창조(만들다)
- 자동화 | 세상 | 발전 | 가속
- 저렴 | 가격 | 사치 | 유혹
- 과장 | 광고 | 소비 | 유도(부추기다)
- 편리 | 기회 | 기초(기반) | 교육
- 필수(꼭, 반드시) | 과정

셈수 글자자

숫 자   数 字   슈̀우쯔̀으

shù   zì

저는 이 숫자의 뜻을 모르겠습니다.

我不明白这个数字的意思。
wǒ bù míngbai zhège shùzì de yìsi

우̀워 뿌̀우 미́잉빠이 져̀어끄̀어 슈̀우쯔̀으 떠 이̀이스̀으

셀계 셈산

계 산   计 算   찌̀이수̀안

jì   suàn

모두 얼마가 필요한지 계산해 보세요.

请你计算一下总共需要多少钱。
qǐng nǐ jìsuàn yíxià zǒnggòng xūyào duōshǎo qián

치̌잉 니̌이 찌̀이수̀안 이́이씨̀아 쫑̀옹꽁̀옹 쒸̀이야̀오 뚜̀워샤̌오 치́앤

· '钱'은 '돈'을 뜻한다. '多少'는 '얼마나', '몇'이라는 뜻으로, 수량이나 금액을 물어볼 때 사용된다. 그러므로 '多少钱'은 '얼마예요?'라는 뜻이 된다.

재주 예　재주 술

예　술　艺　术　이ˋ이슈ˋ우
yì　　　shù

예술은 감정을 표현하는 한 방식입니다.
艺术是表达情感的一种方式。
yìshù shì biǎodá qínggǎn de yìzhǒng fāngshì

이ˋ이슈ˋ우 실ˋ의 빠ˇ오따ˊ아 치ˊ잉까ˇ안 떠 이ˋ이죠ˇ옹 퐝ˉ실ˋ의

비롯할 창　지을 조

창　조　创　造　츄ˋ앙짱ˋ오
(만들다)　　chuàng　zào

그는 항상 재미있는 아이디어를 만들어낸다.
他总是能创造有趣的想法。
tā zǒng shì néng chuàngzào yǒuqù de xiǎngfǎ

타ˉ아 쫑ˇ옹실ˋ의 너ˊ엉 츄ˋ앙짱ˋ오 요ˇ우취ˋ이 떠 씨ˇ앙퐈ˇ하

스스로 자 움직일 동 될 화

자 동 화   自动化 쯔̀으 또̀옹 화̀아

zì dòng huà

자동화는 생산 효율을 높일 수 있다.

自动化可以提高生产效率。
zìdònghuà kěyǐ tígāo shēngchǎn xiàolǜ

쯔̀으 또̀옹 화̀아 크어이이 티́이까오 셔́영챠̆안 쌰̀오뤼̀이

· 提高 : '높이다', '향상시키다'.

세상 세   윗 상

세   상   世 上   싈̀의 샤̀앙

shì shàng

세상에는 별의별 사람이 다 있다.

世上什么人都有。
shìshàng shénme rén dōu yǒu

싈̀의샤̀앙 셔́언머 르́언 또̄우 요̆우

필**발**   펼**전**

발 전 发 展 퐈̄하쟈̌안

fā   zhǎn

우리가 함께 발전하길 바래요.

希望我们共同发展。
xīwàng wǒmen gòngtóng fāzhǎn

씨̄이와̀앙 우̌워먼 꼬̀옹토́옹 퐈̄하쟈̌안

더할 **가**   빠를 **속**

가 속 加 速 찌̄아스̀우

jiā   sù

비가 와서 모두 걸음이 빨라지고 있어요.

下雨了，大家走路都在加速。
xiàyǔ le, dàjiā zǒulù dōu zài jiāsù

씨̀아위̌이 러, 따̀아찌̄아 쪼̌우루̀우 또̄우 짜̀이 찌̄아스̀우

· 走 : '가다', '걷다'라는 뜻이다. '走路'는 '길을 걷다', 즉 '걷기'라는 동작을 더 구체적으로 표현한 말이다.

낮을 **저**　청렴할 **렴**

저 렴　低 廉　띠이리앤
dī　　lián

이 가게의 상품 가격은 매우 저렴하다.

这家店的商品价格非常低廉。
zhèjiā diàn de shāngpǐn jiàgé fēicháng dīlián

져어찌아 띠앤 떠 샤양피인 찌아끄어 펭히챠앙 띠이리앤

· 여기서 '家'는 가게, 식당, 회사 같은 장소를 셀 때 쓰는 양사로 '~곳', '~집' 같은 느낌을 준다. '店'은 '가게', '상점'을 뜻한다.

값 **가**　격식 **격**

가 격　价 格　찌아끄어
jià　　gé

실례지만 이거 가격을 좀 싸게 할 수 있나요?

请问，这个价格可以便宜一点吗？
qǐngwèn, zhège jiàgé kěyǐ piányi yìdiǎn ma

치잉워언, 져어끄어 찌아끄어 크어이이 피앤이이 이이띠앤 마

· '一点'은 '좀', '조금', '약간'이라는 뜻으로, 정도의 양을 말할 때 사용된다. 비슷한 표현으로 '有点'이 있는데, 이는 느낌이나 상태가 약간 그렇다는 의미이다.

사치할 사   사치할 치

사 　 치 　 奢 侈 　 셔어칠의
　　　　　shē　chī

사치스러운 생활 방식은 경제적 부담을 가져올 수 있다.
奢侈的生活方式会带来经济负担。
shēchǐ de shēnghuó fāngshì huì dàilái jīngjì fùdān

셔어칠의 떠 셔엉훠어 팡항실의 후위 따이라이 찌잉찌이 풍후따안

· 带来 : '가져오다'라는 뜻으로, 앞의 행동이나 상황이 뒤에 오는 결과를 발생시킨다는 구조로 사용된다.

꾈 유   미혹할 혹

유 　 혹 　 诱 惑 　 요우훠어
　　　　　yòu　huò

각종 유혹을 조심하세요.
小心各种诱惑。
xiǎoxīn gèzhǒng yòuhuò

쌰오씨인 끄어죠옹 요우훠어

· 小心 : 조심하다.

자랑할 **과**   베풀 **장**

과 장 夸张 콰ˉ아 쟈ˉ앙

kuā zhāng

사실을 과장하지 마세요.

请你不要夸张事实。
qǐng nǐ bú yào kuāzhāng shìshí

치ˇ잉 니ˇ이 뿌ˊ우야ˋ오 콰ˉ아쟈ˉ앙 실ˋ의실ˊ의

넓을 **광**   고할 **고**

광 고 广告 꽈ˇ앙 까ˋ오

guǎng gào

광고가 너무 과장됐어요.

广告说得太夸张了。
guǎnggào shuō de tài kuāzhāng le

꽈ˇ앙까ˋ오 슈ˉ오 떠 타ˋ이 콰ˉ아쟈ˉ앙 러

· 说 : '말하다'라는 기본 동사이다.

사라질 소   쓸 비

소 비　消费　쌰오 페이히

xiāo　fèi

충동적으로 소비하고 나면, 늘 후회합니다.

冲动消费后，总是有点后悔。
chōngdòng xiāofèi hòu, zǒngshì yǒudiǎn hòuhuǐ

쵸옹또옹 쌰오페이히 호우, 쫑실의 요우띠앤 호우후위

꾈 유   인도할 도

유 도　诱导　요우따오
(부추기다)

yòu　dǎo

그는 항상 다른 사람을 부추겨 물건을 사게 한다.

他总是诱导别人买东西。
tā zǒngshì yòudǎo biérén mǎi dōngxi

타아 쫑실의 요우따오 삐에르언 마이 또옹씨이

편할 **편**　이로울 **리**

편 리　便 利　삐ᆞ앤리ᆞ이
biàn　lì

편리한 서비스를 제공합니다.

提供便利服务。
tígōng biànlì fúwù

티ᆞ이꼬ᆞ옹 삐ᆞ앤리ᆞ이 푸ᆞ후우ᆞ우

- 服务 : 직역하면 '복무'라는 뜻이지만, 중국어에서 '서비스'라는 의미로 사용된다. 종업원은 '服务员'이라고 한다.

틀 **기**　모일 **회**

기　회　机 会　찌ᆞ이후ᆞ위
jī　huì

이 기회를 잡아요.

抓住这个机会。
zhuāzhù zhège jīhuì

쥬ᆞ아쥬ᆞ우 져ᆞ어끄ᆞ어 찌ᆞ이후ᆞ위

- 抓住 : '잡다', '붙잡다'.

터 기 주춧돌 초

기 초 基 础 찌̄이 츄̌우
(기반)
jī chǔ

기초를 잘 다지는 것은 아주 중요하다.

打好基础很重要。
dǎ hǎo jīchǔ hěn zhòngyào

따̌아 하̌오 찌̄이츄̌우 허̌언 죠̀옹야̀오

· 打~ : 기본적으로 '치다'라는 뜻이다. 하지만 비유적으로 '잘 다지다', '잘 준비하다', '무언가를 잘해두다'는 의미로도 사용된다.

가르칠 교 기를 육

교 육 教 育 쨔̀오 위̀이
jiào yù

교육은 국가 발전의 기초다.

教育是国家发展的基础。
jiàoyù shì guójiā fāzhǎn de jīchǔ

쨔̀오위̀이 스̀ㄹ의 꾸̄워찌̄아 퐈̄하쟈̌안 더 찌̄이츄̌우

제10장 | 구구단 안 외울 거야? 구구단도 AI에게 시킬 거야? 237

반드시 **필** 모름지기 **수**

필 수　必须　삐이쒸이
(꼭, 반드시)
bì　xū

나 반드시 해야 돼.

我必须做。
wǒ bìxū zuò

우워 삐이쒸이 쭤워

지날 **과**　단계 **정**

과 정　过程　꾸워쳐영
guò　chéng

문제 해결 과정을 중요하게 여기다.

注重解决问题的过程。
zhùzhòng jiějué wèntí de guòchéng

쥬우죠옹 찌에쮜에 워언티이 떠 꾸워쳐영

· 注重 : '중시하다', '중요하게 여기다'라는 뜻으로, 어떤 부분이나 과정을 특히 중요하게 생각한다는 의미이다.

11장

인공지능 시대에 외국어를 배울 필요가 있는가?

11
인공지능 시대에
외국어를 배울 필요가 있는가?

　AI 기술이 언어 장벽을 무너뜨리는 이 시대에, 과연 외국어를 배울 필요가 있을까? 영어든 중국어든 어떤 언어든 필요할 때마다 생성형 AI나 번역기를 사용하면 되는데, 힘들게 외국어를 배우는 것이 시간과 노력의 낭비는 아닐까? 차라리 모국어의 문해력을 기르는 데 집중하는 것이 더 효율적이지 않을까? 아니면 적어도 영어는 인터넷이나 이메일 주소에 필수적으로 사용될 뿐만 아니라, 수많은 상표와 거리의 간판, 메뉴판 등 이미 우리 생활 속 깊숙이 자리 잡았기 때문에 기초적인 수준은 배워두는 게 나을지도 모른다. 아니, 어쩌면 그조차도 스마트폰 카메라를 통한 실시간 번역 기능을 활용해도 되니까 굳이 애써 배울 필요가 없을지 모르겠다.

　업무상 외국어로 회의하거나 소통할 때도 외국어를 배워서 하기보다는 번역기를 사용하는 게 더 간편할 것이다. 그런데 굳이 외국어를 공부해 봤자 들인 노력에 비해 효용성도 없고, 그저 쓸데없이 수고롭기만 할 뿐이다. 실제로 외국에서 유학하거나 사업 및 취업 등 현지에서의 적극적인 활동을 할 계획이 없다면, 차라리 외국어보다는 수용력과 사고력을 향상해 줄 수 있는 다른 유익한 활동에 시간을 투자하는 게 나을 수 있다. 그렇다면 다른 유익한 활동으로는 도대체 무엇이 있을까?

이 질문에 답하기 전에 우리는 언어가 단순한 의사소통 도구 이상의 의미를 지니고 있음을 이해해야 한다.

각 언어는 그 기원이 명확하지 않으나, 아주 오래전부터 서로 단절된 채 독자적으로 발전하며 고유한 체계를 형성해왔다. 이러한 분리된 언어적 진보는 최소 몇 천년, 몇 만년 이상의 세월이 흘러 19세기 산업혁명으로 인한 증기선의 출현으로 인해 본격적으로 국제적인 교류가 가능해지기 전까지 지속되었을 것이다.

대표적인 예로 한국어와 영어를 살펴보자. 두 언어가 속한 동양과 서양의 문화권은 엄청나게 오랜 시간을 떨어져 각자의 독자적인 문명을 일구어냈다. 서로 문화적 측면은 물론, 외모적 측면에서도 매우 다른 모습을 가지고 있다. 비록 현대에 와서는 일상에서 영어를 쉽게 접할 수 있게 되었지만, 실질적으로 영어라는 언어의 구조와 문자만 보아도 한국어와는 전혀 다른 동떨어진 체계를 가졌음을 알 수 있다.

언어 안에는 해당 언어권의 문화, 관습, 역사, 생활 양식 등이 아주 오랜 시간에 걸쳐 압축되어 담겨 있다. 그렇기 때문에 서로 다른 언어는 단어 대 단어의 1:1 번역으로는 전달되기 어려운 깊은 차이가 존재하는 경우가 많다. 따라서 번역기를 통한 기술적인 접근으로는 해당 언어에 담긴 문화적인 부분을 곧장 교감하기는 어렵다. 그 언어 이면에 담긴 정신적 유산들을 단기간에 이해하고 수용할 수는 없다는 것이다.

외국어 습득은 복합적인 과정으로 이루어진다. 해당 언어를 이해하는 과정에서 그 문화에 호기심을 갖고 이런저런 질문을 던져보며 답을 탐구해 나가는 경험을 통해 해당 언어의 정서, 가치관, 관습 등을 수용할 기회가 주어진다. 한국어를 유창하게 구사하는 것이 한국인의 관점을 갖고 있는 것이라면, 한 언어를 한다는 것은 그 언어에 해당하는 문화권의 관점을 갖게 되는 것이라고 할 수 있지 않을까? 그렇다면 외국어를 습득함으로써 자신의 관점이 조금이라도 넓어지는 것과 다름없다고 할 수 있을 것이다.

앞서 이야기했듯이 디지털 시대의 영토는 이미 국경과 언어를 초월하였다. 번역 기술은 앞으로 실생활에서의 국제적 교류를 더욱 용이하게 만들 것이다. 이미 번역기를 이용해 다른 언어권 사람들과의 소통을 쉽게 시도할 수 있다. 하지만 번역기를 사용하는 것만으로는 문화적 상대성을 이해하는 데 한계가 있다. 예를 들어 자신은 한국어만 구사하고 한국 문화와 관습에만 익숙한 '한국인의 눈'을 가지고 있는데, 번역기를 사용한다고 해서 그 한국적 관점을 넘어 해당 언어권의 관점까지 자동으로 읽게 되는 것은 아니다. 사람이 외국어를 습득하는 과정에서 직접 경험하고 느끼며 해당 문화와 관습을 수용하고 이해하는 데 필요한 시간을 번역기가 단번에 채워주기는 물리적으로 불가능하다.

결정적으로 번역기는 외국어를 학습하는 과정에서 길러지는 사고력과 수용력의 확장을 대체해 주지는 못한다.

외국어 효과(The foreign language effect)

　사람은 자신의 모국어를 외국어보다 감정적으로 더 강하게 느낀다고 한다. 이는 모국어가 어린 시절부터 사용되어 자신의 감정과 깊숙이 연결되어 있기 때문이다. 예를 들어 모국어로 욕설을 들으면 외국어로 된 욕설을 듣는 것보다 더 격한 감정적 반응을 보일 수 있다. 이는 외국어가 감정을 덜 자극하기 때문이다. 또 다른 예를 들어보자. 선후배 관계에서 후배가 선배에게 고마운 일을 베풀었을 때, 내향적인 성격에 감정 표현까지 서툰 선배는 '고맙다'라고 말하는 것이 어색할 수 있다. 이럴 때 '땡큐'라는 외국어 표현을 사용함으로써 감정적 부담을 줄일 수 있다.

　이와 관련하여 '어려운 결정을 내릴 때 외국어로 사고하면 더 이성적이고 논리적인 판단을 할 수 있게 된다'는 흥미로운 연구 결과•가 있다. 이를 '외국어 효과'^{The foreign language Effect}라고 한다. 연구에 따르면, 사람들이 외국어로 의사결정을 할 때 더 논리적일 뿐만 아니라 감정으로부터 더 자유로운 판단을 내리는 경향이 있다는 것이다. 그리고 외국어는 문제를 더 추상적이고 심리적으로 멀게 느껴지게 하여 더 냉정한 분석을 가능하게 한다고 밝혀졌다. 이는 자신의 사고 과정을 한 발짝 떨어져 바라보게 된다는 측면에서 '메타인지'^{metacognition}•

- Sayuri Hayakawa 외 3명 (2016) - Using a Foreign Language Changes Our Choices.
- 자신의 인지 활동을 한 차원 높은 시각에서 관찰하는 정신 작용.

와 유사성이 있다고 볼 수 있다. 이는 외국어 습득이 우리에게 새로운 관점을 제공한다는 사실을 뒷받침하는 증거라 할 수 있다. 실제로 한국어와 영어 모두에 능숙한 사람들의 경험담을 들어보면, 영어를 사용할 때와 한국어를 사용할 때 본인의 태도와 성격이 달라진다는 이야기를 흔히 접할 수 있다. 어떤 사람은 영어를 사용할 때는 왠지 태도가 더 편안하고 느긋해지는 Casual and chill 반면, 한국어를 사용할 때는 영어를 사용할 때와는 다르게 더 예의 바른 태도를 갖추게 되고 왠지 일을 하는 등 뭔가에 임할 때 '빨리빨리'해야 할 것 같은 기분이 든다는 우스갯소리를 하기도 한다. 이는 언어가 사용되는 사회와 문화적 맥락이 그 언어 속에 깊이 배어들어, 사용자의 태도와 감정 표현 방식에까지 영향을 미치기 때문이다. 영어를 사용할 때는 개인의 의견과 감정을 보다 직접적으로 표현하는 경향이 있는 반면, 한국어를 사용할 때는 상하관계와 맥락을 고려한 완곡하고 예의 바른 표현을 자연스럽게 선택하게 된다. 이러한 언어적 차이는 단순한 말투의 변화가 아닌, 사고방식 자체의 일시적 전환을 의미한다. 위의 사례에서 반대로 내향적 성격의 후배가 선배에게 '땡큐'라고 말하는 것은 한국 사회의 위계질서 속에서 부적절하게 느껴질 수 있다. 물론 'Thank you, 선배'나 'Thank you, sir'와 같은 표현을 사용할 수 있겠지만, 여전히 친밀한 관계가 아니라면 한국 사회 통념상 버릇없게 인식될 수 있기 마련이다.

외국어의 활용 방식은 개인마다 다를 수 있으며, 어떤 이들은 번역기만으로도 충분하다고 여길 것이다. 하지만 번역기에만 의존

한다는 것은, 언어가 단순한 의사소통 도구를 넘어 세계를 바라보는 새로운 관점의 입구라는 본질을 놓치게 만든다. 이는 결국 우리를 다른 문화권의 내면을 진정으로 경험하지 못한 채, 자신이 속한 문화적 틀이라는 좁은 시야로 가두어 버리는 것은 아닐까? 아니면 오히려 번역기를 사용하는 과정에서 다른 나라의 문화에 더욱 관심이 깊어지게 될까? 혹은 이마저도 역시 기술 발전을 통해 번역기에 어떤 식으로든 각 사회의 문화나 역사, 정서, 감수성까지 반영되어 발전하게 될 수 있을까? 당장 내가 번역기를 사용해서 외국인과 소통한다면, 나는 상대방에게 무엇을 기대하고 소통하는 걸까? 그리고 이런 질문들 이전에 현실적인 문제도 있다. 실제 상황에서의 제약도 고려해야만 한다. 시끌벅적한 환경에서 음성을 활용한 번역기는 제 기능을 할 수 있을까? 그런 상황에서는 결국 타이핑에 의존할 수밖에 없을 텐데, 그렇게 번역기에 텍스트를 입력하는 시간이 대화의 자연스러운 흐름을 방해하는 간극으로 남게 되는 건 아닐까?

과연 AI 시대에 외국어를 습득하는 일이 더 이상 가치가 없을까?

정리하자면, 외국어를 배우는 행위는 단순한 의사소통 능력을 넘어, 사고력 향상과 문화적 수용력의 확장에 기여할 수 있다. 이는 자신의 견문을 넓히고 삶을 더 풍요롭게 만드는 중요한 요소가 될 수 있다. AI시대에 있어 외국어 학습의 가치는 단순히 정보 전달의 효율성을 넘어, 인간 정신의 확장과 문화적 이해의 깊이에 있다고 볼 수 있다.

언어공감각
공통한중어

공통 한중어

예문 11

- 과연(역시) | 의문 | 수요(필요) | 측면(옆)

- 심지어 | 이미 | 친밀 | 활동(행사, 이벤트)

- 기술 | 회의 | 노력 | 태도

- 외모 | 양식(스타일) | 정서(기분, 감정) | 차이

- 시선 | 편견 | 냉정 | 분석

- 성장 | 풍부

과실 과   그럴 연

과   연   果 然   꾸워르안
(역시)
　　　　　guǒ　rán

역시 사람이 많네요.

果然人很多啊。
guǒrán rén hěn duō a

꾸워르안 르언 허언 뚜워 아

의심할 의   물을 문

의   문   疑 问   이이워언
　　　　　yí　wèn

저는 이 문제에 대해 많은 의문이 있습니다.

我对这个问题有很多疑问。
wǒ duì zhège wèntí yǒu hěn duō yíwèn

우워 뚜위 져어끄어 워언티이 요우 허언 뚜워 이이워언

기다릴 수   요긴할 요

수 요   需 要   쒸̄이야̀오
(필요)
xū   yào

기운을 내려면 커피 한 잔이 필요해요.

我需要一杯咖啡，提提神。
wǒ xūyào yībēi kāfēi, títíshén

우̌워 쒸̄이야̀오 이̄이뻬이 카̄아페̄이, 티́이티́이셔́언

· 提神 : 기운을 내다.

곁 측   낯 면

측 면   側 面   츠̀어미̀앤
(옆)
cè   miàn

그 사람 옆모습이 진짜 보기 좋다.

他的側面真好看。
tā de cèmiàn zhēn hǎokàn

타̄아 떠 츠̀어미̀앤 져̄언 하̌오카̀안

· 好看 : '보기 좋다', '예쁘다', '멋있다'.

심할 **심**　이를 **지**

심 지 어　甚 至　셔언즈의

shèn　zhì

심지어 이름조차 몰라요.

甚至名字都不知道。
shènzhì míngzi dōu bù zhīdào

셔언즈의 미잉쯔으 또우 뿌우 즈의따오

· 名字 : 이름.

이미 **이**　날 **경**

이 미　已 经　이이찌잉

yǐ　jīng

난 이미 저녁을 먹었어.

我已经吃过晚饭了。
wǒ yǐjīng chī guò wǎnfàn le

우워 이이찌잉 칠의 꾸워 와안팡한 러

· 吃 : '먹다'라는 기본 동사이다.

친할 친　빽빽할 밀

친 밀　亲 密　치인미이
qīn　mì

우리 사이는 매우 친밀하다.

我们关系很亲密。
wǒmen guānxì hěn qīnmì

우워먼 꽈안씨이 허언 치인미이

살 활　움직일 동

활 동　活 动　후어또옹
(행사, 이벤트)
huó　dòng

이 행사는 무료예요.

这个活动是免费的。
zhège huódòng shì miǎnfèi de

져어끄어 후어또옹 쉴의 미앤펭이 떠

· 免费 : '무료', '공짜'의 의미로, '지불을 면하다'는 한자어로 구성되어 있다.

재주 기　재주 술

기　술　技　术　찌이슈우
jì　shù

이 기술은 정말 대단하네요!

这项技术真是太棒了！
zhèxiàng jìshù zhēn shì tàibàngle

져어씨앙 찌이슈우 져언 싈으 타이빠앙러

· 太棒了 : '대단하다', '너무 멋지다', '대박이다'라는 감탄사로, 어떤 것이 매우 훌륭하거나 마음에 들 때 강한 긍정적 감정을 표현하는 말이다.

모일 회　의논할 의

회　의　会　议　후위이이
huì　yì

실례합니다, 회의가 몇 시에 시작하나요?

请问，会议几点开始？
qǐngwèn, huìyì jǐdiǎn kāishǐ

치잉워언, 후위이이 찌이띠앤 카이싈으

· 几点 : '몇 시'라는 뜻의 의문사로, 시간을 물을 때 사용한다.

힘쓸 노 힘 력

노　력　努 力　느ᆞ우̀리이
　　　　　nǔ　lì

열심히 하겠습니다!

我会努力的!
wǒ huì nǔlì de

우ᆞ워 후̀위 느ᆞ우̀리이 떠

모습 태 법도 도

태　도　态 度　타̀이뜨̀우
　　　　　tài　du

당신의 적극적인 태도가 좋습니다.

我喜欢你积极的态度。
wǒ xǐhuan nǐ jījí de tàidu

우ᆞ워 씨̌이후안 니̌이 찌̄이찌́이 떠 타̀이뜨̀우

바깥 **외**　　모양 **모**

외　모　　外　貌　　와ˋ이마ˋ오
wài　mào

외모가 많이 중요하나요?

外貌很重要吗？
wàimào hěn zhòngyào ma

와ˋ이마ˋ오 허˜언 죠ˋ옹야ˋ오 마

모양 **양**　　법식 **식**

양　식　　样　式　　야ˋ앙싀ˋ의
(스타일)　　　　　yàng　shì

아주 다양한 스타일이 있어요.

有很多不同的样式。
yǒu hěn duō bùtóng de yàngshì

요우ˇ 허˜언 뚜워 뿌ˋ우토ˋ옹 떠 야ˋ앙싀ˋ의

254　제3부 인공지능 시대에 외국어를 배울 필요가 있는가?

감정 **정**　실마리 **서**

정 서　情 绪　치ᵢₙ쒸ᵢ
(기분, 감정)

qíng　xù

그의 정서 변화를 이해해요.

理解他的情绪变化。
lǐjiě tā de qíngxù biànhuà

리ᵢ찌ₑ 타ᵃ 떠 치ᵢₙ쒸ᵢ 삐앤화ᵃ

绪

다를 **차**　다를 **이**

차 이　差 异　챠ᵃ 이ᵢ

chā　yì

이것과 저것은 무슨 차이가 있나요?

这和那个有什么差异？
zhè hé nàge yǒu shénme chāyì

져ᵉ허ᵉ 나ᵃ꼬ᵉ 요우 셔언머 챠ᵃ이ᵢ

볼 시   줄 선

시 선   视 线   싈̀의씨앤̀
shì xiàn

시선이 마주쳤어.

视线对视了。
shìxiàn duì shì le

싈̀의씨앤̀ 뚜̀위 싈̀의 러

치우칠 편   볼 견

편 견   偏 见   피앤̄찌앤̀
piān jiàn

그건 좀 편견이지?

那个有点儿偏见吧?
nàge yǒudiǎnr piānjiàn ba

나̀아끄어 요̀우띠̀알 피앤̄찌앤̀ 빠

찰 냉　고요할 정

냉　정　冷　静　러˘엉 찌ˋ잉

lěng　jìng

냉정을 유지하세요.

保持冷静。
bǎochí lěngjìng

빠˘오칠ˊ의 러˘엉찌ˋ잉

· 保持 : '유지하다', '지키다'.

나눌 분　쪼갤 석

분　석　分　析　펑ˉ헌 씨ˉ이

fēn　xī

우리 분석 좀 해 봐야 돼요.

我们需要分析一下。
wǒmen xūyào fēnxī yíxià

우˘워먼 쒸ˉ이야ˋ오 펑ˉ헌씨ˉ이 이ˊ이씨ˋ아

이룰 **성**　길 **장**

성 장　成 长　쳥́ 쟝̌

chéng　zhǎng

아이들의 성장 속도가 빠르다.

孩子们的成长速度很快。

háizimen de chéngzhǎng sùdù hěn kuài

하́이쯯으먼 떠 쳥́쟝̌ 스́우̀뜨우 허̌언 콰̀이

· 孩子 : '아이', '어린이'.

풍성할 **풍**　부유할 **부**

풍 부　丰 富　펑̄헝 풍̀후

fēng　fù

그는 경험이 매우 풍부하다.

他的经验非常丰富。

tā de jīngyàn fēicháng fēngfù

타̄아 떠 찡̄잉예̀앤 펭̄히챵́양 펑̄헝풍̀후

전부

12장

언어가 전부다

췌앤뿌우

全部

12
언어가 전부다

지구에서 가장 높은 에베레스트산(해발 8,848.86m, Photo by Joe Hastings)

앞으로 인생을 어떻게 하면 잘 살 수 있을까?

'앞으로 인생을 어떻게 하면 잘 살 수 있을까?'
 이런 밑도 끝도 없는 철학적 질문에 관한 책들을 전 지구에서 싸그리 모아 바닥에서부터 한 권씩 차곡차곡 쌓아 나가다 보면 아마 에베레스트산 높이를 훌쩍 넘어설지도 모른다. 어쩌면 어떤 사람들은 이와 같은 질문에 짜증부터 낼지도 모른다. 하지만 이 근원적인 물음은 인류가 지속적으로 탐구해온 인간 삶의 가장 본질적인 고민이기도 하다.

앞서 우리는 AI 대격동의 시대에 미래 세대들을 위한 교육에 있어 가장 중요시해야 할 요소로 '수용력'과 '사고력'을 꼽아 보았다. 이는 단순히 정보를 받아들이고 처리하는 능력을 뜻하는 것이 아니다. 그보다는 다양한 문화적 맥락과 인간 경험에 기반한 깊이 있는 이해와, 비판적이고 창의적인 사고를 갖추는 것을 의미한다. 물론 AI 기술이 이러한 영역에서도 발전하고 있지만, 여전히 인간은 AI가 쉽게 모방할 수 없는 문화적 직관과 정서적 공감 능력을 가지고 있으며 이런 고유한 능력을 통해 자신만의 가치와 경쟁력을 발휘할 수 있을 것이다.

그렇다면 이 수용력과 사고력은 어떻게 발전시킬 수 있을까? 이 질문 역시 '앞으로 인생을 어떻게 하면 잘 살 수 있을까?'라는 물음과 마찬가지로 정해진 답은 없다. 그러나 원론적 차원에서 이 문제에 접근해 볼 수는 있을 것이다.

$$E = mc^2$$

아인슈타인의 질량-에너지 등가 원리

수학적 사고에서는 언어적 능력 외에도 수리적 능력, 공간적 이해, 패턴 인식 등의 인지 능력도 필요로 한다. 이처럼 언어적 사고 외에도 시각적, 추상적, 공감각적으로 사고하는 특별한 기능이 존재한다. 그러나 결국 이 모든 것들을 해독하여 개념을 정리하거나 설명하는 데 있어서는 언어의 사용을 피할 수는 없다. 아인슈타인의 $E=mc^2$라는 위대한 수식을 예로 들어보자. 이 간결한 방정식은 에너지와 질량 사이의 복잡한 관계를 비언어적인 수학 기호로 완벽하게 압축해냈다. 그러나 이 방정식이 무엇을 의미하는지, 왜 중요한지, 어떤 맥락에서 발견되었는지를 설명하려면 결국 언어라는 도구에 의존할 수밖에 없다. 즉 가장 추상적이고 비언어적인 개념일지라도, 그 의미와 가치를 전달하기 위해서는 결국 언어적 해석이 필수라는 것이다.

알베르트 아인슈타인
(Albert Einstein, 1879 ~ 1955)

energy = mass x speed of light in a vacuum^2

에너지 = 질량 x 진공에서의 빛의 속도^2

방정식을 설명하기 위해서 언어적 방식이 최소한이라도 필요하다

- $E = mc^2$: 아인슈타인의 특수상대성이론의 핵심 수식. 단순한 과학 공식 그 이상으로, 인류 문명과 세계사의 흐름에 깊고도 넓은 영향을 끼쳤다.

레몬

 '레몬'을 한번 떠올려 보자. 레몬이라는 단어를 보고 우리는 시각적으로 노란색 레몬을, 미각적으로는 톡 쏘듯이 시고 상큼한 맛을 떠올려 볼 수 있다. 이로 인해 실제로 레몬은 없지만, 상상으로 인한 생리적 조건 반응을 통해 입안에 침이 고이기도 한다. 이런 식으로 언어는 대상을 공감각적으로 이해하고 받아들이는 창구이자 도구가 된다. 언어 자체가 기본적으로 여러 감각들을 담아내는 복합적 구현체라고 할 수 있는 것이다. 언어는 세상을 인식하는 틀이자, 사유의 기본 재료이며, 인간 의식의 확장 도구다.

 모든 행위는 결국 언어를 통해 완성될 수밖에 없다. 수용력과 사고력을 향상하는 행위도 근본적으로 언어를 기반으로 이루어질 수밖에 없다. 결국 이 '언어적 능력'이 삶의 질을 결정지을 수 있을 만큼 중요하다고 할 수 있다. 언어적 능력은 곧 수용력과 사고력의 큰 몸통인 동시에, 수용력과 사고력 또한 언어적 능력의 몸통이라고 할 수 있다. 이들은 서로를 형성하고 강화하는 순환적 관계에 있다.

 그렇다면 외국어를 배우는 것은 어떤 의미를 가질까? 외국어도 언어이기 때문에 수용력과 사고력을 키우는 데 역시 크게 기여할 수 있지 않을까? 특히 해당 외국어의 문화적 맥락과 배경을 이해하게 되면 그만큼 자신의 세계, 즉 활동 반경이 해당 문화권만큼 확장된다고 볼 수 있지 않을까?

외국어를 배운다는 것은 단순히 새로운 단어와 문법 체계를 익히는 것만이 아니다. 그것은 알게 모르게 새로운 세계관, 사고방식, 그리고 그 언어가 담고 있는 역사적 정서를 습득하는 행위이다. 새로운 언어를 배우는 과정에서 기존에 당연시했던 인식의 틀을 넘어서고, 대안적 관점에서 세상을 바라보는 능력을 기를 수 있다. 이런 맥락에서 보면 AI 시대에도 외국어 학습은 여전히 중요한 가치를 지닌다. 번역 기술이 아무리 발달해도 언어를 통한 사고의 확장과 문화적 이해의 깊이는 결코 대체될 수 없다. AI는 언어를 수학적 패턴으로 처리할 뿐이지만, 인간에게 있어서 언어는 세계를 경험하고 해석하는 근본적인 방식이다. 언어는 단순히 의사소통 도구가 아니라 인간 존재의 본질적 차원과 맞닿아 있다. 새로운 언어를 배우는 것은 새로운 자아를 발견하는 여정이며, 더 넓은 세계로 나아가는 통로이다. AI가 발달할수록 오히려 이러한 인간 고유의 언어적 경험과 이해의 가치는 더욱 빛날 것이다.

'언어가 전부다'라는 명제는 단순한 수사가 아니라, 인간의 사고와 존재 방식의 핵심을 집어내는 깨달음이다. 언어를 통해 우리는 생각하고, 느끼고, 소통하고, 창조한다. 언어가 풍부해질수록 우리의 세계는 더욱 확장되고 깊어진다. 이것이 AI 시대에도 변함없는 언어의 가치이자 외국어 학습이 지니는 근본적 의미일 것이다.

공통 한중어
예문 12

- 인생 | 부분 | 근본 | 토론

- 서적 | 고도(높이) | 전부 | 초과

- 조롱(놀리다) | 조소(비웃다) | 동시 | 성질(화나다)

- 이상 | 답안(정답) | 원리 | 접근

- 기본상(기본적으로) | 혼합(섞다) | 창의 | 비평(비판)

- 추상 | 관한

사람 인   날 생

인 생   人 生   르ʹ언셔ˉ엉
rén shēng

인생은 마치 한 번의 여행과 같다.

人生就像一场旅行。
rénshēng jiù xiàng yīchǎng lǚxíng

르ʹ언셔ˉ엉 찌`우 씨`앙 이ˉ이챠ˇ앙 뤼ˇ이씨ʹ잉

거느릴 부   나눌 분

부 분   部 分   뿌`우 펑`헌
bù fen

난 그저 일부분만 봤어.

我只看了一部分。
wǒ zhǐ kàn le yíbùfen

우ˇ워 즈ˇ의 카`안 러 이ʹ이뿌`우펑헌

뿌리 근　근본 본

근　　본　　根　本　　꺼͜언뻐͜언

gēn　běn

이 일의 근본 원인이 무엇인가요?

这件事的根本原因是什么？
zhèjiàn shì de gēnběn yuányīn shì shénme

져ˋ어찌앤 싈의 떠 꺼͞언뻐͞언 유́앤이͞인 싈의 셔́언머

· 件 : 사물이나 일을 세는 데 사용되는 양사이다.

칠 토　논할 론

토　　론　　讨　论　　타ˇ오루ˋ운

tǎo　lùn

우리 이 문제를 토론해 봅시다.

我们来讨论一下这个问题。
wǒmen lái tǎolùn yíxià zhège wèntí

우˘워먼 라́이 타ˇ오루ˋ운 이́이씨ˋ아 져ˋ어끄어 워ˋ언티́이

· 여기서 '来'는 '~해보자'라는 제안이나 권유의 뉘앙스를 나타내는 역할을 한다. '来'는 중국어에서 여러가지 맥락에서 다양하게 사용되는 표현이다.

글서 문서적

서   적   书 籍   슈̀우찌̄이

shū   jí

이 책들은 모두 아주 재미있다.

这些书籍都很有意思。
zhèxiē shūjí dōu hěn yǒuyìsi

져̀어씨에 슈̄우찌́이 또̄우 허̌언 요̌우이̀이스으

· 有意思 : 주로 '재미있다'는 의미로 자주 사용된다. 그 외 '의미있다'는 뜻으로도 사용된다.

높을고 법도도

고   도   高 度   까̄오뜨̀우
 (높이)
           gāo   dù

이 건물 높이가 꽤 높네요.

这楼高度挺高的。
zhèlóu gāodù tǐng gāo de

져̀어로̌우 까̄오뜨̀우 티̌잉 까̄오 떠

· 楼 : '건물', '층'.

온전할 전 거느릴 부

전 부 全部 취앤뿌우
quán bù

실례합니다, 전체 비용이 얼마인가요?

请问，全部的费用是多少？
qǐngwèn, quánbù de fèiyòng shì duōshǎo

치잉워언, 취앤뿌우 떠 페이요옹 스으 뚜워샤오

- 중국어에서 '全部'는 사물이나 행위의 '전부'를 말할 때 사용되며, '全体'는 사람이나 집단의 '전체 구성원'을 말할 때 사용된다.

뛰어넘을 초 지날 과

초 과 超过 챠오꾸워
chāo guò

이 가격은 저의 예산을 초과했어요.

这个价格超过了我的预算。
zhège jiàgé chāoguò le wǒ de yùsuàn

져어끄어 찌아끄어 챠오꾸워 러 우워 떠 위이수안

잡을 **착**　희롱할 **롱**

조　롱　　捉 弄　　쥬̄워 노̀옹
(놀리다)
　　　　　zhuō　nòng

놀리지 마세요.

别捉弄我。
bié zhuōnòng wǒ

삐́에 쥬̄워노̀옹 우̌워

비웃을 **조**　웃음 **소**

조　소　　嘲 笑　　챠́오 쌰̀오
(비웃다)
　　　　　cháo　xiào

지금 저를 비웃는 겁니까?

你现在是在嘲笑我吗？
nǐ xiànzài shì zài cháoxiào wǒ ma

니̌이 씨앤̀짜̀이 싈̀ 짜̀이 챠́오쌰̀오 우̌워 마

· 现在: '현재', '지금'.

한가지 **동**   때 **시**

동시   同时   토͝옹실͗의
tóng   shí

동시에 시작하는거 어때요?

我们同时开始，好不好？
wǒmen tóngshí kāishǐ, hǎobùhǎo

우͝워먼 토͝옹실͗의 카͗이실͗의, 하͟오뿌͟우하͟오

- 好不好 : 직역하자면 '좋아, 안 좋아?'라는 뜻으로, '~하는 게 어때?', '~하지 않을래?', '좋지 않아?'와 비슷한 뉘앙스를 가진다. 문장 끝에 쓰여 상대방에게 동의를 구하거나 가벼운 제안을 할 때 사용되는 표현이다.

날 **생**   기운 **기**

성질   生气   셔͗엉치͝이
(화나다)   shēng   qì

그는 오해로 인해 화가 났다.

他因为误会而生气了。
tā yīnwèi wùhuì ér shēngqì le

타͟아 이͗인웨͗이 우͟우후͟위 얼͗얼 셔͗엉치͝이 러

- 而 : 중국어에서 아주 자주 사용되는 중요한 접속사 중 하나다. 여기서는 원인과 결과를 연결하는 '~로 인해'라는 의미로 사용되었다. 그 외 '그리고', '반면에', '그래서', '게다가' 등 다양한 의미 관계를 나타내는 아주 중요한 역할을 한다.

다스릴 이　　생각 상

이　　상　　理　想　　링이 씽앙

lǐ　　xiǎng

그는 원대한 이상을 가지고 있다.

他有远大的理想。
tā yǒu yuǎndà de lǐxiǎng

탕아 용우 융앤땅아 떠 링이 씽앙

대답 답　　안건 안

답　　안　　答　案　　땅아 앙안
(정답)
　　　　　　dá　　àn

답을 주세요.

请给我答案。
qǐng gěi wǒ dá àn

칭잉 껭이 웅워 땅아 앙안

· 给 : '주다' 라는 뜻의 기본동사이다.

근원 **원** 다스릴 **리**

원 리 原理 유́앤리̆이
yuán lǐ

너 이 원리 좀 설명해 줄 수 있어?

你能解释一下这个原理吗？
nǐ néng jiěshì yíxià zhège yuánlǐ ma

니̆이 너́엉 찌̆에실̀의 이́이씨̀아 져̀어끄어 유́앤리̆이 마

- 解释 : '설명하다', '해석하다'라는 뜻으로, 어떤 사물이나 현상의 이유, 원리, 의미 등을 명확하게 밝혀 이해를 돕는 행위를 나타낸다.

이을 **접** 가까울 **근**

접 근 接近 찌̆에찌̀인
jiē jìn

우리는 시내에 접근하고 있습니다.

我们正在接近市中心。
wǒmen zhèngzài jiējìn shìzhōngxīn

우̆워먼 져̀엉짜̀이 찌̆에찌̀인 실̀의죠̄용씨̄인

터 기　근본 본　윗 상

기 본 상　　基本上　　찌̄이 뻐̌언샤앙
(기본적으로)
　　　　　　　jī　běn　shang

기본적으로 저는 매일 출근합니다.
基本上，我每天都去上班。
jīběnshang, wǒ měitiān dōu qù shàngbān
찌̄이뻐̌언샤앙, 우̀워 메̌이티앤 또̄우 취̀이 샤̀앙빠̄안

· 每天 : 매일.

섞을 혼　합할 합

혼　합　　混 合　　후̀운허́어
(섞다)
　　　　　　hùn　hé

한번 섞어 보세요.
混合一下。
hùnhé yíxià
후̀운허́어 이́이씨̀아

비롯할 **창**　뜻 **의**

창 의　创 意　츄앙이이

chuàng　yì

아주 창의적인 생각이네요.

很有创意的想法。
hěn yǒu chuàngyì de xiǎngfǎ

허언 요우 츄앙이이 떠 씨앙팔하

비평할 **비**　평할 **평**

비 평　批 评　피이피잉
(비판)

pī　píng

그의 발언은 많은 비판을 받았다.

他的发言受到了很多批评。
tā de fāyán shòudào le hěn duō pīpíng

타아 떠 팔하예앤 쇼우따오 러 허언 뚜워 피이피잉

- 受 : (추상적인 것을)'받다', '겪다'라는 뜻이다. '受到'는 뒤에 목적어가 와서 사실을 좀 더 명확하게 표현한다. '물건을 받다'는 '收'를 사용한다.

뽑을 **추**　모양 **상**

추　상　抽　象　쵸̄우 씨̀앙

chōu　xiàng

이 개념은 매우 추상적이네요.

这个概念很抽象。
zhège gàiniàn hěn chōuxiàng

져̀어끄어 까̀이니̀앤 허̌언 쵸̄우 씨̀앙

관계할 **관**　어조사 **우**

관　한　关　于　꽈̄안 위́이

guān　yú

이것에 관한 질문이 있습니다.

关于这个，我有个问题。
guānyú zhège, wǒ yǒuge wèntí

꽈̄안 위́이 져̀어끄어, 우̌워 요̀우끄어 워̀원티́이

언어공감각
공통한중어

제 4부

언어는 어떻게 습득되는가?

언어 공감각, 공통 한중어

13장	언어는 어떻게 습득되는가?	281
14장	과연 우리는 엄마 배 속에서도 언어를 습득했을까?	299
15장	아기가 모국어를 깨우치는 과정에서 배우는 외국어 습득	319
16장	도움이 되는 입력은 '이해 가능한 입력'뿐이다	339
17장	언어는 대화를 통한 상호작용으로 완성된다	355

언어공감각
공통한중어

기억

13장

언어는 어떻게
습득되는가?

찌이이이

记忆

13
언어는 어떻게 습득되는가?

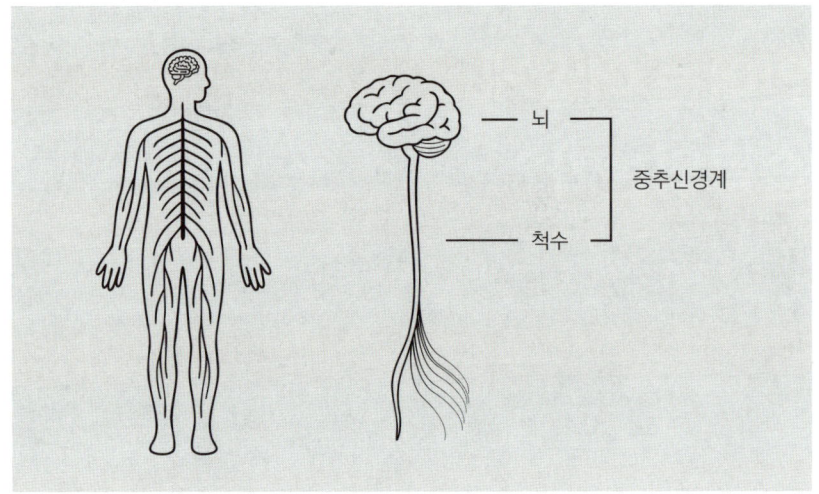

뇌와 중추신경계

몸이 기억하게 하라

　인간의 뇌를 포함한 중추신경계는 출생 이후 평생에 걸쳐 다양한 경험과 학습, 훈련을 통해 지속적으로 변화하며 환경에 적응한다. 이 놀라운 적응 시스템의 기본 단위는 뉴런이라는 신경세포인데, 이 뉴런들이 '시냅스'라는 신호 전달 중개 부위를 통해 서로 연결망을 형성하면서 학습과 기억의 기초가 되는 복잡한 신경 회로를 구축한다. 이 신경 회로는 정보의 수집, 처리, 전달을 담당하여 인지, 운동, 감정, 감각 등 인간의 다양한 기능을 가능하게 한다.

어떠한 경험이나 학습, 훈련을 자신의 수준보다 더 심화된 이해를 추구하며 반복적으로 수행하게 되면, 관련된 신경 회로의 효율성이 높아지고 새로운 시냅스의 생성이 촉진된다고 한다. 이는 신경 회로의 긍정적 구조 변화를 유도하며, 관련 기억 또한 향상시키는 것으로 알려져 있다. 신경과학에서는 이러한 현상을 '신경가소성'Neuroplasticity 이라고 부른다.

근력 운동은 이러한 신경가소성의 대표적인 사례다. 꾸준한 근력 운동은 근육 발달뿐 아니라, 뇌의 운동 영역에서 일어나는 구조적 변화도 촉진한다. 처음에는 무거운 중량을 들기 힘들고 자세가 불안정하더라도, 반복된 훈련을 통해 점차 이전보다 무거운 하중을 안정적으로 다룰 수 있게 되어 더 정교한 근육 조절과 안정된 폼을 유지할 수 있게 된다. 이런 식으로 형성되는 숙련된 운동 능력은 목적의식을 가진 집중된 반복 훈련의 결과물이며, 신경가소성의 원리가 실제로 작용하는 생생한 증거다.

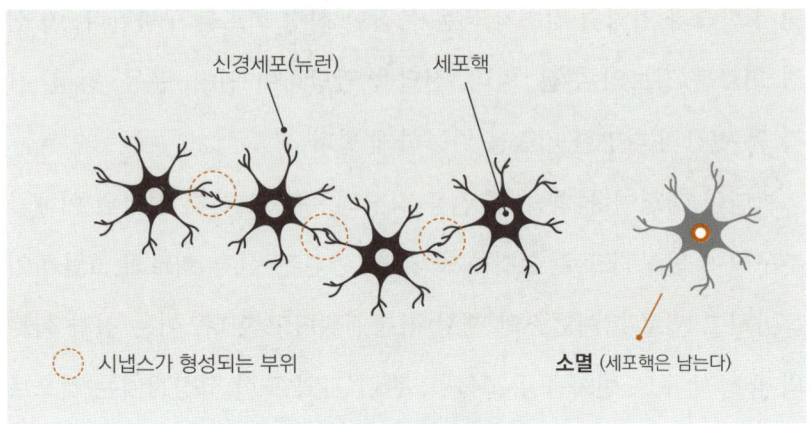

시냅스와 뉴런 소멸

'몸이 기억한다'는 표현은 단순한 은유가 아닌 과학적 사실이다. 과거에 근육을 키워본 경험이 있는 사람은 장기간 운동을 쉬어 근육이 많이 줄어들었더라도 다시 근력 운동을 시작하게 되면, 한 번도 근육을 키워본 경험이 없는 사람보다 근력 회복이 훨씬 빠르게 이루어진다.• 이는 과거의 반복적인 근력 운동을 통해 근육 섬유 내에 세포핵이 생성된 결과다. 장기간 운동을 하지 않는 휴지기 동안에 근육이 줄어들더라도 이 세포핵은 유지되기 때문에, 다시 운동을 시작하면 이 세포핵들이 단백질 합성을 빠르게 재개하여 근육 회복을 가속화한다.

이러한 원리는 근력 운동에만 국한되지 않는다. 외국어 습득, 악기 연주, 스포츠 등 모든 분야에서 목적을 가진 의식적인 반복 학습과 훈

• Kristian Gundersen (2016) - Muscle memory and a new cellular model for muscle atrophy and hypertrophy.

련은, 해당 신경 회로와 시냅스를 강화함으로써 특정 뇌 영역에 구조적 변화를 일으키고, 결과적으로 해당 능력의 학습 및 기억 능력을 향상시킨다. 이는 개인의 노력에 의한 일종의 '진화'라고 볼 수 있지 않을까?

신경가소성은 어린 시기에 가장 활발하게 나타나며, 인간의 생애 전체에 걸쳐 지속된다고 한다. 나이가 들면서 그 정도는 감소하지만, 우리 몸은 죽는 순간까지 환경에 적응하고 자신을 재구성할 수 있는 놀라운 적응력을 보유하고 있다는 것이다.

신경가소성은 생리적 메커니즘에 따라 언어 학습에 있어서도 중추적인 역할을 한다. 언어를 습득하는 과정에서 반복과 연습을 통해 관련 신경 회로가 강화되고, 시냅스 연결의 변화가 촉진된다. 이 과정이 학습과 기억 능력을 향상시켜 언어 능력이 유창해지게 되는 것과 직결된다고 볼 수 있다. 신경가소성을 통해 습득된 언어를 처리하고 사용하는 능력이 발달함으로써 언어 구사력이 더욱 자연스러워지는 것이다.

언어 능력의 향상이 신경가소성의 메커니즘에 따라 이루어지듯이 운동 기술, 기억력, 감각 처리 능력 등 다른 모든 인지적, 신체적 기능의 발달도 동일한 원리로 이루어진다. 경험과 학습, 훈련, 심지어 손상에 대응하는 과정에서도 신경 회로와 시냅스가 변화하고 적응하며 이를 통해 인간의 다양한 능력이 형성되고 발전한다.

결국 언어 습득을 포함한 모든 역량 형성은 반복적인 경험이나 학습, 훈련에 의한 이해의 증가로, 적응력이 점점 심화됨에 따라 해당 능력이 발달된다고 볼 수 있다. 이 능력 발달의 과정은 '이해를 위한 반복을 통한 적응'이라는 간결한 공식으로 요약될 수 있다.

이러한 신경가소성의 원리는 언어 습득의 생물학적 기반을 이해하는데 중요한 단서를 제공한다. 언어를 배우는 것은 단순히 단어와 문법 규칙을 암기하는 것이 아니라 뇌의 구조적, 기능적 변화를 수반하는 심오한 생물학적 과정이기도 하다. 이는 우리가 언어 습득의 과정, 특히 외국어 학습에 접근하는 방식에 중요한 시사점을 던져준다. 효과적인 외국어 학습은 뇌의 자연스러운 적응 메커니즘과 조화를 이루는 방식으로 설계되어야 한다는 것이다.

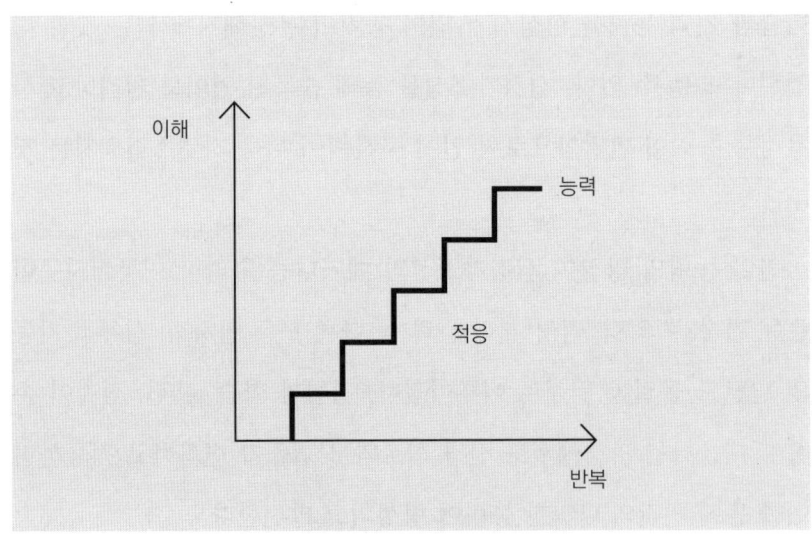

이해를 위한 반복을 통한 적응

공통 한중어
예문 13

- 대뇌(머리) | 신경 | 부위 | 복잡

- 손상 | 처리 | 자기(스스로, 혼자) | 강화

- 중개 | 담당 | 신호 | 전달

- 혹시(어쩌면, 아마) | 기억 | 반복(여러 번) | 개선

- 이전(예전에) | 단련 | 쾌속 | 회복

- 일종의 | 진화

클 대　　골 뇌
대　뇌　　大 脑　　따아나오
(머리)
　　　　　dà　　nǎo

머리가 멈췄어.

我的大脑死机了。
wǒ de dà nǎo sǐjī le

우워 떠 따아나오 스으찌이 러

· 死机 : '멈추다, (컴퓨터가) 다운되다'.

귀신 신　　날 경
신　경　　神 经　　셔언찌잉
　　　　　shén　jīng

너무 신경질적으로 굴지 말고, 긴장을 좀 풀어요.

别太神经质了，放松一点儿。
bié tài shénjīngzhì le, fàngsōng yìdiǎnr

삐에 타이 셔언찌잉즈 러, 팡항소옹 이이띠알

· 放松 : '긴장을 풀다', '느긋해지다', '편안하게 하다'.

거느릴 부　자리 위

부　위　部位　뿌ˋ우 웨ˋ이
bù　wèi

이 부위의 근육이 굉장히 발달되어 있네요.

这个部位的肌肉非常发达。
zhège bùwèi de jīròu fēicháng fādá

져ˋ어ㄲ어 뿌ˋ우 웨ˋ이 떠 찌ˉ이로ˋ우 펭ˉ히챠ˊ앙 퐈ˉ하따ˊ아

· 肌肉 : 근육.

회복할 복　섞일 잡

복　잡　复杂　풍ˋ후 짢ˊ아
fù　zá

좀 복잡해요.

有点儿复杂。
yǒudiǎnr fùzá

요ˇ우띠ˇ알 풍ˋ후 짢ˊ아

덜 손   다칠 상

손 상 损伤 순샤ᅟᅠᆼ

sǔn shāng

이 연고는 피부 손상을 회복시켜 줄 수 있어요.
这个药膏可以修复皮肤损伤。
zhège yàogāo kěyǐ xiūfù pífū sǔnshāng
져ᅀᅠᆨ꼬어 야ᅀᅠᆨ까ᅀᅠᆫ 크어이ᅟᅠᆼ 씨ᅟᅠᆫ우ᅟᅠᆫ후 피ᅟᅠᆨ이풍후 순샤ᅟᅠᆼ

· 药膏 : '연고'를 말한다. '药'를 단독으로 사용하면 '약'을 의미한다. 약국은 '药店', '药房'이라고 한다.

곳 처   다스릴 리

처 리 处理 츈리ᅟᅠᆼ

chǔ lǐ

이 문제를 어떻게 처리해야 하나요?
这个问题应该如何处理？
zhège wèntí yīnggāi rúhé chǔlǐ
져ᅀᅠᆨ꼬어 워ᅟᅠᆫ티ᅟᅠᆼ 이ᅟᅠᆼ까이 르우허어 츈리ᅟᅠᆼ

스스로 자 몸 기

자 기 自 己 쯔̀으찌ǐ이
(스스로, 혼자)
zì jǐ

제가 알아서 할게요.

我自己来。
wǒ zìjǐ lái

우̌워 쯔̀으찌ǐ이 라́이

강할 강 될 화

강 화 强 化 치́앙화̀아
qiáng huà

저는 중국어 말하기 능력을 강화하고 싶어요.

我想强化我的中文口语能力。
wǒ xiǎng qiánghuà wǒ de zhōngwén kǒuyǔ nénglì

우̌워 씨̌앙 치́앙화̀아 우̌워 떠 죠̄옹워́언 코̌우위̌이 너́엉리̀이

제13장 | 언어는 어떻게 습득되는가? 291

가운데 중　낄 개

중　개　中介　죠̄옹찌에̀

zhōng　jiè

저는 중개인을 통하고 싶지 않아요.

我不想通过中介。
wǒ bù xiǎng tōngguò zhōngjiè

우̌워 뿌̀우 씨̌앙 토̄옹꾸̀워 죠̄옹찌에̀

멜 담　마땅 당

담　당　担当　따̄안따̄앙

dān　dāng

제가 일부 임무를 맡을 수 있습니다.

我可以担当一部分任务。
wǒ kěyǐ dāndāng yíbùfen rènwu

우̌워 크̌어이̌이 따̄안따̄앙 이́이뿌̀우펑헌 르̀언우우

· 任务 : 임무.

믿을 **신**　이름 **호**

신　호　信号　씨`인하´오

xìn　hào

여기 와이파이 신호 괜찮나요?

这里 Wi-Fi 信号好吗?
zhèlǐ Wi-Fi xìnhào hǎo ma

져`어리`이 Wi-Fi 씨`인하´오 하`오 마

· 중국에서 무선 인터넷은 '无线网' 또는 Wi-Fi (와이파이)라고 부른다.

전할 **전**　통달할 **달**

전　달　传达　츄´안따´아

chuán　dá

부디 전달해 주세요.

请你务必传达到。
qǐng nǐ wùbì chuándá dào

치`잉 니´이 우`우삐`이 츄´안따´아 따`오

· 务必 : '부디', '반드시', '꼭'.

혹 혹　허락할 허

혹　시　或 许　휘어쒸이
(어쩌면, 아마)　　huò　xǔ

혹시 이 근처에 맛있는 식당이 있나요?

或许这里附近有好吃的餐厅吗？
huòxǔ zhèlǐ fùjìn yǒu hǎochī de cāntīng ma

휘어쒸이 져어리이 풍후찌인 요우 하오칠 떠 차안티잉 마

기록할 기　생각할 억

기　억　记 忆　찌이 이이
　　　　　ji　yì

기억이 좀 모호해졌어요.

记忆有点模糊了。
jìyì yǒudiǎn móhū le

찌이이이 요우띠앤 무어후우 러

바로잡을 **반** 회복할 **복**

반 복 反复 판한풍후
(여러 번)
fǎn fù

나 여러 번 고려해 봤어.

我反复考虑过了。
wǒ fǎnfù kǎolǜ guòle

우워 판한풍후 카오뤼이 꾸워러

復

· ~过 : 동사 뒤에 붙어 '~해 본 적이 있다'는 뜻으로, 과거의 경험을 나타내는 조사이다.

고칠 **개** 착할 **선**

개 선 改善 까이샨
gǎi shàn

아직 개선의 여지가 있어요.

还有改善的空间。
háiyǒu gǎishàn de kōngjiān

하이요우 까이샨 떠 코옹찌앤

· 还有 : '아직', '여전히'라는 의미로, 일상에서 아주 빈번히 사용되는 표현이다.

써이 앞전

이 전　以 前　이ˇ이 치´앤
(예전에)
　　　　　yǐ　qián

저 예전에 여기 와본 적 있어요.

我以前来过这里。
wǒ yǐqián láiguo zhèlǐ

우ˇ워 이ˇ이 치´앤 라´이꾸워 져`어리ˇ이

불릴 단　달굴 련

단 련　锻 炼　뚜`안 리`앤
　　　　　duàn　liàn

나는 매일 몸을 단련해.

我每天都锻炼身体。
wǒ měitiān dōu duànliàn shēntǐ

우ˇ워 메ˇ이티ān 또ū 뚜`안리`앤 셔ēn티ˇ이

쾌할 쾌　빠를 속

쾌 속　快 速　콰이스우
kuài　sù

이 열차는 운행 속도가 매우 빨라요.

这趟列车运行速度非常快速。
zhètàng lièchē yùnxíng sùdù fēicháng kuàisù

쪄어타앙 리에쳐어 위인씽 스우뜨우 펭히챠앙 콰이스우

· 趟 : '번', '회' 와 같이 왕복이나 정해진 구간을 운행하는 차량의 횟수를 세는 양사다. 일반적인 동작의 횟수를 나타내는데 사용되기도 한다.

넓을 회　회복할 복

회 복　恢 复　후위풍후
huí　fù

아직 완전히 회복되지 않았어요.

我还没完全恢复。
wǒ háiméi wánquán huīfù

우워 하이메이 와안췌앤 후위풍후

· 还没 : '아직 ~하지 않았다'.

한일　　씨종

일 종 의　　一　种　　이이죠̀옹
　　　　　　　yì　zhǒng

그건 일종의 한국식 농담이에요.
那个是一种韩式的玩笑。
nàge shì yìzhǒng hánshì de wánxiào
나아̀끄어 실̀의 이이죠̀옹 하̀안실̀의 떠 와̀안쌰̀오

· 玩笑 : 농담.

나아갈진　될화

진　화　　进　化　　찌̀인화̀아
　　　　　　　jìn　huà

이것은 일종의 진화라고 할 수 있습니다.
这可以算是一种进化。
zhè kěyǐ suànshì yìzhǒng jìnhuà
져̀어 크어̀이이 수̀안실̀의 이이죠̀옹 찌̀인화̀아

· 算是 : '~라고 할 수 있다', '~인 셈이다', '~로 치다'.

생명

14장

과연 우리는 엄마 배 속에서도 언어를 습득했을까?

셔영미잉

生命

14
과연 우리는 엄마 배 속에서도 언어를 습득했을까?

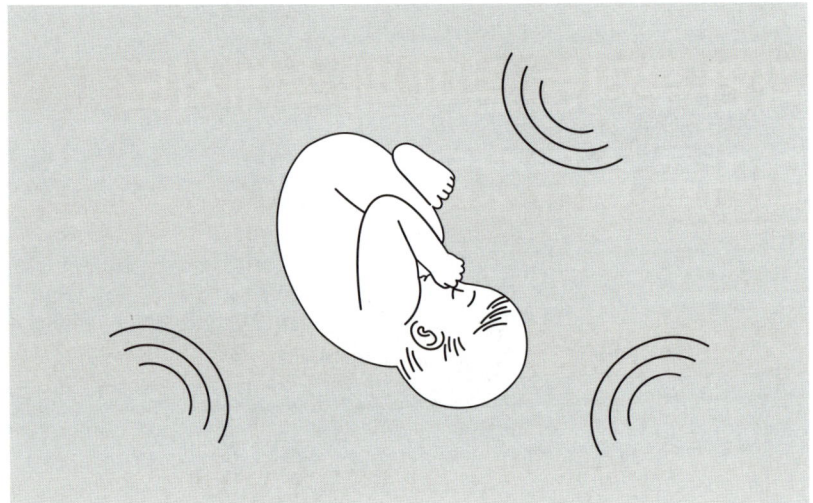

생명의 신비

언어 습득의 여정이 언제부터 시작되는지 이해하기 위해 인간 의식의 최초 순간까지 거슬러 올라가 보자. 생명의 여명, 그리고 의식의 탄생은 언제부터일까? 이 근본적인 질문에서부터 언어 습득의 기원을 탐색해 보자.

한 인간의 물리적 시작점을 정자와 난자의 수정이 이루어져 배아가 자궁에 착상되어 영양분을 공급받기 시작한 때부터라고 하자. 하지만 이 시점에는 아직 뇌나 신경계가 전혀 형성되지 않았기 때문에 의식이 존재할 가능성은 낮은 것으로 보인다. 이후 태아의 성장이 진행됨에 따라 신경관이 발달하고 뇌와 척수가 형성되며 신경세포들이 서로 연결되기 시작하면서, 미약한 전기 신호가 감지되기 시작한다. 임신 초기 단계에서는 태아의 뇌가 발달 초기 단계에 있으므로 여전히 인지적 활동이나 언어 인식은 불가능하다. 그러나 시간의 흐름에 따라 태아의 뇌는 놀라운 속도로 성장한다. 임신 5개월 차에는 태아의 청각 시스템이 기능하기 시작하여 엄마의 몸 안에서 들려오는 소리뿐 아니라 외부의 소리도 감지할 수 있게 된다고 한다. 이때부터 태아는 엄마의 목소리, 심장 박동, 호흡 소리, 소화 소리 등 다양한 소리에 노출되기 시작하는 것이다.

임신 6~7개월 차에 이르러서야 드디어 성인의 뇌파와 유사한 패턴의 전기 신호가 태아의 뇌에서 감지되기 시작하는데, 이 시점부터 비로소 무의식적 사고나 감각적 기억이 가능해지는 것으로 추정된다. 임신 8개월 차부터는 뇌파가 한층 더 복잡해지고 기본적인 기억과 학습 기능이 작동하기 시작한다. 엄마의 목소리를 기억하고 음악이나 외부 소리에 반응하는 것도 이때부터 가능하다고 한다.

놀랍지 않은가? 출생 전 자궁 속에 있는 태아도 일정 시점부터는 언어 습득의 첫 단계를 밟아가기 시작한다는 것이다.

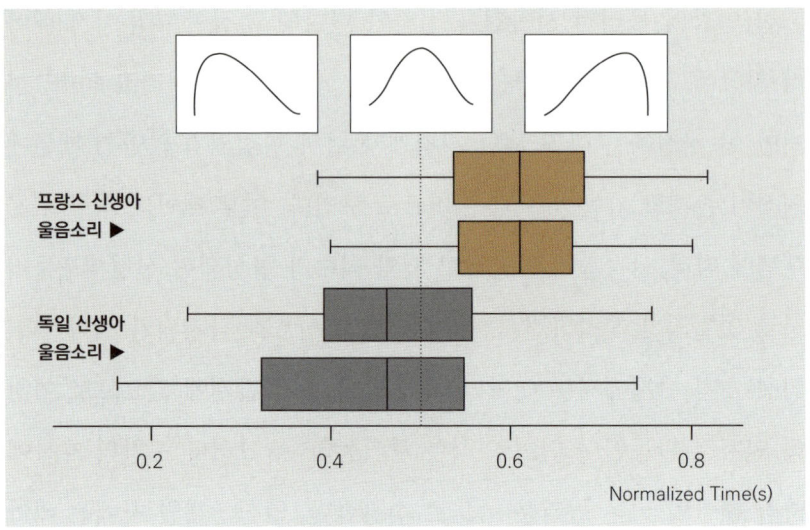

프랑스와 독일 신생아 울음소리 패턴 비교

    이와 관련하여 '신생아의 울음소리는 그들의 모국어에 의해 형성된다'는 주제의 연구 결과[•]가 있다. 연구팀은 프랑스와 독일 신생아 각각 30명씩의 울음소리를 분석하여 주목할 만한 사실을 발견했다. 바로 프랑스 신생아들은 프랑스어의 특징처럼 상승하는 억양 패턴으로 울고, 독일 신생아들은 독일어의 특징처럼 하강하는 억양 패턴으로 운다는 것이다. 이는 신생아들이 이미 모국어의 억양 패턴을 흡수하고 있음을 나타낸다. 연구에 따르면 태아는 임신 마지막 3개월 동안 외부 음성을 인식할 수 있다고 한다. 임산부의 배에 대고 '엄마야', '아빠 왔다!'와 같은 말을 들려줬을 때 태아는 그 억양 패턴을 인식하

- Kathleen Wermke 외 3명 (2009) - Newborns' Cry Melody Is Shaped by Their Native Language.

고 출생 후에도 이를 기억한다는 것이다. 그리고 신생아들이 다른 사람의 목소리보다 태내에서 계속해서 접했던 엄마의 목소리를 더 선호한다는 사실도 밝혀냈다. 게다가 태아가 자궁 속에서 모국어를 더 많이 들었기 때문인지 출생 후 신생아들은 모국어를 들을 때 더 강하게 반응하고, 외국어에는 상대적으로 약하게 반응하는 것으로 나타났다.

별도의 연구팀에서 진행한 조사˙에서는 이러한 경향이 영아기 전체에 걸쳐 지속된다는 것을 보여주었다. 18개월 된 아기들을 관찰했더니 자신의 모국어에 특화된 음성에 더 민감하게 반응하며, 다른 언어의 음성에는 덜 반응했다고 한다.

연구 배경이 서양권이니 이러한 현상을 동아시아 문화권에 맞추어 조금 쉽게 비유해 설명해 보겠다. 한국어의 대표적인 추임새로 '아이고'가 있다. 비슷한 형태로 중국어에는 '아이요'哎呦, 일본어에는 '에에?'ええ가 있다. 그러니까 연구의 내용은 한국어가 모국어인 신생아는 "아이고~"라는 한국어 표현에 더 민감하게 반응하지만, 중국어의 "아이요~"나 일본어의 "에에?"에는 상대적으로 덜 반응한다는 것이다. 또한 신생아 자신이 울음소리를 낼 때에도 모국어 특유의 억양 패턴을 반영한다고 한다. 이를테면 한국어권 아기들은 한국어 특유의 리듬과 억양으로, 중국어권 아기들은 중국어 특유의 성조 패턴이 반영된 방식으로, 일본어권 아기들은 일본어 특유의 높낮이 패턴으로 울음소리를 낸다는 것이다. 이는 태내에서의 언어 노출이 학습과 기

- Christiane Dietrich 외 2명 (2013) - Native Language Governs Interpretation of Salient Speech Sound Differences at 18 Months.

억 형성으로 이어질 수 있음을 보여준다. 비록 태아가 단어의 의미를 이해하지는 못하더라도 소리 패턴 자체를 인식하고 기억하는 능력을 분명히 가지고 있는 것이다. 이러한 연구 결과들은 영유아 언어 교육, 특히 태교와 관련하여 새로운 이해의 바탕이 된다. 전통적으로 많은 문화권에서 행해졌던 태교의 일환으로 태아에게 이야기를 들려주거나 음악을 들려주는 관행이 과학적 근거를 가질 수 있음을 보여준다. 다만 이것이 '모차르트 효과'•와 같은 과장된 주장으로 이어져서는 안 된다. 태내 언어 경험이 출생 후 언어 발달에 영향을 미치는 것은 사실이지만, 이것이 아이의 지능이나 언어 능력을 극적으로 향상시킬 수 있으리라는 기대는 현재의 과학적 증거로는 지지되지 않는다.

위에서 살펴본 연구들을 통해 언어 습득의 여정이 첫 옹알이를 하기 훨씬 이전부터 시작된다는 것을 알게 되었다. 우리가 엄마 배 속에서부터 이미 세상의 소리를 듣고 언어의 리듬과 억양을 인식하기 시작했다는 것이다. 물론 이 단계에서의 언어 습득은 당연히 단어의 의미나 문법 구조의 이해와는 거리가 멀며, 매우 기초적인 수준에도 못 미칠 것이다. 그러나 태내에서의 이러한 초기 경험이 출생 후 언어 발달의 토대를 마련한다는 점은 분명해 보인다. 태아기에 형성된 청각적 경험과 기억이 이후 모국어의 소리 체계에 더 빠르게 적응하고 자연스럽게 발화할 수 있는 기초가 될 수 있다는 것이다. 따라서 언어 습득은 출생과 함께 갑자기 시작되는 것이 아니라 태내에서부터 평

- Frances H. Rauscher 외 2명 (1993) - Music and spatial task performance. (모차르트의 음악을 듣는 것이 지능, 특히 공간지각 능력을 일시적으로 향상시킨다는 연구)

생에 걸쳐 계속되는 연속적인 과정이라는 것을 알 수 있다. 우리의 언어 여정은 생명이 시작되는 그 순간부터 시작되는 것이다.

언어공감각
공통한중어

공통 한중어
예문 14

- 도대체 | 최초(처음) | 의식 | 시점(관점)
- 생명 | 기원 | 조사 | 위해
- 육칠 | 개월 | 뇌파 | 감지
- 영양 | 공급 | 당연(물론) | 신비
- 외부 | 경계 | 민감 | 반영
- 여전히 | 지지(응원)

이를 도　밑 저

도대체　到底　따오띠이
dào　dǐ

도대체 왜 그래?

到底怎么了？
dàodǐ zěnme le

따오띠이 쩐언머 러

· 怎么了 : '왜 그래?', '무슨 일 있어?', '어떻게 된 거야?'.

가장 최　처음 초

최 초　最初　쭈이추우
　(처음)
zuì　chū

처음엔 이러지 않았어요.

最初不是这样的。
zuìchū búshì zhèyàngde

쭈이추우 뿌우씰의 져어야앙떠

· 这样 : '이런', '이러한', '이와 같이'라는 뜻의 대사로, 앞서 언급된 상황이나 상태, 방식 등을 가리킨다.
　'那样'은 '그런', '그러한', '그와 같이'가 된다.

뜻의 알식

의 식 意识 이`이실`의
yì shi

나는 당시에는 심각한지 의식 못했어.
我当时没意识到严重性。
wǒ dāngshí méi yìshi dào yánzhòngxìng
우`워 따앙실´의 메´이 이`이실`의 따오 야´안죠`옹씨`잉

· 严重性 : '엄중함', '심각성'.

볼시 점점

시 점 视点 실`의띠`앤
(관점)
shì diǎn

네 관점이 참 흥미롭다.
你的视点很有趣。
nǐ de shìdiǎn hěn yǒuqù
니ˇ이 떠 실`의띠ˇ앤 허ˇ언 요ˇ우취`이

· 有趣 : '흥미롭다', '재미있다'.

날 생   목숨 명

생명 生命 셔̄엉미̀잉
shēng mìng

생명은 아주 소중해.

生命很宝贵。
shēngmìng hěn bǎoguì

셔̄엉미̀잉 허̌언 빠̀오꾸̌위

일어날 기   근원 원

기 원 起源 치̌이유́앤
qǐ yuán

생명의 기원이 뭐야?

生命的起源是什么？
shēngmìng de qǐyuán shì shénme

셔̄엉미̀잉 떠 치̌이유́앤 싈̀의 셔́언머

고를 조   조사할 사

조　사　调　查　땨̀오 챠́아
　　　　　diào　chá

조사 결과는 언제 나오나요?

调查结果什么时候出来？
diàochá jiéguǒ shénme shíhou chūlái

땨̀오챠́아 찌́에꾸̌워 셔́언머 싈́의호̌우 츄̄우라́이

· 出来 : '나오다', '밝혀지다'.

할 위   마칠 료

위　해　为　了　웨̀이 러어
　　　　　wèi　le

너를 위해서야.

为了你。
wèile nǐ

웨̀이러어 니̌이

여섯 육 일곱 칠

육   칠   六   七   리우 치이
         liù   qī

그는 대략 예닐곱 살이 됐을 거야.

他大概有六七岁了。
tā dàgài yǒu liù qī suì le

타아 따아까이 요우 리우 치이 스워 러

· 중국어에서 예문처럼 숫자를 붙여 표현하는 것은, 정확한 숫자가 아니라 그 정도의 수임을 나타낸다.

낱 개   달 월

개   월   个   月   끄어 위에
         gè   yuè

저는 삼 개월 전에 여기 왔었어요.

我三个月前来过这里。
wǒ sāngèyuè qián láiguo zhèlǐ

우워 사안끄어위에 치앤 라이꾸워 져어리이

골 뇌　　물결 파

뇌　파　脑　波　나오뽀오
　　　　　nǎo　bō

뇌파 한번 측정해 봐요.

测一下脑波。
cè yíxià nǎobō

츠어 이이씨아 나오뽀오

· 测 : '측정하다', '재다', '검사하다'.

느낄 감　　알 지

감　지　感　知　까안즈의
　　　　　gǎn　zhī

동물의 감지 능력은 인간에 비해 강하다.

动物的感知能力比人类更强。
dòngwù de gǎnzhī nénglì bǐ rénlèi gèng qiáng

똥우우 떠 까안즈의 너엉리이 삐이 르언레이 꺼엉 치앙

· 比~ : '~에 비해', '~보다'.

경영할 **영** 기를 **양**

영 양 营 养 이ᅟ잉야ᅟ앙

yíng yǎng

균형 잡힌 영양은 건강에 매우 중요하다.
均衡的营养对身体健康很重要。
jūnhéng de yíngyǎng duì shēntǐ jiànkāng hěn zhòngyào

쮜이허영 떠 이잉야앙 뚜위 셔언티이 찌앤카앙 허언 죠옹야오

이바지할 **공** 줄 **급**

공 급 供 给 꼬옹찌이

gōng jǐ

시장 공급 부족은 가격 상승을 초래한다.
市场供给不足，导致价格上涨。
shìchǎng gōngjǐ bùzú, dǎozhì jiàgé shàngzhǎng

싈의챠앙 꼬옹찌이 뿌우쭈우, 따오즈의 찌아끄어 샤앙쟈앙

· 上涨 : '상승하다', '인상되다', '오르다'.

마땅 **당**　　그럴 **연**

당　연　当然　따͞앙르͘안
(물론)
dāng　rán

당연하죠, 제가 도와드리겠습니다.

当然，我会帮你。
dāngrán, wǒ huì bāng nǐ

따͞앙르͘안, 우̌워 후̀위 빠͞앙 니̌이

· 帮 : '돕다', '도와주다', '거들다'.

귀신 **신**　　숨길 **비**

신　비　神秘　셔͘언 미̀이
shén　mì

정말 신비롭다!

真神秘!
zhēn shénmì

져͞언 셔͘언미̀이

제14장 | 과연 우리는 엄마 배 속에서도 언어를 습득했을까?

바깥 **외**　거느릴 **부**

외　부　外　部　와̀ㅇㅣ 뿌̀우
wài　bù

외부 환경이 매우 조용합니다.

外部环境很安静。
wàibù huánjìng hěn ānjìng

와̀ㅇㅣ뿌̀우 후̄안찌̀잉 허̌언 아̄안찌̀잉

· 安静 : '조용하다', '고요하다', '차분하다'.

경계할 **경**　삼갈 **척**

경　계　警　惕　찌̌잉 티̀ㅇㅣ
jǐng　tì

경계해야 돼요.

要警惕。
yào jǐngtì

야̀오 찌̌잉티̀ㅇㅣ

민첩할 **민** 느낄 **감**

민 감　敏 感　미인 까안

mǐn　gǎn

좀 민감한 화제인 것 같아요.

我觉得这个话题有点敏感。
wǒ juéde zhège huàtí yǒudiǎn mǐngǎn

우워 쮜에뜨어 져어끄어 화아티이 요우띠앤 미인까안

돌이킬 **반** 비칠 **영**

반 영　反 映　퐐한 이잉

fǎn　yìng

제 의견을 좀 반영해 주세요.

请反映一下我的意见。
qǐng fǎnyìng yíxià wǒ de yìjiàn

치잉 퐐한이잉 이이씨아 우워 떠 이이찌앤

의지할 의   옛 구

여전히 依旧 이ˉ이ˋ찌우
yī   jiù

여기는 여전히 이렇게 시끌벅적합니다.

这里依旧这么热闹。
zhèlǐ yījiù zhème rènào

져ˋ어리ˇ 이ˉ이ˋ찌우 져ˋ어머 르ˋ어나ˋ오

- 这么 : '이런', '이렇게', '이 정도로'. '那么'는 '그런', '그렇게', '그 정도로'.

나눌 지   가질 지

지 지 支持 즈ˉ의칠ˊ의
(응원)   zhī   chí

응원할께요, 파이팅!

我会支持你, 加油!
wǒ huì zhīchí nǐ, jiāyóu

우ˇ워 후ˋ위 즈ˉ의칠ˊ의 니ˇ이, 찌아요ˉ우

- 加油 : '파이팅', '힘내', '주유하다'.

방식

15장

아기가 모국어를 깨우치는 과정에서 배우는 외국어 습득

팡향실의

方式

15
아기가 모국어를 깨우치는 과정에서 배우는 외국어 습득

우리는 모국어인 한국어를 처음에 어떻게 깨우치게 되었나?

 우리는 모국어인 한국어를 처음에 어떻게 깨우치게 되었나?
 이 질문은 언어 습득의 가장 근본적인 비밀을 품고 있다. 우리 모두가 경험했지만 거의 기억하지 못하는 이 과정을 이해하는 것은, 언어 학습의 근원적 메커니즘에 접근하는 열쇠가 될 수 있다. 이번 장에서는 아기들이 출생 후 모국어를 습득하는 과정을 살펴보려 한다. 이는 단순한 지적 호기심을 넘어, 성인이 외국어를 학습할 때 응용할 수 있는 원리를 발견하기 위해서이다.
 세계 어느 나라의 아이든 일정 기간이 지나면 모국어를 유창하게 구사할 수 있게 된다. 태어난 지 얼마 되지 않은 아기는 당연히 말을 제대로 하지 못한다. 이는 단순히 인지적 능력의 문제만이 아니라 치아나 혀 등 구강 구조가 발음이 가능할 정도로 충분히 발달하지 않았기 때문이기도 하다. 아기는 부모와 주변 사람들이 말하는 것을 지속적으로 보고 듣고 자란다. 이 과정에서 말하는 사람의 소리와 입 모양을 관찰하고 흉내 내다가, 마침내 발음하기 쉬운 간단한 단어부터 말하기 시작한다. '맘마', '엄마', '까까', '쉬', '주세요'등의 어휘를 먼저 익히는데, 이는 단순히 발음하기 쉽기 때문만이 아니라 아기가 자신의 의사를 표현하고 즉각적인 반응을 얻을 수 있는 요긴한 표현이기 때문이다. 아기는 부모와 주변인들과의 일상적 상호작용을 통해 특정 말이 어떤 의미와 연결되는지 이해하면서, 점점 더 많은 어휘를 축적해 나간다.

아기가 어느 정도 충분한 어휘를 습득한 후에는, 간단한 문장을 만들어내기 시작한다. '까꿍'이라는 말을 자주 들은 아기가 '안 까꿍'이라는 창의적인 표현을 만들어내기도 하고, '맘마', '까까', '줘'와 같은 한 단어 문장을 사용하던 아기가 이제는 '맘마 주세요', '까까 주세요', '이거 좋아', '저거 싫어' 등의 패턴을 익혀, 더 복잡한 문장을 구성하기 시작한다. 이렇게 문장의 구조를 이해한 아기는, 단어를 바꾸는 것만으로 다양한 표현이 가능하다는 언어의 생산적 특성을 깨닫게 된다. 아이는 성장하면서 놀이, 동화책 읽기, 주변인들과의 대화 등을 통해 지속적으로 새로운 어휘와 표현을 습득한다. 습득한 어휘를 실제 대화에서 사용하면서 교정 받기도 하며, 점점 더 정교하고 복잡한 문장을 구사할 수 있게 된다. 아이마다 개인차는 있지만 대개 4세 무렵이면 상당한 수준의 어휘를 습득하게 되며, 이후에도 계속해서 새로운 표현을 배우며 언어 구사력을 더욱 세련되게 발전시켜 나아간다.

아이가 어느 정도 충분한 이해력과 표현력이 생겨 자연스러운 대화가 가능하게 되면, 글자를 익힐 수 있게 된다. 글자를 익힌 후에는 읽기를 통해서도 언어 능력을 향상시킬 수 있다. 말하기, 듣기에 이어 읽기, 쓰기까지의 언어 능력을 습득하게 된 이 시점은, 아이가 언어를 완전히 체득하여 내면화한 단계라고 볼 수 있다. 이른바 '언어의 내재화' 단계에 이르러 아이의 언어 능력이 확고히 자리 잡았다고 볼 수 있는 것이다.

이렇게 기초가 다져진 언어 능력을 바탕으로 아이는 다양한 학문 분야를 탐구할 수 있게 된다. 이를 통해 사고력, 수용력, 수리력 등 다른 인지 능력을 발달시킬 수 있다. 또한 어떤 능력을 개발하거나 새로운 지식을 습득하는 과정에서 언어 능력 자체도 자기 강화적으로 계속 발달하게 된다.

이러한 자연스러운 언어 습득 과정과는 대조적으로, 잠시 예전 한국의 영어 교육 방식을 떠올려보자. 우리는 예전 영어 수업에서 알파벳을 외우고, 'Hi, How are you?', 'Fine thank you, and you?'와 같은 표현을 기계적으로 암기하며, 앵무새처럼 따라 했다. 이는 마치 외국인이 한국어를 배울 때 '당신의 이름은 무엇입니까?', '저의 이름은 OOO입니다'라는 식의 전형적인 교과서적 문장을 접하는 코스라고 볼 수 있다. 이런 식의 학습 방식과 우리가 모국어를 깨우쳤던 방식을 비교해 보면 상당한 차이를 느낄 수 있다.

우리가 처음에 문법 규칙이나 형식적 표현, 혹은 단어나 문장을 암기하는 식으로 모국어를 익히기 시작했는가? 아니다. 그보다는 소리와 의미의 자연스러운 연결, 실제 맥락과 상황 속에서의 반복되는 언어 경험을 통해 자연스럽게 언어를 체득했다. 반면, 교실에서 이루어지는 외국어 교육은 이런 자연스러운 과정을 역전시켜, 살아있는 언어가 아닌 분석된 언어를 가르친다. 심지어 단순 반복 쓰기인 속칭 '깜지'를 학습 방법으로 활용하기도 했는데, 이는 단시간에 시험 점수를 올리기 위한 수단으로 채택되거나 때로는 체벌을 대신하는 훈육 방식으로 기능하였다.

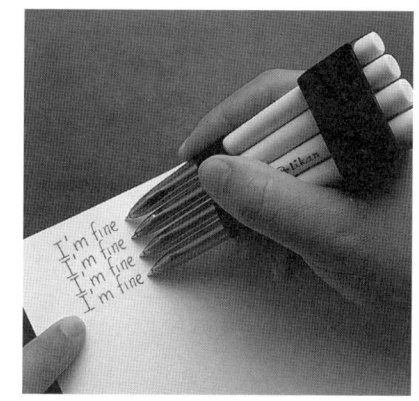

정신 승리적 학습법, '깜지'

다시 한번 강조하지만, 우리가 모국어인 한국어를 습득할 때는 'ㄱㄴㄷㄹ', '가나다라마바사'와 같은 한글의 개별 구성요소를 먼저 외우거나 깜지를 쓰는 식의 억지스러운 주입식 방법으로 하지 않았다. 이제 태어난 지 얼마 되지도 않은 아기에게 그런 식으로 공부를 시킨다고 상상해 보라. '아기에게 무슨 짓을 하는 거야?'는 말이 저절로 나오게 될 것이다.

마찬가지로 처음 모국어를 익힐 때, 절대로 먼저 문법 규칙을 명시적으로 배우거나 외우면서 하지 않는다. 실제로 아이가 말을 할 때 문장 구조나 어순과 같은 규칙을 계산하면서 하지는 않는다. 아이들뿐만이 아니라 성인들도 마찬가지다. 자신의 모국어를 구사할 때 '능동태', '피동태', '분절음소', '화용론적 전제', '부동사' 등 그런 복잡한 분석은 물론, '이건 형용사야', '동사'를 이렇게 바꿔서 써야지'라는 식으로 의식하며 말하지는 않는다.

　아기가 언어를 습득하는 과정을 요약하자면 다음과 같다. 태어나기 직전부터 양육자가 들려주는 '옹알이' 수준의 말을 듣는 것으로 언어 습득이 시작된다. 출생 후 발화가 가능해지면서 발음을 따라 하게 되고, 점차 상황과 맥락을 통해 여러 가지 어휘를 익히게 된다. 이후 간단한 한 단어 문장부터 시작해, 차츰 더 복잡하고 세련된 문장을 구사할 수 있게 되는 것이다. 성인이 외국어를 습득할 때도 이와 동일한 과정을 거쳐야 한다. 아이와 같은 언어 습득 과정을 겪지 않는다면 유창한 외국어 회화를 구사하기 어려울 것이다. 반드시 먼저 말이 들려야 발음도 가능해진다. 그렇다고 무작정 많이 듣는 게 효과적인 것은 아니다. 자기 수준에 맞는 '이해 가능한' 어휘와 표현부터 차근차근 익히는 것이 좋다. 이후 한 단어로 이루어지는 문장 구사라든가, 어느 정도 간단한 의사소통이 가능한 수준에 도달한 다음에야 점차 더 고급스러운 문장 구사가 가능해진다. 아무리 독해 실력이 뛰어나더라도 회화 능력에 있어서는 이러한 자연스러운 습득 과정 없이는 유창함을 얻기 어렵다. 이 과정을 건너뛰고 자신의 모국어 수준에 맞는 표현을 통째로 암기하거나 단어장을 외우는 방식으로 공부하면 자연스러운 외국어가 나오기 어렵다. 그저 외운 것을 뱉어내는 바람에 결국 '고장 난' 외국어를 구사하기 쉽다.

　외국어 습득의 가장 자연스러운 방법은 다음과 같다. 먼저 일상 주변에서 찾을 수 있는 요긴하면서 쉬운 어휘를 통해 듣기와 발음을 충분히 익힌다. 그리고 나서 한 단어 문장과 같은 아주 쉬운 수준부터 시작하여 점차 표현 수준을 높여가는 것이 좋다.

　아기는 처음에 계속 누워만 있다가 기어다닐 수 있게 되고, 이후 충분한 시간이 지난 후에야 걸음마를 하게 된다. 외국어 습득도 마찬가지다. 갓난 신생아 수준부터 시작하는 것이다. 처음에는 누워 있을 수밖에 없는 아기처럼 아무것도 할 수 없는 것이 당연하고 자연스러운 현상이다. 시작부터 교재를 들고 공부하는 행위는 기어다니지도 못하는데 바로 뛰려고 하는 것처럼 비효율적이고 고통스러운 접근법일 수 있다. 언어는 처음에 학문으로 접근하여 배우기보다 실제 생활 속에서 겪어가며 체득하는 것이 더 자연스럽다. 인간의 뇌는 수억 년의 진화 과정을 통해 이러한 방식으로 언어를 습득하도록 설계되었기에 이런 과정을 거스르는 학습법은 오히려 효율이 더 떨어질 수밖에 없다. 외국어 또한 책상 앞에서의 고된 암기보다는 아이가 모국어를 배우듯 실제 상황 속에서 해당 언어를 몸소 경험하며 익히는 게 더 바람직하지 않을까? 가능한 다양한 감각을 사용하며 언어를 체득하게 되면 보다 깊은 이해는 물론 기억을 하는 데 있어서도 훨씬 효과적일 것이다.

언어공감각
공통한중어

공통 한중어
예문 15

- 설계(디자인) | 규칙 | 출생 | 양육

- 대략(대강) | 시기 | 의사(뜻) | 표시

- 개발 | 입장 | 수시로 | 참고

- 유창 | 비밀 | 내재화 | 행위

- 호기심(궁금한) | 생산 | 응용 | 기간

- 역전 | 승리

베풀 **설**　셀 **계**

설　계　设　计　셔어 찌이
(디자인)　　shè　jì

이거 최신 디자인이에요.
这是最新的设计。
zhè shì zuìxīn de shèjì
져어 싈의 쭈이씨인 떠 셔어찌이

법 **규**　법칙 **칙**

규　칙　规　则　꾸위 쩌어
　　　　　guī　zé

이 게임의 규칙은 아주 간단합니다.
这个游戏的规则很简单。
zhège yóuxì de guīzé hěn jiǎndān
져어끄어 요우씨이 떠 꾸위쩌어 허언 찌앤따안

· 游戏 : 한국어로 직역하면 '유희'이지만, 중국어에서는 '게임', '놀이' 라는 뜻으로 널리 사용된다.

날 출　　날 생

출　생　出　生　츄̄우 셔̄영

chū　　shēng

그는 작은 도시에서 태어났다.

他出生在一个小城市。
tā chūshēng zài yíge xiǎo chéngshì

타ˊ아 츄̄우셔̄영 짤ˋ이 이ˊ이끄ˇ어 쌰ˇ오 쳐́영실ˋ의

기를 **양**　　기를 **육**

양　육　养　育　야̌앙 위ˋ이

yǎng　　yù

아이를 키우는 것은 매우 힘든 일이다.

养育孩子是很辛苦的事情。
yǎngyù háizi shì hěn xīnkǔ de shìqing

야̌앙위ˋ이 하ˊ이쯔ˇ으 실ˋ의 허̌언 씨̄인쿠ˇ우 떠 실ˋ의치잉

· 辛苦 : '힘들다', '고생스럽다', '애쓰다'.

클 대   대개 개

대 략   大 概   따아까이
(대강)
　　　　da　gài

대략 5분 정도면 도착해요.

大概五分钟就到了。
dàgài wǔ fēnzhōng jiù dào le

따아까이 우우 펑헌죠옹 찌우 따오 러

· 分钟 : 시간에서 '분'단위를 말할 때 사용한다.

때 시   기약할 기

시 기   时 期   실의치이
　　　　shí　qī

이 시기가 지나면 좀 여유로워질 거야.

这时期过去就会比较有余了。
zhè shíqī guòqù jiù huì bǐjiào yǒuyú le

져어 실의치이 꾸워취이 찌우 후위 삐이쨔오 요우위이 러

뜻 의   생각 사

의 사(뜻)   意 思   이ˇ이스으
　　　　　yì　si

무슨 뜻이에요?

什么意思？
shénme yìsi

셔ˊ언머 이ˇ이스으

겉 표   볼 시

표   시   表 示   뺘ˇ오 싈의
　　　　　biǎo　shì

그는 고개를 끄덕여 동의를 표시했다.

他点头表示同意。
tā diǎntóu biǎoshì tóngyì

타ˊ아 띠앤토ˇ우 뺘ˇ오싈의 토ˊ옹이ˋ이

· 点头 : 고개를 끄덕이다.

열 개　　필 발

개　　발　　开　发　　카이 팡하

kāi　　fā

그들은 새로운 시장을 개발하고 있다.

他们正在开发新的市场。
tāmen zhèngzài kāifā xīn de shìchǎng

타아먼 져엉짜이 카이팡하 씨인 떠 싈의챠앙

설 립　　마당 장

입　　장　　立　场　　리이 챠앙

lì　　chǎng

입장 바꿔서 한번 생각해 봐요.

换位思考一下立场。
huànwèi sīkǎo yíxià lìchǎng

후안웨이 스으카오 이이씨아 리이챠앙

· 换位 : '입장을 바꾸다', (자리나 위치를)바꾸다'.

따를 수   때 시

수시로 **随时** 스위실의
(언제든지)
suí shí

언제든지 연락 주세요.

请随时保持联系。
qǐng suíshí bǎochí liánxì

치잉 스위실의 빠오칠의 리앤씨이

· 联系 : 연락(하다).

참여할 참   생각할 고

참고 **参考** 차안카오
cān kǎo

참고할 만한 조언을 해 주시겠어요?

你能给我一些参考建议吗？
nǐ néng gěi wǒ yīxiē cānkǎo jiànyì ma

니이 너엉 께이 우워 이이씨에 차안카오 찌앤이이 마

· 能 : '~할 수 있다'라는 뜻으로 사용된다. 뒤에 의문사 '吗'가 붙으면 '할수 있나요?'라는 표현을 만들어 낸다.

흐를 유　　펼 창

유 창　流 畅　리우챠앙

liú　chàng

아주 유창하게 말하네요.

说得很流畅。
shuō de hěn liúchàng

슈오 떠 허언 리우챠앙

숨길 비　은밀할 밀

비 밀　秘 密　미이미이

mì　mì

그들 사이에 무슨 비밀이 있는 것 같다.

他们之间好像有什么秘密。
tāmen zhījiān hǎoxiàng yǒu shénme mìmì

타아먼 즈의찌앤 하오씨앙 요우 셔언머 미이미이

· 好像 : '~인 것 같다', '마치 ~와 같다'.

안 내 있을 재 될 화

내 재 화　內在化　네ˋ이짜ˋ이화ˋ아

nèi　zài　huà

그걸 내재화 시키세요.

让它内在化。
ràng tā nèizàihuà

르ˋ앙 타아 네ˋ이짜ˋ이화ˋ아

· 它 : '그것'이라는 뜻으로, 사람이 아닌 것을 가리킬 때 사용한다.

행할 행　할 위

행　위　行 为　씨ˊ잉 웨ˋ이

xíng　wèi

이런 행위는 바람직하지 않아요.

这种行为不可取。
zhèzhǒng xíngwéi bù kěqǔ

져ˋ어죠ˇ옹 씨ˊ잉웨ˊ이 뿌ˋ우 크어취ˇ이

· 可取 : '취할 만하다', '받아들일 만하다', '바람직하다'.

좋을 호　기이할 기

호 기 심　　好 奇　　하오 치이
(궁금한)
　　　　　　hào　qí

궁금해서 한번 물어보는 거야.

因为好奇，所以问一下。
yīnwèi hàoqí, suǒyǐ wèn yíxià

이인웨이 하오치이, 스워이이 워언 이이씨아

· 因为~ : '~때문에', '~므로'.

날 생　　낳을 산

생　산　　生 产　　셔엉 챠안
　　　　　shēng　chǎn

이거 어디서 생산된 거야?

这是哪儿生产的？
zhè shì nǎr shēngchǎn de

져어 실의 날알 셔엉챠안 떠

응할 응　　쓸 용

응　용　应 用　이ˋ잉 요ˋ옹
yìng　yòng

외우는 것보다 응용할 줄 아는 것이 더 중요해요.
学会应用比死记更重要。
xué huì yìngyòng bǐ sǐjì gèng zhòngyào
쒸에 후ˋ위 이ˋ잉요ˋ옹 삐ˇ이 스ˇ으찌ˋ이 꺼ˋ엉 죠ˋ옹야ˋ오

· 死记 : '암기하다', '무작정 외우다'.

기약할 기　　사이 간

기　간　期 间　치ˉ이 찌ˉ앤
qī　jiān

휴가 기간에 저는 여행 갈 계획이에요.
假期期间，我打算去旅行。
jiàqī qījiān, wǒ dǎsuàn qù lǚxíng
찌ˋ아치ˉ이 치ˉ이찌ˉ앤, 우ˇ워 따ˇ아수ˋ안 취ˋ이 뤼ˇ이씨ˊ잉

거스릴 역　구를 전

역　전　逆　转　니ˊ이쥬ˇ안

nì　　zhuǎn

상황이 역전될 수도 있어요.

情况可能会逆转

qíngkuàng kěnéng huì nìzhuǎn

치ˊ잉쿠ˋ앙 크ˇ어너ˊ엉 후ˋ위 니ˋ이쥬ˇ안

轉

· 情况 : '상황', '정황'.

이길 승　이로울 리

승　리　胜　利　셔ˋ엉리ˋ이

shèng　　lì

그는 승리로 자신의 실력을 증명했다.

他用胜利证明了自己的实力

tā yòng shènglì zhèngmíng le zìjǐ de shílì

타ˉ아 요ˋ옹 셔ˋ엉리ˋ이 져ˋ엉미ˊ잉 러 쯔ˋ으찌ˇ이 떠 실ˊ의리ˋ이

이해

16장

도움이 되는 입력은 '이해 가능한 입력'뿐이다

理解

리이찌에

16
도움이 되는 입력은
'이해 가능한 입력'뿐이다

**무조건 많이 듣는다고 도움이 되는 게 아니다.
이해할 수 있어야 한다.**

혹자는 외국어를 공부하는 시기에는 무조건 많이 듣는 게 좋다고 조언한다. 심지어 무의식 상태에서도 입력을 제공하는 게 도움이 될 거라며, 잠을 잘 때도 해당 외국어로 된 음성을 머리맡에 틀어 놓으라고 권하기도 한다. 그러나 의미를 전혀 알 수 없는 발음 소리를 무작정 많이 듣는 게 과연 효과가 있을지 의문스럽다.

우리는 무수히 많은 언어적 입력을 받아들이지만, 모든 입력이 다 효과적인 것은 아니다. 이해하지 못하는 설명을 들었을 때, 그 내용이 머릿속에 남을 수 있을까? 아닐 것이다. 우리에게 효과가 있는 입력은 오로지 '이해 가능한 입력'뿐이다. 이해할 수 없는 내용을 지속적으로 입력해 봤자 아무 소용이 없다.

어린이용 책에 그림이 많은 이유는 단어나 문장이 무엇을 이야기하는지 시각적으로 이해할 수 있도록 돕기 위해서이다. 일반적으로 아이들은 그림이 그려진 단어책을 먼저 접한 후에, 간단한 문장으로 구성된 동화책을 보게 된다. 그다음 점점 더 다양한 어휘와 복잡한 표현, 깊이 있는 내용의 글을 읽게 된다.

아이뿐만이 아니다. 성인도 마찬가지다. 우리는 무수히 많은 언어적 입력을 받아들이지만 모든 입력이 다 효과적인 것은 아니다. 실제로 효과가 있는 입력은 현재 이해할 수 있는 수준을 약간 넘어선 것들이다. 따라서 언어 습득은 점진적으로 자신이 이해할 수 있는 폭을 넓히는 단계를 거쳐야 한다. 처음에는 간단한 문장과 기본적인 표현을 익히고 나서 점차 복잡한 구조와 심오한 의미로 나아가는 과정이지, 이를테면 아무 기반도 없이 단숨에 제임스 조이스의 '피네간의 경야'나 니체의 '차라투스트라는 이렇게 말했다', 프루스트의 '잃어버린 시간을 찾아서' 같은 난해한 철학서나 문학 작품을 완독하는 경우는 없다. 이처럼 학습자의 수준에 맞게 차근차근 단계별로 이해 가능한 입력이 이루어져야지만 효과적인 언어 습득이 가능하다. 이해할 수 없는 말은 그저 잡음일 뿐이며 혼란만 가중시킬 뿐이다. 만약 외국어를 배우는데 교재 내용이 너무 어려워 좌절감을 느낀다면 그 부정적 감정은 학습을 방해하는 요소가 될 뿐 아무런 도움도 되지 않는다. 외국어뿐만 아니라 모든 분야에서 학습자에게 진정으로 도움이 되는 입력은, 자신의 수준에 맞는 이해 가능한 입력뿐이다.

진정한 대화는 외워둔 표현을 기계적으로 재생하는 것이 아니라, 자신의 생각을 재즈 연주자처럼 실시간으로 자유롭게 표현하며 상대방과 의미 있는 소통을 하는 것이다. 아이가 모국어를 깨우치는 과정과 마찬가지로 성인이 되어 외국어를 습득하는 과정도 본질적으로 동일하다. 처음부터 전혀 이해하지 못하는 소리를 무작정 듣기보다는 먼저 일상에서 쉽게 접할 수 있는 요긴한 어휘를 통해 발음부터 익히는 것이 훨씬 효과적이다. 간단하고 친숙한 어휘를 통해 발음 소리를 구별하고 흉내 내는 것이 가능해지면, 그제야 본격적으로 더 많은 어휘들을 온전히 받아들일 수 있게 된다. 안내자의 지도와 교정, 그리고 이해를 위한 반복적 경험을 통해 충분한 단어를 내재화했다면, 이제 문장을 구사할 차례이다. 학습자는 해당 외국어의 문장 구조를 자연스럽게 체득해야 한다. 또한 이 모든 과정은 다른 사람과의 의미 있는 상호작용 속에서 이루어지는 게 효과적이며, 가능한 다양한 감각이 동원되어야 한다. 그리고 계속해서 강조하지만 무엇보다 중요한 것은 이 모든 언어적 입력은 학습자가 이해 가능한 수준이어야 한다는 점이다.

이해 가능한 입력의 원칙은 언어 습득의 자연스러운 과정을 존중하는 것이며, 다른 모든 학습에도 동일하게 적용된다. 이 원칙을 무시한 채 무작정 많은 양의 언어적 자극에 노출되는 것은 아직 걷지도 못하는 아이가 장대높이뛰기 경기를 준비하고 있는 것과 같다.

공통 한중어
예문 16

- 일반(보통) | 효과 | 진정한 | 재료

- 맹목적 | 거의 | 단순 | 잡음(소음)

- 습관 | 상태 | 주위 | 모방(흉내내다)

- 동화 | 고사(이야기) | 집중 | 요긴

- 원칙 | 순서 | 표준(기준) | 요소

- 충분 | 만족

한 **일**　　일반 **반**

일　반　一　般　이ˇ이 빠ˋ안
(보통)
　　　　　yì　bān

그는 보통 아침 7시에 일어난다.

他一般早上七点起床。
tā yìbān zǎoshang qī diǎn qǐchuáng

타ˉ아 이ˇ이 빠ˋ안 짜ˇ오샤앙 치ˉ이 띠ˇ앤 치ˇ이츄ˊ앙

- 早上 : 아침.

본받을 **효**　　과실 **과**

효　과　效　果　쌰ˋ오 꾸ˇ워
　　　　　xiào　guǒ

효과가 꽤 괜찮아.

效果还不错。
xiàoguǒ hái búcuò

쌰ˋ오 꾸ˇ워 하ˊ이 뿌ˊ우추ˋ워

- 不错 : 직역하면 문자 그대로는 '틀리지 않다'는 뜻이지만, 실제 회화에서는 '괜찮다', '좋다'는 의미로 자주 사용된다.

참 진　바를 정　과녁 적

진정한　真正的　져̄언져̀엉뜨어
zhēn　zhèng　de

저는 진정한 중국 차 문화를 체험하고 싶습니다.

我想体验真正的中国茶文化。
wǒ xiǎng tǐyàn zhēnzhèngde zhōngguó chá wénhuà

우̀워 씨̀앙 티̌이예̀앤 져̄언져̀엉뜨어 죠̄옹꾸̌워 챠́아 워́언화̀아

재목 재　재료 료

재　료　材　料　차́이랴̀오
cái　liào

이 재료들은 모두 천연입니다.

这些材料都是天然的。
zhèxiē cáiliào dōu shì tiānrán de

져̀어씨에 차́이랴̀오 또̄우 싈̀의 티̄앤르́안 떠

맹인 **맹**　　눈 **목**

맹목적　　盲目　　마́앙무̀우
　　　　　máng　mù

그의 말을 맹목적으로 믿어서는 안 된다.

你不应该盲目相信他的话。
nǐ bù yīnggāi mángmù xiāngxìn tā de huà

니̀이 뿌̀우 이̄잉까̄이 마́앙무̀우 씨̄앙씨̀인 타̄아 떠 화̀아

· 话 : '말', '이야기'를 뜻하며, 누군가의 발언이나 말한 내용을 가리킬 때 사용된다.

조짐 **기**　　어조사 **호**

거　　의　　几乎　　찌́이후̄우
　　　　　　　jī　hū

이 도시에는 겨울이 거의 없다.

这个城市几乎没有冬天。
zhège chéngshì jīhū méiyǒu dōngtiān

져̀어끄어 쳐́영실̀의 찌́이후̄우 메́이요̀우 또̄옹티̄앤

· 冬天 : 겨울.

홑 단   순수할 순

단 순 单 纯 따̄안 츄́운
dān   chún

이 문제는 매우 간단하고 단순하다.

这个问题很简单，很单纯。
zhège wèntí hěn jiǎndān, hěn dānchún

져̌어끄어 워̀언티́이 허̌언 찌̌앤따̄안, 허̌언 따̄안츄́운

떠들석할 조 소리 음

잡 음 噪 音 짜̀오 이̄인
(소음)
zào   yīn

너무 시끄러워요, 소음이 있어요.

太吵了，有噪音。
tài chǎo le, yǒu zàoyīn

타̀이 챠̌오 러, 요̀우 짜̀오이̄인

- 吵 : 시끄럽다.

익힐 습   익숙할 관

습관 习惯 씨이꽈안
xí guàn

나는 매일 아침 커피 한 잔을 마시는 습관이 있다.
我习惯每天早上喝一杯咖啡。
wǒ xíguàn měitiān zǎoshang hē yìbēi kāfēi

우워 씨이꽈안 메이티앤 짜오샤앙 허어 이이뻬이 카아페이히

- 喝 : '마시다'는 뜻의 기본 동사이다.

형상 상   모습 태

상태 状态 쥬앙타이
zhuàng tài

지금 기분 상태가 별로야.
我现在的心情状态不太好。
wǒ xiànzài de xīnqíng zhuàngtài bú tài hǎo

우워 씨앤짜이 떠 씨인치잉 쥬앙타이 뿌우 타이 하오

- 心情 : '심정', '기분', '마음'.

두루 주　에워쌀 위

주　위　周围　죠우웨이

zhōu　wéi

주위 소리가 너무 시끄러워요.
周围的声音太嘈杂了。
zhōuwéi de shēngyīn tài cáozá le
죠우웨이 떠 셔엉이인 타이 차오짜아 러

· 声音 : '소리', '목소리'.

본뜰 모　본뜰 방

모　방　模仿　무어팡항
(흉내내다)

mó　fǎng

언어를 배울 때, 발음을 모방하는 것은 매우 중요하다.
学习语言时，模仿发音很重要。
xuéxí yǔyán shí, mófǎng fāyīn hěn zhòngyào
쒸에씨이 위이예앤 실의, 무어팡항 팡하이인 허언 죠옹야오

아이 동   말씀 화

동 화   童 话   토̄ㆁ화ᵒ아
tóng huà

그녀는 아이들에게 동화를 들려주었다.

她给孩子们讲童话故事。
tā gěi háizimen jiǎng tónghuà gùshi

타ᵒ 께ᵒ이 하ᵒ이쯪으면 찌ᵒ앙 토̄ㆁ화ᵒ아 꾸̀우실의

· 讲: '이야기하다', '말하다', '설명하다'.

연고 고   일 사

고 사   故 事   꾸̀우씰의
(이야기)
gù shi

그녀가 하는 이야기는 언제나 재미있다.

她讲的故事总是很有意思。
tā jiǎng de gùshi zǒngshì hěn yǒuyìsi

타ᵒ 찌ᵒ앙 떠 꾸̀우실의 쯪ㆁ실의 허̌언 요̌우이ᵒ이스으

모을 집　가운데 중

집 중　集 中　찌이죠옹
jí　zhōng

여기 집중하세요.

集中在这里。
jízhōng zài zhèlǐ

찌이죠옹 짱이 져어리이

요긴할 요　긴할 긴

요 긴　要 紧　야오찌인
yào　jǐn

이 물건은 여행 중에 매우 요긴하다.

这个东西在旅行中很要紧。
zhège dōngxi zài lǚxíngzhōng hěn yàojǐn

져어끄어 또옹씨이 짱이 뤼이씨잉죠옹 허언 야오찌인

근원 **원**　법칙 **칙**

원 칙　原 則　유앤쯰어
yuán　zé

나는 이 원칙을 고수한다.

我坚持这个原则。
wǒ jiānchí zhège yuánzé

우워 찌앤칠의 져어끄어 유앤쯰어

· 坚持 : '견지하다', '고수하다'.

순할 **순**　차례 **서**

순 서　順 序　슈운쒸이
shùn　xù

일은 순서가 매우 중요하다.

事情的顺序很重要。
shìqing de shùnxù hěn zhòngyào

실의치잉 떠 슈운쒸이 허언 죠옹야오

· 事情 : '일', '사건', '사정'.

표할표 준할준

표 준 标准 빠오쥬운
(기준)

biāo zhǔn

네 기준이 너무 높아.

你的标准太高了。
nǐ de biāozhǔn tài gāo le

니이 떠 빠오쥬운 타이 까오 러

요긴할요 본디소

요 소 要素 야오스우

yào sù

모든 요소를 고려해요.

考虑所有要素。
kǎolǜ suǒyǒu yàosù

카오뤼이 스워요우 야오스우

채울 **충**　나눌 **분**

충 분　充 分　쵸̄옹펑̀헌
chōng fèn

이 문제를 충분히 고려해 주세요.

请你充分考虑这个问题。
qǐng nǐ chōngfèn kǎolǜ zhège wèntí

치̌잉 니̌이 쵸̄옹펑̀헌 카̌오뤼̀이 져̀어끄어 워̀언티́이

찰 **만**　만족할 **족**

만 족　满 足　마̌안쭈́우
mǎn zú

우리는 만족할 줄 알아야 한다.

我们应该学会满足。
wǒmen yīnggāi xué huì mǎnzú

우̌워먼 이̄잉까̄이 쒸́에 후̀이 마̌안쭈́우

대화

17장

언어는 결국
대화를 통한 상호작용으로
완성된다

뚜 웨이 화아

对话

17
언어는 결국 대화를 통한 상호작용으로 완성된다

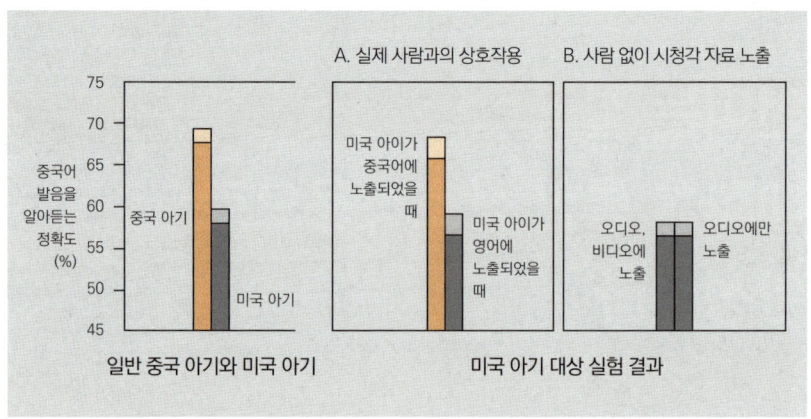

영아기의 외국어 경험 실험 결과(단기 노출과 사회적 상호작용이 음소 학습에 미치는 영향)*

- **실험 대상** : 생후 9~10개월의 미국인 아기
- **실험 A. 실제 사람과의 상호작용** : 아기는 12회에 걸쳐 중국어 화자에게 노출되었다. 대조군은 12회에 걸쳐 영어만 들었다. 이후 중국어 음성 지각 테스트에서 중국어에 노출된 아기는 중국어를 영어보다 더 잘 인식하였다.

- Patricia K. Kuhl 외 2명 (2003) - Foreign-language experience in infancy: Effects of short-term exposure and social interaction on phonetic learning.

- **실험 B. 사람 없이 시청각 자료 노출**: 아기는 비디오와 오디오를 통해 각각 실험 A와 동일한 중국어 화자와 그가 말하는 내용에 노출되었다. 결과는 대인 관계없이 비디오나 오디오로 녹음된 중국어에 노출된 것은 학습에 효과가 없다는 것을 보여주었다.

- **실험 결과**: 아기는 실험 B처럼 일방적인 매체를 통해서는 학습이 이루어지지 않았고, 실험 A처럼 실제 상호 작용에서만 학습이 이루어졌다는 것을 알 수 있었다. 또한 장기간의 노출과는 상관없이 12회의 노출만으로도 충분한 음성 학습을 해냈음을 알 수 있었다.

언어는 결국 대화를 통한 상호작용으로 완성된다

위 연구는 단순히 일방적으로 듣거나 보는 식으로는 언어를 습득할 수 없다는 결과를 보여준다. 연구에 따르면 아기는 비디오나 오디오를 통해서 언어를 습득할 수 없었다. 아기가 언어를 배울 수 있는 유일한 방법은 실제 사람이 말을 걸어주며 상호 작용하는 것뿐이었다. 예를 들면 이런 식이다. 아기는 그전에 '과자'라는 단어를 들어본 적이 없더라도 눈앞에 과자를 흔들며 "과자 먹고 싶니? 과자 먹을래?" 하고 물으면, 상황과 맥락을 통해 그 물체가 '과자'라는 것을 인식하고 상대방의 의도를 정확히 이해한다. 구체적인 물체와 몸짓, 상호 작용, 그리고 모든 감각을 포함한 요소들이 아기로 하여금 처음 듣는 단어의 의미를 상황과 맥락 속에서 명확하게 파악할 수 있게 한다. 아기가 과자가 무엇인지 이해하게 되면, 나중에는 과자를 직접 보여주지 않고도 "과자 줄까? 과자? 과자 좋아?"라고 물었을 때 그 의미를 정확히 알아차릴 수 있게 된다.

하지만 성인이라면 어떨까? 내가 직접 만나본 몇 명의 사례를 소개하겠다. 우연히 알게 된 한 일본인 청년의 한국어 실력이 꽤나 유창했다. 그런데 그는 놀랍게도 한국에 거주한 적이 없다고 했다. 나는 그럼 어떻게 그렇게 한국어를 잘하게 되었느냐고 물었다. 이에 그 청년은 뉴질랜드에서 2년 정도 지냈을 때 많은 한국인들과 어울려 친하게 지냈다고 설명했다. 그때 자신도 한국어를 따라 하며 계속해서 사용하다 보니, 자연스럽게 한국어를 익힐 수 있었다고 했다. 듣고 보니 이해가 되었다. 사실 이렇게 직접적인 상호작용을 통해 언어를 습득하는 사례는 종종 접할 수 있는 자연스러운 일이다.

그런데 성인이 외국어를 학습한 사례 중에는 위 연구 결과와는 다른 경우도 있다. 원어민과의 직접적인 상호작용 없이 비디오 콘텐츠만을 통해 상당한 수준의 외국어를 익힐 수 있었다는 것이다. 일본 애니메이션을 통해 일본어를 습득한 한국인과, 한국 드라마와 예능 프로그램을 지속적으로 시청하여 한국어를 익히게 된 중국인의 사례가 바로 그것이다. 이들의 이야기를 들어보니, 단순히 콘텐츠를 감상하는 차원을 넘어 아주 오랜 시간 동안 애정을 가지고 몰입하며 자신들 삶의 일부분으로서 해당 언어와 문화를 자연스럽게 흡수해왔음을 알 수 있었다. 그런데 주목할 점은, 그들도 결국 자신들의 외국어 실력이 어느 정도인지는 해당 언어의 원어민과의 대화를 통해 알 수 있게 되었다는 점이다. 그로 인해 자신이 어느 정도 수준인지, 어느 지점이 부족한지 알게 되어 이를 계기 삼아 교정을 받고 배울 수 있었다는 이야기를 들려주었다.

위 사례들은 성인이 일방적인 매체를 통한 간접 경험으로도 상당한 수준의 언어를 습득할 수 있다는 가능성을 보여준다. 이는 아기와 성인의 언어 학습 메커니즘에 차이가 있음을 시사한다. 성인은 이미 발달된 인지 능력과 모국어를 통해 형성된 언어적 기반을 활용할 수 있기 때문이다.

그러나 이러한 간접 경험이 언어 습득의 시작점이 될 수는 있어도, 언어는 결국 살아있는 대화와 상호작용을 통해 완성된다. 원어민과의 실제 대화 속에서 비로소 미세한 뉘앙스를 파악하고, 즉각적인 피드백을 받으며, 자신의 언어 능력을 온전히 발휘하고 교정할 수 있게 되는 것이다. 앞서 살펴본 사례들에서도 간접 경험으로 언어를 배운 이들이 결국 원어민과의 직접 대화를 통해 자신의 실력을 검증하고 완성해 나갔다는 점이 이를 뒷받침한다.

종합하면, 성인의 언어 습득은 다양한 경로를 통해 이루어질 수 있지만, 언어의 본질적 기능인 소통은 대화를 통한 상호작용 속에서만 진정으로 완성된다. 아무리 풍부한 간접 경험이 있더라도 언어는 결국 사람과 사람 사이의 살아있는 교류를 통해 비로소 온전한 의미를 갖게 되는 것이다.

언어공감각
공통한중어

공통 한중어
예문 17

- 연구 | 결과 | 실험 | 대상(상대)
- 상관 | 내용 | 매체(미디어) | 녹음
- 각각 | 부족 | 최후(마지막) | 의도
- 구체적 | 방향 | 목전(눈앞에,지금) | 파악(잡다)
- 경험 | 작용 | 보통 | 포괄(포함)
- 대화 | 완성

갈 연　연구할 구

연　구　研究　예́앤 찌́우

yán　jiū

저희는 새로운 기술을 연구하고 있습니다.

我们正在研究新的技术。
wǒmen zhèngzài yánjiū xīn de jìshù

우̀워먼 져̌엉짜̀이 예́앤찌우 씨인 떠 찌̀이슈̀우

맺을 결　과실 과

결　과　结果　찌́에 꾸̌워

jié　guǒ

이 결과를 신경 쓰세요?

在意这个结果吗？
zàiyì zhège jiéguǒ ma

짜̀이이̀ 져̀어끄어 찌́에꾸̌워 마

· 在意 : '마음에 두다', '신경 쓰다'.

시험할 **시**　시험 **험**

실 험　试验　실의예앤
shì　yàn

이 신약은 임상실험 중입니다.
这个新药正在进行临床试验。
zhège xīnyào zhèngzài jìnxíng línchuáng shìyàn
져어끄어 씨인야오 져엉짜이 찌인씨잉 리인츄앙 실의예앤

대할 **대**　모양 **상**

대 상　对像　뚜위씨앙
(상대)　duì　xiàng

너 연애 상대가 누구야?
你的恋爱对象是谁？
nǐ de liàn'ài duìxiàng shì shéi
니이 떠 리앤아이 뚜위씨앙 실의 셰이

서로 **상**　관계할 **관**

상　관　相关　씨ᅟᅡᆼ꽈안

xiāng　guān

이건 나랑 상관 없어.

这和我没有相关。
zhè hé wǒ méiyǒu xiāngguān

져어 허어 우워 메이요우 씨ᅟᅡᆼ꽈안

안 **내**　얼굴 **용**

내　용　内容　네이르옹

nèi　róng

이 책의 내용은 초보자에게 아주 적합합니다.

这本书的内容很适合初学者。
zhè běn shū de nèiróng hěn shìhé chūxuézhě

져어 뻐언 슈우 떠 네이르옹 허언 싈허어 츄우쒸에져어

· 适合 : '적합하다', '알맞다', '어울리다'.

중매 **매**　몸 **체**

매 체 　媒 体　메이티이
(미디어)
méi　tǐ

매체를 통해 알게 됐어요.

通过媒体知道的。
tōngguò méitǐ zhīdào de

토옹꾸워 메이티이 즈의따오 떠

기록할 **녹**　소리 **음**

녹 　음 　录 音 　루우이인
lù　yīn

錄

녹음해도 될까요?

我可以录音吗?
wǒ kěyǐ lùyīn ma

우워 크어이이 루우이인 마

각각 **각**   각각 **각**

각 각   各 各   끄어끄어
　　　　　gè　ge

각각 달라요.

各各不同。
gège bùtóng

끄어끄어 뿌`우토´옹

아닐 **부**   만족할 **족**

부 족   不 足   뿌`우쭈´우
　　　　　bù　zú

저는 여기 서비스가 부족하다고 느껴요.

我感觉这里的服务不足。
wǒ gǎnjué zhèlǐ de fúwù bùzú

우`워 까`안쮜´에 져`어리´이 떠 풍`후우´우 뿌`우쭈´우

· 感觉 : '느낌', '느끼다', '감각'.

가장 최　뒤 후

최　　후　　最 后　　쮀이호̀우
(마지막)　　 zuì　hòu

이게 마지막이에요?

这是最后的吗？
zhè shì zuìhòu de ma

져̀어 썰̀의 쮀이호̀우 떠 마

뜻 의　그림 도

의　　도　　意 图　　이̀이트́우
　　　　　　yì　tú

너 무슨 의도가 있는 거야?

你有什么意图？
nǐ yǒu shénme yìtú

니̀이 요̌우 셔́언머 이̀이트́우

갖출구 몸체 목적적

구 체 적　具体的　쮜이티이뜨어
jù　tǐ　de

구체적인 건의를 해주시기 바랍니다.

请你给出具体的建议。
qǐng nǐ gěi chū jùtǐde jiànyì

치잉 니이 께이 츄우 쮜이티이뜨어 찌앤이이

방향 **방**　향할 **향**

방　향　方　向　퐝항 씨앙
fāng　xiàng

방향이 잘못된 거 아닙니까?

方向是不是错了？
fāngxiàng shìbúshì cuò le

퐝항씨앙 실의뿌우실의 추워 러

- 是不是 : '그래요 안그래요?', '그런가요?'라는 뜻이다. 긍정과 부정을 함께 제시하여 상대방의 답변을 유도하는 표현은 중국어의 특징 중 하나다.

눈 목　　앞 전

목　전 　**目　前**　무ˋ우치́앤
(눈앞에, 지금)
　　　　　　mù　qián

지금 비행기 출발 시간이 다 되어갑니다.

目前飞机出发时间就要到了。
mùqián fēijī chūfā shíjiān jiù yào dào le

무ˋ우치́앤 펭̄히찌ī 츄̄우퐈̄하 실́의찌́앤 찌ˋ우 야ˋ오 따ˋ오 러

· 飞机 : 비행기.

잡을 파　쥘 악

파　악　**把　握**　바̌아우ˋ워
(잡다)
　　　　　　bǎ　wò

기회를 잘 잡아야 해.

要好好把握机会。
yào hǎohǎo bǎwò jīhuì

야ˋ오 하̌오하̌오 바̌아우ˋ워 찌̄이후ˋ위

제17장 | 언어는 결국 대화를 통한 상호작용으로 완성된다　369

날**경**　　시험**험**

경　험　　经　验　　찡옌

jīng　yàn

나는 이 방면으로 네 경험을 좀 듣고 싶어.

我想听听你在这方面的经验。
wǒ xiǎng tīngting nǐ zài zhè fāngmiàn de jīngyàn

우워 씨앙 팅팅 니이 쨪이 져어 퐝미앤 떠 찡예앤

· 听听 : '좀 들어보다'. 이처럼 같은 글자를 두 번 쓰면 '잠깐 해 봐' 또는 '좀 ~해 봐'하는 느낌을 준다.

지을**작**　　쓸**용**

작　용　　作　用　　쭤오용

zuò　yòng

무슨 작용이 있나요?

有什么作用?
yǒu shénme zuòyòng

요우 셔언머 쭤오용

넓을 보　통할 통

보 통　普通　푸우토-옹
pǔ　tōng

저는 그냥 보통 사람이에요.

我只是个普通人。
wǒ zhǐshìge pǔtōngrén

우워 즈의실의끄어 푸우토-옹르언

쌀 포　묶을 괄

포 괄　包括　빠오쿠워
(포함)
bāo　kuò

실례합니다, 이 가격에 아침 식사가 포함되어 있나요?

请问，这个价格包括早餐吗？
qǐngwèn, zhège jiàgé bāokuò zǎocān ma

치잉워언, 져어끄어 찌아끄어 빠오쿠워 짱오차안 마

· 早餐 : '조찬', '아침 식사'.

대할 **대**　말씀 **화**

대　화　对话　뚜̀위화̀아
duì　huà

대화가 재미있네요.

对话很有趣。
duìhuà hěn yǒuqù

뚜̀위화̀아 허̌언 요̌우취̀이

완전할 **완**　이룰 **성**

완　성　完成　와́안쳐́엉
wán　chéng

아직 완성 못 했어요.

我还没完成呢。
wǒ háiméi wánchéng ne

우̌워 하́이메́이 와́안쳐́엉 너

· 呢 : 문장 끝에 쓰여 질문, 반문, 또는 부드러운 뉘앙스를 낼때 사용된다.

언어공감각
공 통 한 종 어

제 5부

외국어 습득 로드맵

언어 공감각, 공통 한중어

18장	성인이 외국어를 배울 때 아이와의 차이점	377
19장	운동에 비유해 본 언어 습득 과정	393
20장	악기 연습에 비유해 본 언어 습득 과정	411
21장	외국어 구사 능력의 목표치는 어느정도가 타당할까?	431

언어공감각
공통한중어

차이

18장

성인이 외국어를 배울 때 아이와의 차이점

差異

18
성인이 외국어를 배울 때 아이와의 차이점

성인이 외국어를 배울 때 아이와의 차이점

성인이 외국어를 습득하는 과정과 아기가 모국어를 습득하는 과정을 비교해 보면 큰 차이점이 두 가지 있다. 이를 이해하는 것은 효과적인 외국어 학습 전략을 수립하는 데 도움이 될 수 있다.

첫째는 모국어가 외국어의 입출력을 심하게 간섭한다는 것이고, 둘째는 아기 때와는 달리 엄마처럼 계속 옆에 붙어 애정을 가지고 말을 걸어줄 상대가 없다는 것이다.

모국어의 간섭

아기일 때에는 아직 머릿속이 백지와 같기 때문에 언어적 입력을 있는 그대로 수용할 수 있다. 발음, 억양, 문법 구조를 왜곡 없이 그대로 받아들일 수 있는 것이다. 이와 같은 인지적 유연성이 '외국어는 가능한 어렸을 때 배워야 한다'는 통념의 과학적 근거이다. 반면 어느 정도 성장한 뇌는 모국어라는 강력한 필터를 통해 세상을 인식하도록 조직화되어 있다. 이미 제1언어인 모국어가 뇌의 언어 처리 시스템에 깊이 각인되어 있기 때문에, 제2언어인 외국어를 접했을 때 자연스럽게 모국어의 틀을 통해 이해하려는 경향이 생긴다. 이로 인해 외국어의 발음, 억양, 문법 구조 등을 모국어의 체계에 맞추어 받아들이게 된다.

이러한 모국어의 간섭 정도는 목표 언어와 모국어 사이의 언어적 거리에 비례한다. 두 언어 간의 차이가 클수록 간섭은 더욱 심해진다.

모국어가 방해만 되는 건 아니다

위에 언급한 것과는 반대로, 목표 언어가 자신의 모국어와 유사할 경우 모국어는 오히려 긍정적인 역할을 할 수 있다. 한국어와 중국어 사이에는 한자어를 기반으로 한 수많은 공통 어휘가 존재한다. 따라서 한국인이 중국어를 배울 때 이러한 어휘적 친숙함은 큰 이점으로 작용한다. 특히 중국어 실력이 자기 강화적으로 학습이 가능한 수준, 즉 중국어로 모르는 것을 물어봐가며 대화할 수 있는 '언어의 내재화' 단계에 이르면 이러한 어휘의 유사성은 더욱 강력한 촉매제 역할을 할 수도 있다. 영어라면 한국어와 완전히 이질적인 언어이기 때문에 모든 게 다르게 여겨질 수밖에 없다. 하지만 중국어는 다르다. 한자로 인한 한국어와의 수천 개의 공통 어휘들이 빛을 발하는 것이다. 중국어의 경우는 영어와는 달리 오히려 모국어인 한국어로 인한 이점이 어느 정도 큰 셈이다.

애정 어린 안내자의 부재

아기는 반드시 24시간 양육자의 보살핌을 필요로 한다. 양육자는 아기의 필요와 관심에 맞추어 끊임없이 말을 걸어 주고, 아기의 반응에 즉각적으로 응답해 준다. 이 과정은 단순한 보살핌을 넘어 '애정'이라는 감정이 수반된 깊은 인간적 교류이다. 이러한 상호작용 속에서 아기는 상대방의 입 모양을 관찰하고, 발음을 흉내 내며, 어휘와 문장 패턴을 듣고, 시도해 보고, 즉각적인 교정을 받기도 한다. 이는 단순한 정보 전달이 아닌 모든 감각과 감정이 동원된 포괄적인 경험이다.

반면, 성인이 외국어를 습득할 때는 이렇게 집중적이고 애정 어린 상호작용의 환경을 확보하기가 어렵다. 대부분의 경우 주당 몇 시간의 외국어 수업이나 자습에 의존할 수밖에 없다. 최근에는 AI 챗봇이 발전하여 외국어 대화 파트너 역할을 대신할 수 있다. 하지만 아직 현실에서 감각의 작용까지 대처하기에는 역부족이다.

애정 어린 안내자의 부재를 보완하기 위해서는 가능한 많은 실제 상호작용 기회를 만들고, 단순히 기술적인 습득을 넘어 정서적 연결을 포함한 입체적인 경험을 추구해야 한다. 이러한 노력을 통해 비록 아기와 완전히 동일한 조건은 아니지만 성인도 효과적으로 외국어를 습득할 수 있는 환경을 조성할 수 있다.

공통 한중어
예문 18

- 성인(어른) | 모국어 | 간섭 | 필연
- 아동(어린이) | 백지 | 순진 | 유치
- 애정(사랑,연애) | 충만 | 상호(서로) | 교류
- 자연 | 보호 | 왜곡 | 인해(때문에)
- 최근(요즘) | 상당히 | 강력 | 지속(계속)
- 목표 | 조직

이룰 **성**　　사람 **인**

성　인　成 人　쳐́엉르́언
(어른)　　chéng　rén

그는 이미 성숙한 성인이다.

他已经是一个成熟的成人了。
tā yǐjīng shì yíge chéngshú de chéngrén le

타̄아 이̌이찌̀잉 싈̀의 이̌이끄어 쳐́엉쓔́우 떠 쳐́엉르́언 러

어머니 **모**　　말씀 **어**

모 국 어　母 语　무̌우위̌이
　　　　　mǔ　yǔ

모국어는 때때로 외국어 학습을 간섭할 수 있다.

母语有时会干涉外语学习。
mǔyǔ yǒushí huì gānshè wàiyǔ xuéxí

무̌우위̌이 요̌우싈́의 후̀위 까̄안셔̀어 와̀이위̌이 쒸́에씨́이

막을 간　건널 섭

간　섭　干　涉　까̄안셔̀어
gān　shè

다른 사람의 사생활을 간섭해서는 안 된다.
你不应该干涉别人的隐私。
nǐ bù yīnggāi gānshè biérén de yǐnsī
니̌이 뿌̀우 이̄잉까̄이 까̄안셔̀어 삐́에르̄언 떠 이̌인스̄으

· 隐私 : '사생활', '프라이버시', '개인적인 비밀'.

반드시 필　그럴 연

필　연　必　然　삐̀이르́안
bì　rán

다양한 문화가 공존하는 세계는 필연적이다.
多样文化共存的世界是必然的。
duōyàng wénhuà gòngcún de shìjiè shì bìrán de
뚜̄오야̀앙 워́언화̀아 꼬̀옹추́운 떠 실̀의찌̀에 실̀의 삐̀이르́안 떠

아이 아   아이 동

아 동　儿 童　얼얼 토옹
(어린이)
ér　tóng

이 상점에는 많은 어린이 장난감이 있다.

这家商店有很多儿童玩具。
zhèjiā shāngdiàn yǒu hěn duō értóng wánjù

져어찌아 샤앙띠앤 요우 허언 뚜워 얼얼토옹 와안쮜이

· 玩具 : '완구', '장난감'. '玩'은 '놀다', '즐기다', '가지고 놀다'라는 아주 기본적인 단어 중 하나이다.

흰 백　종이 지

백 지　白 纸　빠이 즈의
bái　zhǐ

나한테 흰 종이 한 장 줘.

给我一张白纸。
gěi wǒ yīzhāng báizhǐ

께이 우워 이이쟈앙 빠이즈의

순수할 순   참 진

순 진   纯 真   츈젼

chún zhēn

얼마나 순수해요!

多么纯真!
duōme chúnzhēn

뚜워머 츈젼

어릴 유   어릴 치

유 치   幼 稚   요우즈ᅳ

yòu zhì

그런 유치한 말은 하지 마세요.

别说那么幼稚的话。
bié shuō nàme yòuzhì de huà

삐에 슈오 나아머 요우즈ᅳ 떠 화아

사랑 애   감정 정

애　　정　　爱　情　　아̀이 치́잉
(사랑, 연애)
ài　　qíng

그들의 사랑 이야기는 매우 낭만적이다.

他们的爱情故事很浪漫。
tāmen de àiqíng gùshi hěn làngmàn

타̄아먼 떠 아̀이치́잉 꾸̀우실의 허̌언 라̀앙마̀안

채울 충　찰 만

충　　만　　充　满　　쵸̄옹마̌안
chōng　mǎn

이 도시는 활력이 넘친다.

这个城市充满了活力。
zhège chéngshì chōngmǎn le huólì

져̀어끄어 쳐̌엉실의 쵸̄옹마̌안 러 훠́어리̀이

서로 상　서로 호

상　호　相 互　씨ᅡᇰ후우
(서로)　　　xiāng　hù

우리 서로 도와요.

我们相互帮助吧。
wǒmen xiānghù bāngzhù ba

우워먼 씨ᅡᇰ후우 빠ᅡᇰ쥬우 빠

· '相互'는 '互相'이라고도 한다. 둘 다 자주 사용된다.

사귈 교　흐를 류

교　류　交 流　쨔오리우
　　　　　jiāo　liú

교류를 통해 우리는 서로 배울 수 있다.

通过交流，我们可以互相学习。
tōngguò jiāoliú, wǒmen kěyǐ hùxiāng xuéxí

토옹꾸워 쨔오리우, 우워먼 크어이이 후우씨ᅡᇰ쒸에씨이

스스로 **자**   그럴 **연**

자 연 自 然 쯔̀으르́안
zì rán

좀 자연스럽게 해주세요.

自然一点。
zìrán yīdiǎn

쯔̀으르́안 이́이띠̀앤

지킬 **보**   도울 **호**

보 호 保 护 빠̌오후̀우
bǎo hù

환경을 보호합시다.

保护环境。
bǎohù huánjìng

빠̌오후̀우 후́안찌̀잉

· '保护环境'을 '环境保护'라고 표현해도 된다. 문맥과 강조하고 싶은 뉘앙스에 따라 선택하여 사용할 수 있다.

기울 왜   굽을 곡

왜 곡   歪曲   와이 취이
wāi qū

사실을 왜곡하지 마세요.

不要歪曲事实。
búyào wāiqū shìshí

뿌우야오 와이취이 쉴의쉴의

인할 인   이 차

인 해   因此   이인츠으
(때문에)
yīn cǐ

비가 너무 많이 와서 취소됐어요.

雨下得太大，因此取消了。
yǔ xià de tài dà, yīncǐ qǔxiāo le

위이 씨아 떠 타이 따아, 이인츠으 취이쌰오 러

· '大'는 기본적으로 '크다'라는 뜻을 가지고 있지만, 날씨를 묘사할 때는 '정도'를 나타내는 의미로 확장되어 사용된다.

가장 최   가까울 근

최 근   最近   쮀이찌인
(요즘)   zuì jìn

요즘 바빠서 쉴 시간이 거의 없어요.
最近我很忙，几乎没有时间休息。
zuìjìn wǒ hěn máng, jīhū méiyǒu shíjiān xiūxí
쮀이찌인 우워 허언 마앙, 찌이후우 메이요우 쉴의찌앤 씨우씨이

· 忙 : 바쁘다.

서로 상   마땅할 당

상 당 히   相当   씨앙따앙
xiāng dāng

오늘 날씨가 상당히 덥네요.
今天的天气相当热。
jīntiān de tiānqì xiāngdāng rè
찌인티앤 떠 티앤치이 씨앙따앙 르어

· 天气 : 날씨.

강할 **강**   힘 **력**

강 력   强 力   치앙 리이

qiáng   lì

강력 추천!

强力推荐！

qiánglì tuījiàn

치앙리이 투이찌앤

이을 **계**   이을 **속**

지 속   继 续   찌이 쒸이
(계속)

jì   xù

계속 말씀하세요.

请你继续说下去。

qǐng nǐ jìxù shuō xiàqù

치잉 니이 찌이쒸이 슈오 씨아취이

· ~下去 : '계속 ~하다'는 뜻이다. '请你继续说'라고만 해도 틀린 표현이 아니지만, 뒤에 '~下去'를 사용하는면 더 자연스러운 중국어 표현이 된다.

눈목　　표할표

목　표　目　标　무̀우빠̄오
mù　biāo

그 사람이 결국 목표 달성했어!

他终于达成目标了!
tā zhōngyú dáchéng mùbiāo le

타̄아 죠̄옹위́이 따́아쳐́엉 무̀우빠̄오 러

짤조　　짤직

조　직　组　织　쭈̌우즈̄의
zǔ　zhī

이 조직의 목표가 뭔가요?

这个组织的目标是什么?
zhège zǔzhī de mùbiāo shì shénme

져̀어꼬어 쭈̌우즈̄의 떠 무̀우빠̄오 싈̀의 셔́언머

19장

운동에 비유해 본
언어 습득 과정

19
운동에 비유해 본 언어 습득 과정

태권도와 비유해 본 언어 습득의 단계

앞서 우리는 외국어 습득뿐만 아니라 운동, 기억, 감각 처리 등 인간의 모든 능력 발달에 '신경가소성', 즉, 신경 시스템의 재구성 능력이 핵심적인 역할을 한다는 점을 살펴보았다. 이 신경가소성은 반복되는 학습이나 훈련 및 경험을 통해 점진적으로 발달한다고 했다. 그렇다면 언어 습득의 과정을 너 잘 이해하기 위해 다른 활동의 발달 과정과 비교해 보는 것은 어떨까? 이를 통해 언어 습득 과정을 더 잘 조망해 볼 수 있지 않을까? 다양한 활동 중에서도 특히 운동과 언어 습득 사이에는 흥미로운 유사점이 있다. 이를 구체적으로 살펴보기 위해 태권도를 예로 들어보자.

태권도를 처음 배우게 되면 먼저 기본자세부터 시작하여 기본 동작인 내려 막기, 올려 막기, 정권 지르기, 편주먹 지르기, 앞차기, 옆차기, 돌려차기 등을 난이도 순서대로 올바른 자세로 구사할 수 있도록 반복적인 수련을 한다. 이러한 개별 동작들을 어느 정도 충분히 단련한 후에는 태극 1장부터 시작하는 품새를 통해 연속 동작을 배우게 된다. 이후 점차 태극 2장, 태극 3장으로 이어지는 더 복잡한 품새들을 수련하고, 나중에는 이단옆차기와 같은 고난도 기술도 배울 수 있게 된다.

만약 기본자세와 동작을 충실히 익히지 않은 채 올림픽 태권도 경기에 나오는 기술을 흉내 내려고 한다면 어떻게 될까? 예를 들어 한 발을 축으로 몸통을 회전시켜 물리적으로 힘을 배가시키는 제대로 된 발차기를 곧장 제대로 해낼 수 있을까? 물론 가능한 사람도 있겠지만 극소수에 불과할 것이다. 더 나아가 헛발질로 인한 허리 부상 같은 위험까지 감수해야 할지 모른다.

태권도 수련 과정을 언어 습득에 비유해 보자. 태권도의 기본자세와 동작을 언어에서의 '발음'에 해당한다고 가정해 보자. 발음은 언어에 있어서 가장 기본적인 요소이다. 그리고 막고 지르기나 이단옆차기와 같은 연속 동작은 '어휘'를 구사하는 것에 비유할 수 있다. 태극 1장과 같은 초급 품새는 간단한 '문장 짓기'를 하는 것으로 볼 수 있으며, 태극 2장, 3장 등으로 난이도가 높아지는 과정은 점진적으로 더 복잡하고 유창한 표현을 구사할 수 있게 되는 언어 습득 과정과 유사하다. 마침내 검은 띠를 획득하여 태권도 실력을 일정 수준 갖추게 되는 단계는, 언어가 숙달되어 자연스럽게 구사할 수 있는 '언어의 내재화' 상태에 이른 것으로 비유할 수 있다.

비유를 좀 더 확장해 보자. 한국어를 모국어로 하는 사람이 영어를 배우는 과정을, 태권도를 충분히 수련한 사람이 주짓수와 같은 새로운 무술을 배우는 것으로 비유해 보자. 새로 주짓수를 배우게 되면 태권도에서 잘 사용하지 않던 근육을 단련시켜야 하는 것은 물론 새로운 자세와 동작도 익혀야 한다. 이는 영어를 구사하기 위해서는 한국어와는 다른 입 모양과 발성 방법을 터득해야 하는 것과 유사하다. 또한 주짓수 실력을 지속적으로 향상시키기 위해서는 태권도와는 다른 전략적 사고방식을 개발해야 한다. 이는 영어를 구사할 때 한국어의 문법과 표현 방식에서 벗어나 영어 특유의 사고방식과 표현 패턴을 내면화해야 하는 것과 같다. 만약 주짓수의 기본자세나 동작은 물론 규칙조차 모른 채 경기에 임한다면 당연히 쉽게 패배할 수밖에 없을 것이다. 언어적 능력 없이 대화가 불가능하듯이, 아예 게임 자체가 성립되지 못하는 것이다.

언어 습득과 운동 모두 신체적 기억과 적응의 과정이다. 운동 실력을 향상시키기 위해서는 기본적인 자세와 동작을 반복적으로 꾸준히 훈련해야 한다. 특정 자세를 반복적으로 연습하면 몸이 점차 그 동작에 익숙해지는데, 이를 흔히 '몸이 기억한다'라고 표현한다. 이는 곧 신경가소성이 강화되어 해당 동작과 관련된 신경 회로가 더 효율적으로 작동하게 된 상태를 의미한다. 태권도, 주짓수, 권투, 양궁 등 모든 운동 종목에서 이러한 원리가 동일하게 적용된다. 기초체력과 근력을 기르는 과정에서 해당 운동의 기본자세를 익히고, 반복적인 연습을 통해 동작을 체화시키며, 실전 경험을 통해 실력을 쌓아간다. 이 모든 과정에서 신경가소성이 강화되어 결과적으로 실력이 점진적으로 향상되는 것이다. 개인마다 선천적인 재능과 발전 속도에 차이가 있을 수 있지만, 꾸준하고 성실하게 훈련에 임한다면 누구나 일정 수준의 숙련도에 도달할 수 있다. 언어 습득도 이와 마찬가지다.

또한 이미 수련한 운동과 유사한 종목의 새로운 운동을 배울 때는 전혀 관련이 없는 종목을 처음부터 배우는 것보다 더 수월하다. 이는 신경가소성이 이미 일부 관련 영역에서 어느 정도 형성되어 있기 때문이다. 마찬가지로 배우려는 외국어가 모국어와 유사할수록 습득이 더 용이하다. 한국인이 중국어를 배울 때 영어를 배울 때보다 어휘력을 더 쉽고 빠르게 늘릴 수 있는 것이 그 예이다.

이러한 비유를 통해 우리는 언어 습득의 본질적 특성을 더 명확히 이해할 수 있다. 언어 학습은 단순한 지적 활동이 아니라 신체 단련과 같은 총체적 과정이다. 발음부터 어휘, 문장 짓기까지 모든 요소가 서로 유기적으로 연결되어 있다. 각 단계를 충분히 익히지 않고 건너뛰거나 단축시키려는 시도는 오히려 전체 학습 과정을 지연시킬 뿐이다.

결국 효과적인 언어 습득을 위해서는 운동 단련과 마찬가지로 기본 요소부터 체계적으로 차근차근 접근하여 지속적인 훈련과 학습, 실전 경험을 통해 신경 회로를 강화해 나가는 과정이 필수적이다. 이러한 과정을 이해하고 감내할 수 있다면, 어떤 언어든 충분히 습득 가능한 목표가 될 수 있을 것이다.

공통 한중어

예문 19

- 운동 | 관련 | 연속 | 동작

- 신체(몸) | 자세 | 전진 | 돌파

- 난이도 | 가령 | 주의 | 안전

- 실전 | 무술 | 시범 | 종류

- 숙련(능숙한) | 실력 | 승낙(굳은 약속) | 거절

- 선천적 | 소수

움직일 운 움직일 동

운 동 运 动 위`인 또`옹

yùn dòng

우리 같이 운동하러 가요.

我们一起去运动吧。
wǒmen yìqǐ qù yùndòng ba

우´워먼 이`이치`이 취`이 위`인또`옹 빠

관계할 관 연이을 련

관 련 关 联 꽈¯안 리´앤

guān lián

이거랑 그거랑 관련 없어요.

这跟那个没关联。
zhè gēn nàge méi guānlián

져`어 꺼¯언 나`아끄`어 메´이 꽈¯안리´앤

이어질 **연**　이을 **속**

연　속　连续　리̌앤쒸ˋ이

lián　xù

기초부터 시작해서 연속적인 동작을 배우세요.

从基础开始，学习连续的动作。
cóng jīchǔ kāishǐ, xuéxí liánxù de dòngzuò

츠́옹 찌̌이츄̄우 카̄이실̌의, 쒸́에씨́이 리̌앤쒸ˋ이 떠 또ˋ옹쭈ˋ워

· 从~ : '~부터', '~에서부터'.

움직일 **동**　지을 **작**

동　작　动作　또ˋ옹쭈ˋ오

dòng　zuò

이 동작은 어떻게 하는 거예요?

这个动作是怎么做的？
zhège dòngzuò shì zěnme zuò de

져ˋ어끄어 또ˋ옹쭈ˋ워 실ˋ의 쩨̌언머 쭈ˋ오 떠

몸 신　몸 체

신　체　**身 体**　쎠̄언티̌이
　(몸)
　　　　　　shēn　tǐ

몸 괜찮아요?

身体好吗？
shēntǐ hǎo ma

쎠̄언티̌이 하̌오 마

모양 자　형세 세

자　세　**姿 势**　쯔̄으싀̀의
　　　　　　zī　shì

이 자세는 좀 불편해요.

这个姿势有点儿不舒服。
zhège zīshì yǒudiǎnr bù shūfu

져̀어끄̀어 쯔̄으싀̀의 요̌우띠̌알 뿌̀우 슈̄우풍후

· 舒服 : 편안하다.

앞 전　나아갈 진

전　진　前进　치ᴵ앤찌ᴵ인

qián　jìn

두려워하지 말고 용감하게 전진하라.

不要害怕，勇敢前进。
bùyào hàipà, yǒnggǎn qiánjìn

뿌ᵘ야ᵒ 하ᶦ이파ᵃ, 요ᵒ옹까ᵃ안 치ᴵ앤찌ᴵ인

· '害怕'는 '怕'보다 좀 더 강한 두려움을 나타낸다.

갑자기 돌　깨뜨릴 파

돌　파　突破　트ᵘ우푸ᵒ

tū　pò

우리는 돌파구를 마련했다.

我们取得了突破。
wǒmen qǔdé le tūpò

우ᵘ워먼 취ᶦ이떠ᵉ어 러 트ᵘ우푸ᵒ어

제19장 | 운동에 비유해 본 언어 습득 과정　403

어려울 난　법도 도

난이도　难度　나ˊ안뜨ˋ우
nán　dù

이거 난이도가 적당하네요.

这个难度适中。
zhège nándù shìzhōng

져ˋ어끄ˋ어 나ˊ안뜨ˋ우 싈ˋ의죠ˉ옹

· 适中 : '적당하다', '알맞다'.

거짓 가　같을 여

가령　假如　찌아ˇ르ˊ우
jiǎ　rú

가령 표를 사지 못했다면 다른 방법이 있나요?

假如没买到票，还有别的办法吗？
jiǎrú méi mǎidào piào, háiyǒu bié de bànfǎ ma?

찌아ˇ르ˊ우 메ˊ이 마ˇ이따ˋ오 퍄ˋ오, 하ˊ이요ˇ우 삐에ˊ 떠 빠ˋ안퐈ˇ 마

주의할 주　뜻 의

주　의　注意　쥬̀우이ì이

zhù　　yì

제 말을 주의 깊게 들어보세요.

请注意听我说。
qǐng zhùyì tīng wǒ shuō

치̌잉 쥬̀우이ì이 티̄잉 우̌워 슈̄오

편안 안　온전할 전

안　전　安全　아̄안 췌́앤

ān　　quán

여기는 미끄러우니 안전에 주의하세요!

这里滑，注意安全！
zhèlǐ huá, zhùyì ānquán

져̀어리̌이 화́아, 쥬̀우이ì이 아̄안췌́앤

· 滑 : 미끄럽다.

제19장 | 운동에 비유해 본 언어 습득 과정

실제 **실**　싸움 전

실 전　实 战　싈의쟌

shí　zhàn

이 표현은 실전에서 자주 사용되나요?

这个表示在实战中常用吗？
zhège biǎoshì zài shízhàn zhōng chángyòng ma

져어끄어 빠오싈의 쨪이 싈의쟌 죠옹 챠양요옹 마

- 常用 : '자주 사용되다', '흔히 쓰이다'.

무관 **무**　재주 술

무 술　武 术　우우슈우

wǔ　shù

무술을 배우는 곳이 있나요?

有学武术的地方吗？
yǒu xué wǔshù de dìfang ma

요우 쒸에 우우슈우 떠 띠이팡항 마

보일 시　본보기 범

시　범　示 范　싈의팡한
shì　fàn

선생님 시범 완전 멋져요.

老师的示范真棒。
lǎoshī de shìfàn zhēn bàng

라오싈의 떠 싈의팡한 쪄언 빠앙

씨 종　무리 류

종　류　种 类　죠옹레이
zhǒng　lèi

마트에 많은 종류의 상품이 있다.

超市里有很多种类的商品。
chāoshì lǐ yǒu hěnduō zhǒnglèi de shāngpǐn

챠오싈의 리이 요우 허언 뚜워 죠옹레이 떠 샤앙피인

· 超市 : '슈퍼마켓', '마트'. 영어가 그대로 중국어화 된 표현이다.

익울 숙 익힐 련

숙련된 熟练 슈ˊ우리ˋ앤
(능숙한)

shú liàn

저는 중국어가 아직 능숙하지 않아요.

我的中文还不太熟练。
wǒ de zhōngwén hái bú tài shúliàn

우ˇ워 떠 죠ˉ옹워ˊ언 하ˊ이 뿌ˊ우 타ˋ이 슈ˊ우리ˋ앤

실제 실 힘 력

실 력 实 力 실ˊ의 리ˋ이

shí lì

너 실력이 정말 좋구나.

你实力真不错。
nǐ shílì zhēn búcuò

니ˇ이 실ˊ의리ˋ이 져ˉ언 뿌ˊ우추ˋ워

이을 **승** 허락할 **낙**

승 낙 承 诺 쳐엉 느워
(굳은 약속)

chéng nuò

만약 도움이 필요하시면 제가 꼭 도와드리겠습니다.

如果你需要帮助，我承诺会帮助。

rúguǒ nǐ xūyào bāngzhù, wǒ chéngnuò huì bāngzhù

르우꾸워 니이 쒸이야오 빠앙쥬우, 우워 쳐엉느워 후위 빠앙쥬우

· '如果~'는 '만약 ~라면'이라는 뜻이다. 그 외 일반적인 '약속(하다)'를 뜻하는 말은 '约定'이다.

막을 **거** 끊을 **절**

거 절 拒 绝 쮜이 쮜에

jù jué

그 사람이 내 제안을 거절했어.

他拒绝了我的提议。

tā jùjué le wǒ de tíyì

타아 쮜이쮜에 러 우워 떠 티이이이

· 提议 : 제안(하다).

먼저 선 하늘 천 과녁 적

선 천 적   先天的   씨̄앤 티̄앤 뜨어
xiān   tiān   de

이건 선천적인 재능인거야?

这是先天的才能吗？
zhè shì xiāntiān de cáinéng ma

져어 싈의 씨̄앤 티̄앤 뜨어 차̄이너́영 마

적을 소   셈 수

소   수   少 数   샤̌오 슈̌우
shǎo   shù

중국에는 많은 소수 민족이 있다.

中国有很多少数民族。
zhōngguó yǒu hěn duō shǎoshù mínzú

죠̄옹꾸́워 요̌우 허́언 뚜̄워 샤̌오 슈̌우 미́인쭈́우

비유

20장

악기 연습에 비유해 본 언어 습득 과정

비유

20
악기 연습에 비유해 본 언어 습득 과정

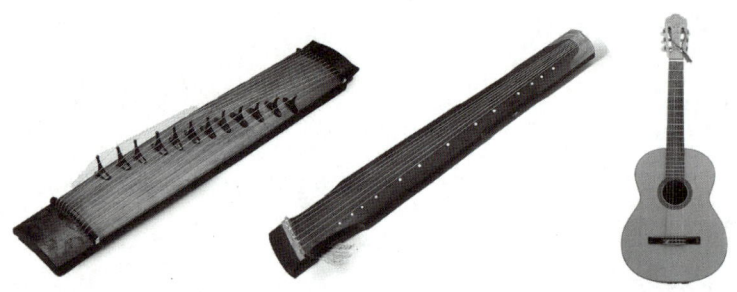

가야금, 고금(古琴/칠현금), 기타

가야금에서 기타로, 모국어에서 외국어로

이번 장에서는 악기 연습에 비유해 언어 습득의 과정을 살펴보고자 한다. 다양한 언어가 존재하듯이 악기 또한 피아노, 바이올린, 기타, 가야금, 대금, 드럼 등 각각의 고유한 특성과 표현 방식을 가진 여러 가지 형태로 존재한다. 한국어를 모국어로 하는 우리의 언어 습득 경험을 비유하기 위해, 한국의 대표적 전통 악기인 가야금을 배우는 과정을 살펴보자.

가야금을 처음 배우게 되면 기본 5음계부터 익히게 된다. 이 5음계는 가야금으로 표현할 수 있는 모든 가락의 기초가 된다. 입문자는 먼저 가장 단순한 연주 기법으로 음계를 익히는 기초 연습을 수행한다. 그 어느 누구도 처음부터 가야금 시나위나 황병기* 명인 수준의 뛰어난 음악적 연주를 할 수는 없다. 물론 정규 교육을 받지 않고도 뛰어난 연주 능력을 발휘하는 음악가들이 있는 것처럼 독학으로 가야금을 익히는 경우가 있을 수 있다. 그러나 독학이라 하더라도 가야금을 반복적으로 연습하며 자신만의 방식으로 음계를 익히고, 음들을 연결하며, 패턴화하고 조합하는 식의 체계적 노력이 없다면 연주 능력의 발전은 불가능하다.

기초적인 연습을 충분히 하고 나면 이제는 개별 음들이 아닌 음악적으로 연결된 가락을 연주하게 된다. 익숙해진 연주 패턴이 늘어나면서 단순한 반복 리듬에서 시작하여 강약을 조절하거나 당김음을 사용하는 등 더 복잡한 연주 기법을 시도하게 된다. 꾸준한 연습과 함께 가야금 연주를 어떻게 더 잘할 수 있을지 연구하는 과정에서 연주 실력은 점진적으로 발전하게 된다. 어느 정도 숙련된 단계에 이르면 익숙해진 곡을 변형하는 것도 가능해지고, 차츰 기술적으로 더 어려운 곡의 연주도 시도할 수 있게 된다.

위 과정을 언어 학습과 비교해 보자. 음계와 기본 연주법을 익히는 것은 '발음'을 익히는 과정에, 간단한 멜로디와 리듬, 화음을 구사할

- 황병기(1936~2018) 명인은 한국의 가야금 연주가이자 작곡가로, 현대적인 감각의 창작곡으로 국악의 새로운 지평을 열었다고 평가받는 인물이다.

수 있게 되는 것은 점차 풍부한 '어휘력'을 갖추게 되는 과정과 유사하다. 이를 활용하여 음악적 연주를 하는 것은 의미 있는 '문장'을 구성하는 능력에 비유할 수 있겠다. 꾸준한 연습과 연구를 통해 연주 실력이 향상되어 다양한 레퍼토리를 연주할 수 있고 자신의 감정을 연주에 실어 표현할 수 있게 되는 시점은, 언어가 내면화되어 자연스럽게 구사할 수 있는 '언어의 내재화' 단계에 비유해 볼 수 있다.

이제 가야금을 모국어인 한국어에, 다른 악기를 외국어로 비유하여 논의를 확장해 보자. 영어를 기타로, 중국어를 중국의 전통악기인 고금古琴(칠현금)으로 가정해 보자.

가야금과 고금은 동양적 분위기를 형성하는 5음계를 기반으로 하는 반면, 기타는 12음계로 연주된다. 현대에는 가야금과 고금도 서구에서 채택한 표준음인 A(라) = 440Hz를 조율 기준으로 삼고 있지만, 전통적으로는 이와 다른 기준을 사용했다고 한다. 이는 영향력이 강한 문화권의 언어가 그렇지 않은 문화권에 미치는 영향으로 비유해 볼 수 있다.

한국어와 영어의 발음 체계와 문법이 다르듯, 가야금과 기타의 음계 체계와 연주법 역시 근본적으로 다르다. 아무리 숙련된 가야금 연주자라 하더라도 기타를 처음 배울 때는 기타 고유의 음계와 연주법을 새롭게 익혀야만 한다. 이는 영어를 배울 때 가장 먼저 영어 발음을 익혀야만 하는 것과도 같다. 발음을 제대로 익히지 않은 채 단어나 문장을 구사하려는 것은 가야금의 연주법으로 기타를 연주하려는 시도와 같다. 이렇게 하면 결국 '한국화된' 기타 연주를 하게 되는데, 이는 한국식 발음과 문법 구조로 영어를 구사하는 것과 다를 바 없다.

기타를 능숙하게 연주하기 위해서는 기타의 음계와 기본 연주법을 반드시 익혀야 한다. 게다가 기타의 조율이 잘못되어 있으면 이를 알아차릴 수 있어야 하는데, 악기는 정확히 조율이 되어 있어야지만 다른 악기와의 합주가 가능하기 때문이다. 합주는 대화와 같다. 자기만의 세계에서 자신만의 방식으로 연주한다면, 다른 사람과의 합주는 불가능하다. 우연히 자신의 엉클어진 조율과 음악적으로 조화를 이루는 또 다른 엉클어진 조율의 연주자를 만나 함께 합주할 수도 있겠지만, 이는 장기적으로 봤을 때 발전적이지 못한 접근법이다. 물론 이러한 시도가 새로운 예술적 흐름$^{New Wave}$을 창조하는 전위적인 실험이 될 수도 있다. 그러나 언어 습득의 관점에서 보면 언어의 본질인 '소통을 통한 협력'과는 거리가 먼 '그들만의 세계'에 가깝다. 언어로 비유하자면 사람들과 제대로 된 대화가 불가능한 상태인데, 그렇다면 그것은 진정한 의미의 언어라고 볼 수 없지 않을까?

외국어 학습에 있어서 발음을 익히는 것은 발전적인 학습을 위한 필수적인 기초 과정이다. 그래야 해당 외국어를 들었을 때 그 소리를 정확히 구별해 낼 수 있으며 온전한 어휘 습득도 가능해진다. 가야금의 음계와 연주법이 기타와 다르듯, 영어 발음에는 한국어에 없는 소리들이 존재한다. 한글이 과학적이고 체계적으로 설계된 문자임에는 분명하지만 표현하지 못하는 외국어 발음이 있는 것이 사실이다. 예를 들어, 'R'과 'L'은 모두 한글의 'ㄹ'과는 다른 소리이며, 'th', 'z' 등은 한국어에는 존재하지 않는 발음이다. 또한 한글의 명확하게 구분되는 모음 체계와 달리, 영어에는 'House'의 '아우', 'Day'의 '에이', 'Boy'의 '오이'와 같이 한 번에 발음되는 이중 모음이 존재한다. 한글로는 두 개의 글자로 표기할 수밖에 없지만, 실제로는 하나의 연속된 소리로 발음되는 것이다.

중국어도 마찬가지다. 언어적으로 중국어가 영어보다 한국어와 더 많은 유사점을 가지고 있긴 하지만 명백히 다른 언어다. 한국어, 영어, 중국어는 각각 발음 체계부터가 근본적으로 다른 언어들이다. 그렇기 때문에 영어나 중국어를 한국식으로 발음하면 왜곡된 언어가 되고 만다. 발전적인 외국어 학습을 위해서는 한국어와 한글이라는 익숙한 틀에서 벗어나는 것이 필수적이다. 결국 한국어를 모국어로 하는 사람이 외국어를 습득하기 위해서는, 숙련된 가야금 연주자가 기타를 배우기 위해 기타의 음계와 연주법을 새롭게 익혀야 하는 것처럼 해당 외국어의 발음부터 차근차근 터득해야 한다. 이 과정에서 모국어의 간섭은 필연적이다. 사람이 자신의 기억을 완전히 지울 수 없듯이 이미 내재화된 모국어를 완전히 지우는 것은 불가능하다. 그렇기 때문에 외국어 학습은 모국어의 간섭을 인정하고, 모국어로 인지하고 사고하는 능력을 기반으로 진행하는 수밖에 없다. 숙련된 가야금 연주자라면 '소리'라는 최소한의 공통 요소를 디딤돌 삼을 수 있겠지만, 결국은 기타의 음계와 특성을 처음부터 배워야 하는 과정을 피할 수 없다. 기타를 배우는 과정에서도 가야금의 음정이나 음의 진행 패턴이 계속 머릿속에서 떠올라 구조적으로 기존의 습관에서 벗어나기 어렵다. 가야금에 대한 기억이 전혀 없는 백지상태에서 기타를 배우는 것은 아기가 태어나 처음으로 언어를 접하고 습득해가는 과정에 비유할 수 있다.

고금은 어떨까? 학계에서는 가야금이 중국 악기의 영향을 받았을 거라는 주장이 있지만, 가야금은 독자적인 연주법과 구조를 가진 엄연한 한국 고유의 전통 악기이다. 그럼에도 불구하고 가야금과 고금은 같은 5음계를 사용한다는 분명한 공통점이 있다. 가야금 연주자는 기타보다 고금을 더 쉽게 배울 수 있다. 이는 한국어와 중국어가 한자어를 기반으로 수많은 공통 어휘를 공유하고 있는 것과 유사하다. 비록 중국어와 한국어의 발음에 큰 차이가 있듯이 두 악기의 연주 기법에도 차이가 있지만, 가야금을 연주할 줄 아는 사람이 고금을 배울 때 기본적인 음계와 가락을 익히는 데 있어서 기타를 배우는 것보다는 훨씬 수월할 수밖에 없다.

이러한 악기 연주와 언어 습득의 비유를 통해 우리는 언어 학습의 본질적 특성과 접근법에 대한 더 풍부한 통찰을 얻을 수 있다. 언어를 배우는 것은 단순히 지식을 습득하는 것이 아니라 새로운 소리 체계와 표현 방식을 각인시키는 총체적인 과정이다. 그리고 이 과정에서 우리의 모국어라는 '첫 번째 악기'가 미치는 영향을 이해하고 활용하는 것이 외국어라는 '새로운 악기'를 효과적으로 연주할 수 있는 열쇠가 될 것이다.

언어공감각
공통한중어

공통 한중어
예문 20

- 건반(키보드) | 악기 | 연주 | 기교(테크닉)

- 고상 | 애호(취미) | 고급 | 취향

- 선율(멜로디) | 분위기 | 화음 | 조합

- 합주 | 취소 | 명백(알겠다) | 작품

- 화려 | 무대 | 등광(조명) | 색채

- 신기 | 역량

열쇠 **건**　소반 **반**

건　　반　　键　盘　　찌앤파안
(키보드)
　　　　　　jiàn　pán

제 키보드가 고장났어요.

我的键盘坏了。
wǒ de jiànpán huài le

우워 떠 찌앤파안 화이 러

· 坏 : 고장나다.

노래 **악**　그릇 **기**

악　　기　　乐　器　　위에치이
　　　　　　yuè　qì

너 무슨 악기 칠 줄 알아?

你会弹什么乐器?
nǐ huì tán shénme yuèqì

니이 후위 타안 셔언머 위에치이

· 弹 : 손가락으로 현악기나 건반악기 등을 퉁기거나 눌러서 연주한다는 의미다.

펼 연   연주 주

연　주　演奏　예앤쫑우
yǎn　zòu

훌륭한 연주네요.

精彩的演奏。
jīngcǎi de yǎnzòu

찌잉차이 떠 예앤쫑우

· 精彩 : '훌륭하다', '멋지다', '뛰어나다'.

재주 기   솜씨좋을 교

기　교　技巧　찌이챠오
(테크닉)
jì　qiǎo

이거 특별한 기교가 필요한가요?

这个需要特别的技巧吗？
zhège xūyào tèbié de jìqiǎo ma

져어끄어 쒸이야오 트어삐에 떠 찌이챠오 마

높을고 숭고할 상

고 상　高尚　까오샤앙

gāo shàng

이것은 매우 고상한 예술 작품이다.

这是一件很高尚的艺术作品。
zhè shì yíjiàn hěn gāoshàng de yìshù zuòpǐn

져어 실의 이이찌앤 허언 까오샤앙 떠 이이슈우 쭤워피인

사랑 애　좋을 호

애 호　爱好　아이하오
(취미)
ài hào

우리는 같은 취미를 가지고 있네요.

我们有相同的爱好。
wǒmen yǒu xiāngtóng de àihào

우워먼 요우 씨앙토옹 떠 아이하오

높을고 등급 급

고 급　高级　까̄오찌́이

gāo　jí

이 가방은 디자인이 고급스럽네요.

这个包的设计很高级。
zhège bāo de shèjì hěn gāojí

져̀어끄어 빠̄오 떠 셔̀어찌́이 허̬언 까̄오찌́이

· 包 : '가방'. 한국어의 보자기, 보따리, 포대기를 떠올리면 쉽게 연상할 수 있다.

뜻 취　향할 향

취　향　趣向　취̀이씨̀앙

qù　xiàng

걔 취향이 아주 독특해.

他的趣向很独特。
tā de qùxiàng hěn dútè

타̄아 떠 취̀이씨̀앙 허̬언 뜨́우트̀어

돌 선　법칙 율

선　율 　旋　律　쒸앤뤼이
(멜로디)　　xuán　lǜ

이 멜로디 듣기 편하네요.
这个旋律听起来很舒服。
zhège xuánlǜ tīng qǐlái hěn shūfu
져어끄어 쒸앤뤼이 티잉 치이라이 허언 슈우풍후

기운 분　둘레 위

분 위 기　　氛　围　펑헌웨이
　　　　　　 fēn　wéi

여기 분위기가 좀 엄숙하네요.
这里的氛围有点儿严肃。
zhèlǐ de fēnwéi yǒudiǎnr yánsù
져어리이 떠 펑헌웨이 요우띠알 예앤스우

화할 화   소리 음

화 음 和音 허어이인
hé yīn

두 사람의 화음이 아주 잘 맞습니다.

两个人的和音配得很好。
liǎnggerén de héyīn pèi de hěn hǎo

랴앙끄어르언 떠 허어이인 페이 떠 허언 하오

· 配 : '맞추다', '어울리다', '조화되다'.

짤 조   합할 합

조 합 组合 쭈우허어
zǔ hé

가장 인기있는 조합이 뭔가요?

最受欢迎的组合是什么？
zuì shòuhuānyíng de zǔhé shì shénme

쭈이 쇼우후안이잉 떠 쭈우허어 싈 셔언머

· 受欢迎 : '환영 받다', '인기 있다'.

합할 **합**　연주 **주**

합 주　合 奏　허́어쫓̀우
hé　zòu

우리 한번 합주해 보자.

我们来一次合奏吧。
wǒmen lái yícì hézòu ba

우̌워먼 라́이 이́이츠̀으 허́어쫓̀우 빠

취할 **취**　사라질 **소**

취 소　取 消　취̌이쌰̄오
qǔ　xiāo

이 예약 취소하고 싶어요.

我想取消这个预订。
wǒ xiǎng qǔxiāo zhège yùdìng

우̌워 씨̌앙 취̌이쌰̄오 져̀어끄어 위̀이띠̀잉

· 预订 : '예약하다', '미리 주문하다'. 같은 의미로 '预约'도 자주 사용된다.

밝을 명　흰 백

명　백　　明　白　　미́잉빠이
(알겠다)　　　 míng　bai

이제 저는 완전히 알았어요.

现在我完全明白了。
xiànzài wǒ wánquán míngbai le

씨̀앤짜̀이 우̌워 와́안취́앤 미́잉빠이 러

지을 작　물건 품

작　품　　作　品　　쭤̀워 피̌인
　　　　　　zuò　pǐn

이 작품의 의미는 뭔가요?

这个作品的意思是什么？
zhège zuòpǐn de yìsi shì shénme

쩌̀어끄어 쭤̀워피̌인 떠 이́이스으 싈̀의 셔́언머

빛날 화　고울 려

화　려　华　丽　화아리이

huá　lì

무대 장식이 참 화려하네요.

舞台的装饰真华丽。
wǔtái de zhuāngshì zhēn huálì

우우타이 떠 쥬앙실의 쪄언 화아리이

춤출 무　대 대

무　대　舞　台　우우타이

wǔ　tái

무대 조명이 되게 밝네요.

舞台的灯光非常亮。
wǔtái de dēngguāng fēicháng liàng

우우타이 떠 떠엉꽈앙 페이챠앙 랴앙

등 등   빛 광

등 광   灯 光   떠͞엉 꽈͞앙
(조명)
dēng guāng

조명이 너무 어두워요.

灯光太暗了。
dēngguāng tài àn le

떠͞엉 꽈͞앙 타̀이 아̀안 러

빛 색   채색 채

색 채   色 彩   스̀어 차̌이
sè cǎi

저는 밝은 색을 좋아해요.

我喜欢明亮的色彩。
wǒ xǐhuan míngliàng de sècǎi

우̌워 씨̌이후안 미́잉랴̀앙 떠 스̀어차̌이

· 明亮 : '밝은색'. 어두운색은 '暗色'.

제20장 | 악기 연습에 비유해 본 언어 습득 과정   429

귀신 **신**　기이할 **기**

신　기　神奇　셔̗언치̖이
shén　qí

이런 신기한 경험은 처음이에요.
这种神奇的经验是第一次。
zhèzhǒng shénqí de jīngyàn shì dìyícì
져̗어죠̗옹 셔̗언치̖이 떠 찌̄잉예̀앤 싈̀의 띠̀이이̀이츠̀으

· 第一次: '처음', '첫 번째'라는 의미로, 자주 사용되는 표현이다.

힘 **력**　용량 **량**

역　량　力量　리̀이랴앙
lì　liang

그는 매우 강한 역량을 가지고 있다.
他有很强的力量。
tā yǒu hěn qiáng de lìliang
타̄아 요̀우 허̌언 치̖앙 떠 리̀이랴앙

목표

21장

외국어 구사 능력의 목표치는 어느 정도가 타당할까?

무우빠오

目标

21
외국어 구사 능력의 목표치는 어느 정도가 타당할까?

현실적인 목표 설정과 합리적 기준

과연 외국어 능력의 목표를 어느 정도로 설정하는 것이 합리적일까? 외국어를 거의 원어민처럼 완벽하게 구사하는 것을 목표로 하는 것과 실용적인 수준으로 적절히 구사하는 것을 목표로 하는 것의 차이를 비교해 보자. 이 두 가지 접근법의 차이를 명확히 하기 위해 한 가지 예를 들어보겠다.

민간 항공기 조종사들은 승객의 안전을 책임져야 하는 중요한 직무를 수행한다. 이들이 국제선을 운항할 경우 영어 소통 능력은 필수적이다. 따라서 국제선 조종사로 근무하기 위해서는 항공영어구술능력증명시험* 4등급 이상의 자격을 반드시 취득해야 한다. 이 영어능력시험은 1등급에서 6등급까지 구분되는데, 1~3등급은 영어 구술 능력이 부족하여 교신에 어려움이 있는 수준이고, 4등급은 기본적인 교신이 가능한 수준으로 국제선 조종사 및 관제사로 활동이 가능하다. 5등급은 원활한 의사소통이 가능한 수준이며, 6등급은 원어민에 준하는 영어 구사 능력을 의미한다.

이 시험의 특징은 원어민과 같은 완벽한 영어 구사 능력보다는 안전한 비행 운행을 위한 실용적 의사소통 능력에 초점을 둔다는 점이다. 일반적인 회화 능력도 평가하지만 원어민 같은 완벽한 발음 구사보다는 비행기를 운행하는 데 있어서 필요한 용어를 알고 적절하게 구사할 수 있는 능력을 더 중요하게 여긴다. 비행기를 안전하게 운항하는 데 있어서 정치, 경제, 사회에 관한 유창한 대화 능력은 불필요하며, 굳이 미국식이나 영국식 영어 발음을 구사할 필요도 없다. 상대방의 지시를 정확히 이해하고, 자신의 의도를 명확히 전달할 수 있는 수준이면 그만이다. 이것도 결코 쉬운 일은 아니지만 원어민 수준의 발음과 표현을 습득하는 것보다는 쉽다.

항공 영어 능력의 핵심은, 이해되지 않은 내용에 대해 다시 설명을 요청하고 자신이 이해한 내용을 재차 상대방에게 확인하며 대화를 유지해 나가는 능력이다. 이 정도 수준이라면 자주 사용되는 용어

- EPTA(English Proficiency Test for Aviation), 한국교통안전공단

나 표현을 패턴화하여 활용할 수도 있고, 특정 표현들에 집중하여 듣기와 발음 연습을 한다면 충분히 효과적인 의사소통이 가능해진다.

이러한 관점에서 볼 때, 외국어 학습을 시작하는 사람이 원어민 수준의 구사력을 목표로 삼는 것이 과연 현명한 선택일까? 이는 너무 불필요한 목표가 아닐까? 원어민처럼 구사하기 위해 노력하다가 엄청난 스트레스와 좌절을 경험하게 되는 것은 아닐까? 사실 원어민 수준으로 구사할 필요가 없는데 기준을 그렇게나 높게 잡고 해당 외국어를 배우는 것이 과연 효율적일지 회의적이다. 실제 현실적으로 가능한 수준보다 더 높은 수준을 목표로 설정하는 것은 오히려 학습에 방해될 수도 있다.

그렇다면 외국어 구사 능력의 목표치를 원어민 수준이 아니라면 어느 정도로 설정하는 것이 적절할까? 이는 해당 언어를 왜 배우려고 하는지 그 목적에 따라 크게 달라질 수 있다. 막연하게 '원어민 정도의 유창한 수준' 같은 추상적 기준보다는, '항공영어구술능력증명시험'처럼 자신이 필요로 하거나 원하는 구체적인 수준을 목표로 삼는 것이 바람직하고 효과적일 수 있다. 외국어를 원어민 수준으로 구사하는 것과 실용적인 수준만 습득하는 것 사이의 선택은 개인이 해당 외국어 능력에 얼마나 가치를 두는지에 따라 상대적으로 결정된다. 중요한 것은 자신에게 필요한 숙련도가 어느 정도인지를 명확히 하는 것이다. 완벽하게 구사하느냐 아니냐가 핵심이 아니라, 자신이 외국인으로서 해당 언어를 사용할 때 무엇을 할 수 있기를 바라는지, 외국인이라는 입장에서 현실적인 제약은 무엇일지 아는 것이 중요하지 않을까? 해당 언어를 원어민처럼 구사하는 능력이 중요하지 않다는 뜻이 아니다. 유창함은 기본적인 의사소통이 가능한 수준을 넘어선 다음의 목표라는 것이다.

외국어를 배우려는 목적은 다양하다. 직업적 필요에 의한 경우 항공영어구술능력증명시험처럼 요구되는 수준이 비교적 명확하게 정해져 있을 수 있다. 예를 들어 중국어의 경우 HSK 특정 급수의 자격이 필요할 수 있다. 이때는 해당 시험 합격을 목표로 공부하면 된다. 자격증과 무관하게 업무나 사업상 중국어가 필요한 경우에는 먼저 해당 분야에 필수적인 용어와 표현을 중심으로 실력을 갖추어 나가면 된다. 여행을 목적으로 한다면 첫 관문은 비교적 쉽다. 공항에서 숙소까지 이동하는 데 필요한 표현과 쇼핑 등 일상적인 문장부터 익히면 된다. 옷을 살 때는 '이거 주세요', '저거 주세요', '입어봐도 돼요?', '싸게 해주세요' 정도의 표현을 알면 충분하지, 각종 색상이나 무늬, 소재 등 필수적이지도 않은 단어들을 아주 세세하게 알 필요까지는 없다. 우리가 쇼핑을 할 때 몇 마디를 하게 되는지 한번 돌아보자. 사람마다 다르겠지만 대개는 카드를 들이미는 것 외에는 별로 할 말이 없다. 더 자세한 정보가 필요하다면 '이게 뭐예요?', '뭐라고요?', '다시 한번 말씀해 주시겠어요?', '무슨 뜻인가요?'와 같은 질문으로 대화를 이어가며 실전에서 새로운 표현을 배울 수도 있다.

만약 해당 국가의 언어 실력이 능숙하지 않은데 그곳에서 병원을 이용하거나 법적 문제에 직면했을 때는 당연히 전문 통역사의 도움을 구해야 한다. 이러한 전문적인 상황을 해결할 만큼 외국어 실력을 향상시키는 것이 과연 현실적일까? 물론 불가능하다는 뜻이 아니다. 하지만 그런 수준에 도달하기 위한 시간과 노력을 다른 가치 있는 영역에 투자하는 편이 더 현명한 선택이 아닐까?

자신이 해당 외국어를 통해 무엇을 얻고자 하는지, 외국인으로서 무엇을 할 수 있는지를 먼저 명확히 하고 그 기대에 맞춰 학습하는 것이 바람직하다. 해당 외국어와 관련된 전공이 아니라면 기회비용을 고려했을 때 외국어 구사 능력의 가장 현실적이고 효과적인 목표는 자기 강화적인 학습이 가능해지는 수준이 아닐까?

이번 '언어 공감각' 프로젝트를 진행하면서 도서관을 자주 방문했다. 어느 날 하루는 부녀지간으로 보이는 두 사람과 함께 엘리베이터를 탔다. 엘리베이터 안에는 '휴관일'이라는 안내문이 부착되어 있었다. 아이가 아빠에게 '휴관일'이 무엇인지 물었다. 남성은 "'휴관일'은 쉬는 날이야, 휴일이라고도 한단다. '휴休'가 한자로 쉰다는 의미야."라고 설명했다. 아이는 이해했다는 듯 반응하고 계속해서 주변을 관찰했다. 엘리베이터에서 내리자 머리 위로 전철이 지나가고 있었다. 아이는 방방 뛰며, "우와, 지게 뭐야 아빠?"라고 또다시 질문했다. 이 아이는 아버지와의 상호작용을 통해 세상에 대한 학습과 탐구를 지속해 나가고 있었다.

이 모습은 언어 습득의 본질을 잘 보여준다. 대부분의 아이들은 6세 정도가 되면 다양한 문장을 이해하고 문법적으로 완성된 표현을 구사할 수 있게 된다. 이 시기에 이르면 '언어의 내재화'가 이루어진 것으로 볼 수 있다. 그렇다면 외국어 구사 능력의 목표치도 이 정도 수준으로 설정하는 것은 어떨까? 외국어 회화 능력의 이상적인 첫 목표는 바로 이러한 자기 강화적 학습이 가능한 수준에 도달하는 것이 아닐까?

무엇이든 노력하는 과정에서 스트레스가 수반될 수 있다. 그렇기에 장기적 관점에서 현실적인 목표를 설정하고 그 과정에 집중하는 것이 중요하다. 과정 없이는 목표 달성도 없다. 기타를 잘 치고 싶다면 기타를 주기적으로 연습해야 하고, 중국어를 잘하고 싶다면 주기적으로 중국어를 사용해야 한다. 모든 기술이나 능력의 습득이 마찬가지다. 성장에는 끝이 없고 미리 정해진 결과도 없기에 지치지 않고 즐길 수 있는 과정이 무엇보다 중요하다.

모국어의 영향에서 완전히 벗어나기는 어렵다. 그래도 상관없다. 제2언어를 사용하면서 모국어의 억양이 남아있는 유명인의 경우는 많다. 영어를 제2언어로 구사하는 저명인사의 예를 들어보자. 언어학자 노엄 촘스키, 과학자 알버트 아인슈타인, 외교관이자 정치인 헨리 키신저, 철학자 슬라보예 지젝, 작가 유발 하라리, 작가 한강 등이 있다. 이들은 모두 영어로 소통하는데 문제가 없어 보이며, 그렇기 때문에 특별히 미국식이나 영국식 발음을 구사하기 위한 노력을 기울일 것 같지는 않아 보인다. 어느 정도 기본적인 실력을 익힌 뒤에는 자신의 분야에 따른 학습을 하며 전문 용어를 익히거나 말이나 글로 자신의 생각을 표현하며 자기 강화적으로 숙련되어 나아갔을 것이다.

사람들은 외국인 억양을 가진 사람과 대화할 때 발음의 자연스러움이나 문법의 완벽함, 적절한 어휘 선택을 어학 시험 채점하듯 평가하지 않는다. 그보다는 그 사람이 무엇을 말하려고 하는지에 더 관심을 갖고 귀 기울인다. 언어에 있어 발음의 완벽성이나 문법적 정확성보다 중요한 것은 자신의 생각을 효과적으로 전달하고 상대방의 의도를 정확히 이해하는 능력이다. 당장은 원어민처럼 말하는 것이 중요한 게 아니라는 것이다. 사실 해당 언어권의 문화를 잘 아는 것도 중요하지 않다. 한국 문화를 다 알기도 어렵지 않은가? 그리고 다 알 필요도 없다. 대신 기능적인 측면에 중심을 두는 게 합리적일 것이다. 즉, 자신이 해당 외국어로 어떤 일을 할 수 있기를 원하는지 명확히 하고, 그 목적을 달성하는 데 필요한 언어 능력을 집중적으로 키우는 것이 효과적이라는 것이다. 먼저 해당 외국어를 사용해 어떤 일을 할 수 있을지 기대하는가에 대한 질문에 답을 내라. 그리고 그 답에 맞추어 도구적 기능을 수행할 수 있게끔 해당 외국어를 학습하면 된다. 유창해지는 건 그다음이다.

처음부터 외국어를 완벽하게 구사하는 것은 불가능하다. 그렇기에 완벽함을 추구하기보다 자신만의 개성을 가지고 접근해도 충분하다. 가장 중요한 것은 지치지 않고 지속할 수 있는 과정이다.

공통 한중어

예문 21

- 합리 | 타당 | 현실 | 척도(기준)

- 항공 | 공작(일, 직업) | 증명 | 방안

- 자격 | 취득(얻다) | 실용 | 관건

- 통신 | 착오(잘못된, 실수) | 청원(실례하다, 여쭙다) | 요구

- 완벽 | 주의(사상, 생각) | 모순 | 회의(의심)

- 개성 | 유지

합할 **합**　이치 **리**

合 理 허어리이
합　리
hé　lǐ

네 말이 참 합리적이다.
你说的话很合理。
nǐ shuō de huà hěn hélǐ
니이 슈오 떠 화아 허언 허어리이

온당할 **타**　마땅 **당**

妥 当 투오따앙
타　당
tuǒ　dang

이 해결 방안은 매우 타당하다.
这个解决方案很妥当。
zhège jiějué fāng'àn hěn tuǒdang
져어끄어 찌에쥐에 퐝항아안 허언 투오따앙

나타날 **현**　실제 **실**

현　실　现　实　씨앤실의

xiàn　shí

현실적으로 말해서 불가능합니다.

现实地说，不可能。
xiànshí de shuō, bù kěnéng

씨앤실의 떠 슈오, 뿌우 크어너엉

- 여기서 '地'는 '的'와 의미는 물론, 말할 때 발음 역시 같다.(31p 참고) 하지만 글로 쓸 때는 다른데, '的'는 뒤에 오는 명사를 꾸며주고, '地'는 뒤에 오는 동사를 꾸며준다.

자 **척**　법도 **도**

척　도　尺　度　칠의뜨우
　(기준)

chǐ　dù

기준이 너무 높아요.

尺度太大了。
chǐdù tài dà le

칠의뜨우 타이 따아 러

제21장 | 외국어 구사 능력의 목표치는 어느 정도가 타당할까?　441

배 **항**　빌 **공**

항　공　航　空　하́앙 코̀옹

háng　kōng

어느 항공사를 좋아하세요?

你喜欢哪个航空公司？
nǐ xǐhuan nǎge hángkōng gōngsī

니́이 씨́이후안 나́아끄어 하́앙코옹 꼬̄옹스으

장인 **공**　지을 **작**

공　작　工　作　꼬̄옹 쫙̀워
(일, 작업)

gōng　zuò

저는 지금 휴가 중이라 일이 없어요.

我现在在休假，没工作。
wǒ xiànzài zài xiūjià, méi gōngzuò

우́워 씨̀앤짜̀이 짜̀이 씨우찌̀아, 메́이 꼬̄옹쫘̀오

증거 증   밝을 명

증 명　证明　쪙미잉

zhèng　míng

이걸 어떻게 증명해야 하지?

应该怎么证明这个呢？
yīnggāi zěnme zhèngmíng zhège ne

이잉까이 쪈언머 쪙미잉 져끄어 너

방향 방   안건 안

방 안　方案　퐝아안

fāng　àn

이 방안이 현재로서는 가장 좋은 선택이다.

这个方案是目前最好的选择。
zhège fāng'àn shì mùqián zuì hǎo de xuǎnzé

져끄어 퐝아안 싈의 무우치앤 쮀이 하오 떠 쒸앤쩌

바탕 자 격식 격

자 격 资 格 쯔으끄어
zī gé

너는 자격이 있어.

你有资格。
nǐ yǒu zīgé

니이 요우 쯔으끄어

가질 취 얻을 득

취 득 取 得 취이뜨어
(얻다) qǔ dé

뭘 얻고 싶은데요?

想取得什么啊？
xiǎng qǔdé shénme a

씨앙 취이뜨어 셔언머 아

· 取得 : 노력이나 과정을 통해 무언가를 '얻다'는 표현으로 사용된다.

실제 실　　쓸 용

실 용　实 用　실́의요̀옹

shí　yòng

이 방법이 좀 더 실용적일 겁니다.

这个方法会更实用一点儿。
zhège fāngfǎ huì gèng shíyòng yīdiǎnr

져̀어끄어 팡̄항팡̌하 후̀위 껑̀엉 실́의요̀옹 이̄이띠̌알

· 更 : 더.

관계할 관　열쇠 건

관 건　关 键　꽈̄안찌̀앤

guān　jiàn

이 문제의 관건은 바로 이겁니다.

这个问题的关键就是这个。
zhège wèntí de guānjiàn jiù shì zhège

져̀어끄어 워̀언티́이 떠 꽈̄안찌̀앤 찌̀우 실̀의 져̀어끄어

통신**통** 믿을**신**

통 신 通信 토͞옹씨͡인
tōng xìn

여기 통신 신호가 좋지 않네요.

这儿的通信信号很差。
zhè'er de tōngxìn xìnhào hěn chà

져͜어얼 떠 토͞옹씨͡인 씨͡인하͞오 허͜언 챠͡아

· 差 : '나쁘다', '좋지 않다'.

어긋날 **착** 그르칠 **오**

착 오 错误 추͡워우͡우
(잘못된, 실수)
cuò wù

제가 잘못 이해했네요.

我理解错误了。
wǒ lǐjiě cuòwù le

우͡워 리͞이찌͡에 추͡워우͡우 러

청할 **청** 　 물을 **문**

청　원　请　问　치ͮ잉워ᵕ언
(실례하다, 여쭙다)

qǐng　wèn

실례합니다, 화장실이 어디에 있나요?

请问，厕所在哪儿？
qǐngwèn, cèsuǒ zài nǎr

치ͮ잉워ᵕ언, 츠ͮ어스워 짜ᵕ이 날ͮ알

- 厕所 : 화장실. '卫生间', '洗手间' 이라고도 한다.

요긴할 **요**　구할 **구**

요　구　要　求　야ͮ오치ͮ우
yāo　qiú

수건 추가 요청드려도 될까요?

我可以要求增加一些毛巾吗？
wǒ kěyǐ yāoqiú zēngjiā yīxiē máojīn ma

우ͮ워 크ͮ어이ͮ이 야ͮ오치ͮ우 쩡ͮ엉찌아 이ͮ이씨에 마ͮ오찌ͮ인 마

- 毛巾 : 수건.

완전할 완　아름다울 미

완　벽　完 美　와안메이
　　　　　wán　měi

완벽을 추구하다 보면 쉽게 피로해진다.

追求完美，容易引起疲劳。
zhuīqiú wánměi, róngyì yǐnqǐ píláo

쥬이치우 와안메이, 르옹이이 이인치이 피이라오

· 引起 : '야기하다', '일으키다', '초래하다', '유발하다'.

주인 주　옳을 이

주　의　主 义　쥬우이이
(사상, 생각)　zhǔ　yì

너는 진짜 완벽주의자구나!

你真是一个完美主义者啊。
nǐ zhēnshì yíge wánměi zhǔyì zhě a

니이 져언싈의 이이끄어 와안메이 쥬우이이 져어 아

창 모　방패 순

모 순　矛盾　마ˊ오 뚜ˋ운
máo　dùn

네가 한 말은 앞뒤가 맞지 않아.

你说的话前后矛盾。
nǐ shuō de huà qiánhòu máodùn

니ˇ이 슈ˉ오 떠 화ˋ아 치ˊ앤호ˋ우 마ˊ오뚜ˋ운

품을 회　의심할 의

회　의　怀疑　화ˊ이 이ˊ이
(의심)
huái　yí

좀 의심스럽네요.

有点儿怀疑。
yǒudiǎnr huáiyí

요ˇ우띠ˇ알 화ˊ이이ˊ이

낱개 성품성

개   성   个 性   끄어 씨잉

gè   xìng

그녀는 매우 매력적인 개성을 가지고 있다.

她有一个很有魅力的个性。
tā yǒu yíge hěn yǒu mèilì de gèxìng

타아 요우 이이끄어 허언 요우 메이리이 떠 끄어씨잉

오직유 가질지

유   지   维 持   웨이 칠의

wéi   chí

유지하기 어려워요.

很难维持。
hěn nán wéichí

허언 나안 웨이칠의

언어공감각
공통된 증어

제 6부

기초 중국어 습득,
누구나 할 수 있다

언어 공감각, 공통 한중어

22장	누구나 외국어 습득이 가능한 이유	455
23장	마치며	474

언어공감각
공통한중어

이유

22장

누구나 외국어 습득이 가능한 이유

리'이요'우

理由

22
누구나 외국어 습득이 가능한 이유

언어 습득은 모든 인간의 보편적 능력이다

성인이 되어 외국어를 배울 때 언어 습득의 속도와 숙달 정도는 개인마다 다를 수 있다. 각자의 학습 방법, 의지, 환경, 선천적 재능에 따라 차이가 생기는 것은 자연스러운 현상이다. 그러나 이러한 개인차에도 불구하고 큰 틀에서 보면 성인의 외국어 습득 과정은 아이가 모국어를 배우는 과정과 동일한 순서를 따른다. '발음 습득 → 어휘 습득 → 문장 짓기'라는 기본 경로는, 마치 물이 위에서 아래로 흐르는 물리 법칙처럼 보편적이다. 이 순서는 인간 발달의 필연적 과정을 반영한다. 아기가 태어나자마자 뛰어다니는 경우는 없다. 아기는 걷기 전에 반드시 기어다니는 단계를 거치며, '엄마'라는 간단한 말 한마디를 하기 위해서 대략 1년에 가까운 시간이 필요하다. 이는 그 누구에게나 해당되는 과정이자 반드시 거쳐야 할 발달 순서다. 외국어를 습득하는 과정에서 일어나는 뇌와 중추신경계의 생리적 현상 또한 모든 사람에게 동일하게 작용한다. 물론 약간의 유전적 차이는 있을 수 있지만 한국인, 중국인, 미국인, 유태인 등 국적, 인종, 민족, 출신 지역에 관계없이 모든 인간은 근본적으로 동일한 생물학적 구조를 가지고 있다. 따라서 새로운 언어인 외국어를 습득하는 과정의 기본 메커니즘도 모든 인간에게 동일하게 적용된다. 설마 눈이 세 개이거나, 엉덩이가 네 개이거나, 뇌가 두 개인 사람은 없을 것이다. 우리 모두가 '호모 사피언스'라는 동일한 종에 속하며 기본적으로 같은 구조의 신체, 뇌, 신경계를 가지고 있는 이상 새로운 언어를 숙달된 수준으로 습득하기까지 일어나는 생물학적 현상과 과정은 모든 사람이 같다. 뇌에 새로운 언어 정보가 입력되고, 반복 학습을 통해 강화되며, 대화라는 상호작용을 통해 기억에 저장되어 궁극적으로 자유자재로 사용할 수 있게 되기까지의 과정은 모든 인간이 동일하다. 이는 인간의 보편적 능력이자 생물학적 특성이다.

언어 습득은 뇌에 칩을 이식하여 이를 통해 의식과 링크 시킨 뒤 해당 언어의 데이터를 단번에 다운로드하여 불러들이는 '결제하고, 클릭 한방'식으로 간단하게 이루어지는 과정이 아니다. 머나먼 미래에는 이러한 신기술이 상용화되어 대중적으로 보급될 상황을 상상해 볼 수도 있겠지만, 아직까지는 공상 과학 소설 속 내용이다.

외국어 습득은 충분한 시간과 꾸준한 노력이 필요한 도전적인 과정이다. 그러나 이것이 누구나 외국어를 배울 수 있다는 사실을 부정하지는 않는다. 오히려 반대로 충분한 시간과 노력을 투자한다면 누구든지 기본적인 실력을 갖출 수 있다는 것을 의미한다. 만약 어떤 이유와 동기로 외국어 공부를 시작하기로 결정했다면, 그런 결정을 내린 것 자체가 이미 강한 의지력의 신경 회로를 갖추고 있다는 증거다. 언어 습득에는 다양한 방법이 있을 수 있지만 한 가지 확실한 것은 '발음 습득 → 어휘 습득 → 문장 짓기'라는 과정 속에서 '이해'를 위한 무수하고 다양한 반복을 통해 해당 언어의 기초적인 능력이 형성되고 나면, 그 이후로는 언어 실력이 자기 강화적으로 향상될 수 있다는 점이다.

사람의 학습 능력에는 나이가 무색할 정도로 놀라운 가능성이 있다. 여든네 살의 할머니가 고졸 검정고시에 합격하여 이제는 대학 진학이 꿈이라는 소식이 전해지기도 했다. 헝가리의 다국어 통역가이자 번역가인 롬브 카토^{Kató Lomb}는 대학에 입학한 이십 대에 들어와 처음 외국어 공부를 시작했다고 한다. 그녀는 이후 놀랍게도 열여섯 개 언어를 유창하게 구사할 수 있게 되었다. 그녀는 자신이 칠십 대였을 때 54세인 지인에게 이렇게 말했다고 한다.

"이보게, 당신은 아직 젊어. 아직 더 많은 언어를 배울 수 있다네."

언어 습득은 나이, 배경, 이전 경험에 관계없이 인간 두뇌의 놀라운 신경가소성과 유연성을 보여주는 증거이다. 우리의 뇌는 평생에 걸쳐 새로운 연결을 형성하고, 새로운 패턴을 학습하며, 새로운 도전에 적응할 수 있는 능력을 가지고 있다. 따라서 외국어 학습에 대한 진입 장벽은 생물학적 제약이 아니라 대개 심리적 장벽과 부적절한 학습 방법에서 비롯된다고 볼 수 있다. 우리가 이미 모국어를 성공적으로 깨우쳤다는 사실 자체가 우리의 뇌가 언어를 습득할 수 있는 능력을 갖추고 있음을 보여준다. 따라서 제2, 제3 외국어도 마찬가지로 배울 수 있다.

외국어 학습은 단순히 지식을 쌓는 것이 아니다. 그것은 새로운 인지적, 신경학적 경로를 개발하는 과정이다. 이 과정은 길고 때로는 지루할 수 있다. 그러나 우리 두뇌가 가진 놀라운 적응력을 고려한다면 누구에게나 가능한 여정임이 분명하다. 외국어 학습의 가능성은 이미 우리 모두의 뇌 속에 내재되어 있는 것이다.

언어공감각
공통한중어

공통 한중어
예문 22

- 각자 | 동기 | 유전 | 정도

- 국적 | 출신 | 무수히 | 몽상(꿈)

- 물리 | 법칙 | 보편 | 소식(정보)

- 지식 | 지혜 | 저장(보관) | 이식

- 상용화 | 보급(퍼지다) | 공상 | 소설

- 합격 | 도전

각각 **각** 스스로 **자**

각 자 各 自 끄`어쯪으
gè zì

모두 각자의 생각이 있다.

大家各自有想法。
dàjiā gèzì yǒu xiǎngfǎ

따´아찌아 끄`어쯪으 요ˇ우 씨ˇ앙팔ˇ하

· 大家 : '모두', '여러분'.

움직일 **동** 틀 **기**

동 기 动 机 또`옹찌¯이
dòng jī

네 동기는 뭐야?

你的动机是什么？
nǐ de dòngjī shì shénme

니ˇ이 떠 또`옹찌¯이 쉴`의 셔´언머

남길 **유**   전할 **전**

유 전   遗传   이ᐟ이츄ᐠ안
yí chuán

이건 유전적인 특징이다.
这是遗传的特征。
zhè shì yíchuán de tèzhēng

져ᐠ어 싈의 이ᐟ이츄ᐠ안 떠 트ᐠ어져ᐠ엉

한도 **정**   법도 **도**

정 도   程度   쳐ᐟ엉뜨ᐠ우
chéng dù

이해하는 정도가 어때요?
你理解的程度怎么样？
nǐ lǐjiě de chéngdù zěnmeyàng

니ᐟ이 리ᐟ이찌에 떠 쳐ᐟ엉뜨ᐠ우 쩢ᐠ언머야ᐟ앙

· 怎么样 : '어때?', '어느 정도야?'.

나라**국** 문서**적**

국 적 国籍 꾸́워 찌́이
guó jí

국적이 다르더라도 친구가 될 수 있다.

国籍不同也可以成为朋友。
guójí bùtóng yě kěyǐ chéngwéi péngyou

꾸́워찌́이 뿌́우토́옹 예̌에 크̌어이̌이 쳐́영웨́이 퍼́영요우

· 成为~ : '~이 되다'.

날**출** 몸**신**

출 신 出身 츄̄우셔̄언
chū shēn

저는 평범한 가정 출신입니다.

我出身于平凡的家庭。
wǒ chūshēn yú píngfán de jiātíng

우̌워 츄̄우셔̄언 위́이 피́잉파́한 떠 찌̄아티́잉

· 家庭 : 가정.

없을 무　셈 수

무수히　无数　우ˊ우 슈ˋ우
　　　　　wú　shù

거리에 무수한 사람들이 있다.
街上有无数的人。
jiēshang yǒu wúshù de rén
찌에샤앙 요ˇ우 우ˊ우슈ˋ우 떠 르ˊ언

· 街 : '길', '거리'.

꿈 몽　생각 상

몽 상　梦想　머ˋ엉 씨아ˇ앙
(꿈)　mèng xiǎng

꿈을 위해 노력하다.
为了梦想努力。
wèile mèngxiǎng nǔlì
웨ˋ이러어 머ˋ엉씨아ˇ앙 느우리ˋ이

제22장 | 누구나 외국어 습득이 가능한 이유　465

물건 **물** 다스릴 **리**

물 리 物 理 우ˇ우 리ˇ이
wù　lǐ

물리적으로 말해서 이건 불가능해요.
从物理上来说，这个是不可能的。
cóng wùlǐshang láishuō, zhège shì bù kěnéng de
초ˊ옹 우ˋ우리ˇ이샤ˋ앙 라ˊ이슈오, 져ˋ어끄어 실ˋ의 뿌ˋ우 크ˇ어너ˊ엉 떠

법 **법**　법칙 **칙**

법 칙 法 则 팡ˇ하 쯔ˊ어
fǎ　zé

이건 물리학의 기본 법칙 중 하나입니다.
这是物理学的基本法则之一。
zhège shì wùlǐxué de jīběn fǎzé zhīyī
져ˋ어끄어 실ˋ의 우ˋ우리ˇ이쒸에 떠 찌ˉ이뻐ˇ언 팡ˇ하쯔ˊ어 즈ˉ의이ˉ이

· ~之一 : '~중 하나'.

넓을 보　두루 편

보 편　普 遍　푸ˇ우 삐앤

pǔ　biàn

이런 생각은 보편적인 겁니다.

这种想法是普遍的。
zhèzhǒng xiǎngfǎ shì pǔbiàn de

져어죠옹 씨ˇ앙파ˇ하 실 푸ˇ우삐앤 떠

믿을 신　쉴 식

소 식　信 息　씨인 씨이
(정보)

xìn　xī

저는 더 상세한 정보가 필요해요.

我需要更多详细的信息。
wǒ xūyào gèng duō xiángxì de xìnxī

우워ˇ 쒸이야오 꺼엉 뚜워 씨ˇ앙씨이 떠 씨인씨이

· '信息'는 일반적인 사실이나 데이터를, '情报'는 대개 분석된 중요 정보를 의미한다.

알 **지** 　 알 **식**

지 식　知 识　즈ˉ의 실의
fēn　shi

네 지식을 공유해 줘.

分享你的知识。
fēnxiǎng nǐ de zhīshi

펑ˉ헌씨앙 니ˇ이 떠 즈ˉ의실의

識

슬기 **지** 　 슬기로울 **혜**

지 혜　智 慧　즈ˋ의 후ˋ위
zhì　huì

지혜로운 조언 감사드립니다.

感谢您智慧的建议。
gǎnxiè nín zhìhuì de jiànyì

까ˇ안씨에 니ˊ인 즈ˋ의후ˋ위 떠 찌ˋ앤이ˋ이

- 您: '你'보다 더 상대방을 정중하게 부르는 표현이다. 중국어는 따로 경어와 반말이 구분되지는 않는다. 이처럼 정중함을 나타내는 표현도 존재하지만, 필수적으로 사용해야 하는 것은 아니다.

쌓을 저　감출 장

저　장　储　藏　츄ㅡ우차ㆍ앙
(보관)
chǔ　cáng

귀중품은 안전한 곳에 보관하시기 바랍니다.
贵重品请储藏在安全的地方。
guìzhòngpǐn qǐng chǔcáng zài ānquán de dìfang

꾸ㆍ위죠ㆍ옹피ㆍ인 치ㆍ잉 츄ㅡ우차ㆍ앙 짜ㆍ이 아ㅡ안춰ㆍ앤 떠 띠ㆍ이팡ㅡ

옮길 이　심을 식

이　식　移　植　이ㆍ이즈ㆍ의
yí　zhí

장기 이식은 매우 복잡한 수술이다.
脏器移植是非常复杂的手术。
zàngqì yízhí shì fēicháng fùzá de shǒushù

짜ㆍ앙치ㆍ이 이ㆍ이즈ㆍ의 쓰ㆍ의 페ㅡ이챠ㆍ앙 푸ㆍ후짜ㆍ아 떠 쇼ㆍ우슈ㅡ우

장사 상 쓸 용 될 화

상용화　商用化　샤̄앙요̀옹화̀아

shāng yòng huà

이 기술이 이미 상용화되었나요?

这项技术已经商用化了吗？
zhèxiàng jìshù yǐjīng shāngyònghuà le ma

져̌어씨̀앙 찌̀이슈̀우 이̌이찌̄잉 샤̄앙요̀옹화̀아 러 마

· 项 : 특정한 계획, 연구, 기술, 안건 등 구체적인 내용을 가진 것을 셀 때 사용하는 양사이다.

넓을 보 미칠 급

보　급　普　及　푸̌우찌́이
(퍼지다)

pǔ　jí

이 소식들은 인터넷을 통해 퍼졌습니다.

这些信息通过网络普及了。
zhèxiē xìnxī tōngguò wǎngluò pǔjí le

져̀어씨̄에 씨̀인씨̄이 토̄옹꾸̀워 와̌앙루̀워 푸̌우찌́이 러

· 网络 : '인터넷'. 그냥 '网', '互联网' 이라고도 한다.

빌공　생각 상

공　상　空　想　코̄옹 씨̌앙

kōng　xiǎng

어렸을 때 나는 공상하는 것을 좋아했다.

小时候我很喜欢空想。
xiǎo shíhou wǒ hěn xǐhuan kōngxiǎng

쌰̌오 싈의호우 우̌워 허̌언 씨̌이후안 코̄옹씨̌앙

작을 소　말씀 설

소　설　小　说　쌰̌오 슈̄오

xiǎo　shuō

너 요즘 무슨 소설 보고 있어?

你最近在看什么小说？
nǐ zuìjìn zài kàn shénme xiǎoshuō

니̌이 쭈̀이 찌̀인 짜̀이 카̀안 쎠̌언머 쌰̌오슈̄오

합할 합　격식 격

합　격　合　格　흐어꼬어
　　　　　hé　gé

이거 합격이에요?

这个合格吗？
zhège hégé ma

져어꼬어 흐어꼬어 마

돋을 도　싸움 전

도　전　挑　战　탸오쟈안
　　　　　tiǎo　zhàn

저는 새로운 것에 도전해 보고 싶어요.

我想试试挑战一下新的东西。
wǒ xiǎng shìshi tiǎozhàn yíxià xīn de dōngxi

우워 씨앙 싈의싈의 탸오쟈안 이이씨아 씨인 떠 또옹씨이

· 试试 : '한번 해 보다', '시도해 보다'. 가볍고 편하게 해보는 느낌이다. '试一试'와 같은 의미다.

언어공감각

공룡한줄이

23장

마치며

23
마치며

새로운 발견을 향한 출발점

지금까지 언어에 관한 다양한 주제를 함께 살펴보았다. 언어는 단순히 의사소통의 도구만은 아니다. 언어는 세계관이자, 사고방식이며, 수천 년 이상 축적되어 온 문화적 DNA다. 이 여정에서 우리는 언어의 기원과 발달 과정, 습득 메커니즘, 그리고 한국어와 중국어 사이의 특별한 연결고리를 탐색하며 언어라는 심오한 인간 현상의 다양한 측면을 발견할 수 있었다.

한자 문화권에서 성장한 한국인에게 중국어는 완전히 낯선 외국어가 아니다. 그것은 우리의 언어 속에 어느 정도 존재하는 익숙하면서도 새로운 차원의 언어다. 한자어의 공유와 지리적, 문화적 근접성은 한국인이 중국어를 학습할 때 다른 언어권의 사람들보다 이점을 갖게 한다.

언어 학습은 결코 단선적이지 않다. 이 과정은 복잡한 신경망처럼 다양한 연결점을 형성하며 발전한다. 다행히 한국인이 중국어를 배울 때 우리는 새로운 신경망을 처음부터 구축하는 것이 아니라, 이미 존재하는 연결고리를 활성화하고 확장하는 과정을 거친다. 이것이 바로 이 책의 이름에 '공통 한중어'가 들어간 이유이다.

그러나 이러한 이점이 중국어 학습의 모든 난관을 제거해 주지는 않는다. 성조, 한자, 그리고 특유의 발음 체계는 여전히 한국인 학습자에게 도전적인 과제가 될 수 있다. 그럼에도 불구하고 우리가 가진 기본적 이점은 이러한 장벽을 더 효과적으로 넘을 수 있는 발판을 제공할 수 있다.

이 책을 통해 우리는 언어 학습의 본질에 대해서도 생각해 보았다. 언어를 배운다는 것은 단순히 단어와 문법을 암기하는 것만을 뜻하지는 않는다. 언어 학습은 새로운 문화를 수용하고, 다른 문화적 맥락에서 자신을 표현하는 법을 배우는 과정이다. 우리가 중국어를 배울 때 이는 완전히 새로운 세계를 탐험하는 것이 아니다. 오히려 우리 자신의 문화적 뿌리를 더 깊이 탐구하는 과정을 거치게 된다. 언어의 경계를 넘어선다는 것은 마음의 경계를 확장하는 일이다. 한국인에게 중국어 학습은 단순한 실용적 기술 습득을 넘어, 우리의 문화적 정체성과 역사적 맥락을 더 풍부하게 이해하는 여정이 될 수 있다. 우리는 중국어를 배움으로써 한국어를 더 깊이 이해할 수 있게 되고, 반대로 한국어에 대한 이해는 중국어 학습의 든든한 토대가 된다.

'언어 공감각, 공통 한중어'안에 단순한 언어적 유사성을 넘어선 더 깊은 연결에 대한 이야기를 담고 싶었다. 한국어 속에 이미 존재하는 중국어의 흔적, 그리고 그 흔적이 만들어내는 특별한 학습 경험에 대하여 말하고 싶었다. 공통 한중어가 학습자들의 머릿속에서 수많은 반딧불 내지는 디딤돌 같은 역할이 되었으면 하는 바람이다.

  이 책의 목적은 모든 한국인이 자신들이 중국어를 익히기에 상대적으로 유리한 위치에 있다는 사실을 체감하는 것이다. 많은 사람들이 이에 흥미를 느끼고 중국어 습득에 실질적인 도움을 받기를 진심으로 바란다. 한국인 중국어 학습자들에게 영감을 주고, 자신들이 가진 고유한 이점을 더 효과적으로 활용할 수 있는 도움이 되기를 바란다. 또한 언어와 문화의 연결에 관심 있는 모든 이들에게 인간의 언어 능력의 놀라운 적응성에 대한 새로운 관점을 제공하기를 희망한다.

  언어는 서로를 나누는 벽이 아니라 서로를 연결하는 다리이다. 이 여정이 여기서 끝나는 것이 아니라 새로운 발견을 향한 출발점이 되기를 바란다.

공통 한중어
예문 23

- 흔적 | 발견 | 지리 | 탐색(탐구)

- 소통 | 곤란 | 확장 | 연결

- 제공 | 맥락 | 표현(공연) | 영감

- 사실 | 교량(다리) | 유사(비슷한) | 역사

- 관심 | 주제 | 사고(생각) | 관계

- 진심 | 희망

흔적 흔   자취 적

흔 적 痕迹 허언찌이
hén jì

흔적이 하나도 없어요.

一点痕迹都没有。
yìdiǎn hénjì dōu méiyǒu

이이띠앤 허언찌이 또우 메이요우

필 발   나타날 현

발 견 发现 팡하씨앤
fā xiàn

그는 자신의 실수를 발견했다.

他发现了自己的错误。
tā fāxiàn le zìjǐ de cuòwù

타아 팡하씨앤 러 쯮으찌이 떠 추워우우

땅 **地** 다스릴 **理**

지 리 地理 띠이리이
dì lǐ

저는 이쪽 지리에 익숙하지 않아요.

我对这边的地理不太熟悉。
wǒ duì zhè biān de dìlǐ bú tài shúxī

우워 뚜위 져어삐앤 떠 띠이리이 뿌우 타이 슈우씨이

· 熟悉 : '익숙하다', '잘 알다'.

찾을 **探** 찾을 **索**

탐 색 探索 타안스워
(탐구)
tàn suǒ

탐색할 가치가 있어요.

值得探索。
zhídé tànsuǒ

즈의뜨어 타안스워

도랑 **구**   통할 **통**

소 통 沟 通 꼬우토옹

gōu tōng

우리 사이의 소통에 문제가 좀 있다.

我们之间沟通有点儿问题。
wǒmen zhījiān gōutōng yǒudiǎnr wèntí

우워먼 즈의찌앤 꼬우토옹 요우띠알 워언티이

괴로울 **곤**   어려울 **난**

곤 란 困 难 쿠운나안

kùn nan

이런 상황은 좀 곤란해요.

这种情况有点儿困难。
zhèzhǒng qíngkuàng yǒudiǎnr kùnnan

져어죠옹 치잉콰앙 요우띠알 쿠운나안

넓힐 **확**　　베풀 **장**

확　장　扩张　쿠̀워쟈ᅟᅠᆼ

kuò　　zhāng

이 회사는 해외 시장을 적극적으로 확장하고 있다.
这家公司正在积极扩张海外市场。
zhèjiā gōngsī zhèngzài jījí kuòzhāng hǎiwài shìchǎng
져̀어찌̄아 꼬ᅟᅠᆼ스̄ 져̀엉짜̀이 찌̄이찌́이 쿠̀워쟈ᅟᅠᆼ 하̌이와̀이 싈̀의챠̌ᅟᅠᆼ

잇닿을 **연**　　이을 **접**

연　결　连接　리́앤찌̄에

lián　　jiē

어떻게 연결하나요?
怎么连接？
zěnme liánjiē
쩌̌언머 리́앤찌̄에

끌 **제**　　이바지할 **공**

제 공　提 供　티́이꼬̄웅
tí　gōng

여기 와이파이 제공되나요?

你们这儿有提供WiFi吗?
nǐmen zhèr yǒu tígōng Wi-Fi ma

니́이먼 져̀얼 요̌우 티́이꼬̄웅 Wi-Fi 마

혈맥 **맥**　　이을 **락**

맥 락　脉 络　마̀이루̀워
mài　luò

사건의 맥락을 파악하는 것이 중요하다.

了解一下事件的脉络很重要。
liǎojiě yíxià shìjiàn de màiluò hěn zhòngyào

랴̌오찌에 이́이씨̀아 실̀의찌앤 떠 마̀이루̀워 허̌언 죠̀웅야̀오

겉 **표** 　나타낼 **현**

표　현　表现　빠오 씨앤
(공연)　　　　　biǎo　xiàn

네 표현이 참 창조적이다.

你的表现很有创造力。
nǐ de biǎoxiàn hěn yǒu chuàngzàolì

니이 떠 빠오씨앤 허언 요우 츄앙짜오리이

· 콘서트는 '演唱会'라고 한다.

신령 **영**　느낄 **감**

영　감　灵感　리잉 까안
　　　　　líng　gǎn

영감이 떠올랐어요.

灵感来了。
línggǎn lái le

리잉까안 라이 러

제23장 | 마치며

일 **사** 실제 **실**

사 실 事实 싈의싈의

shì shí

사실은 이래요.
事实是这样的。
shìshí shì zhèyàng de
싈의싈의 싈의 져어야앙 떠

다리 **교** 들보 **량**

교 량 桥梁 챠오랴앙
(다리)
qiáo liáng

실례합니다, 이 다리의 이름은 뭔가요?
请问, 这座桥梁叫什么名字?
qǐngwèn, zhèzuò qiáoliáng jiào shénme míngzi
치잉워언, 져어쭤워 챠오랴앙 쨔오 셔언머 미잉쯔으

· 座: 앉는 자리를 세는 단위이다. 예문처럼 크고 움직이지 않는 사물(다리, 건물, 산 등)을 세는 양사로도 사용된다.

무리 유　같을 사

유 사 (비슷한) 类似 레이스으
lèi sì

이 두 문제는 비슷하다.
这两个问题很类似。
zhè liǎngge wèntí hěn lèisì
져어 랴앙끄어 워언티이 허언 레이스으

· 两 : '둘'을 나타내는 숫자이며, '二'과 다르게 사물의 개수를 셀 때 주로 사용된다.

지날 역　기록할 사

역 사 历史 리이실의
lì shǐ

저는 역사에 관심이 많아요.
我对历史很感兴趣。
wǒ duì lìshǐ hěn gǎnxìngqù
우워 뚜위 리이실의 허언 까안씨잉취이

제23장 | 마치며　487

관계할 **관** 마음 **심**

관 심 关 心 꽈̄안 씨̄인
guān xīn

이게 저의 관심사입니다.
这是我关心的事情。
zhè shì wǒ guānxīn de shìqing

져̀어 싈̀의 우̀워 꽈̄안씨̄인 떠 싈̀의치̀잉

· 关心: 마음을 쓰거나 신경 쓰는 심리적인 상태를 말한다. '感兴趣'는 어떤 대상에 흥미나 호기심이 있다는 표현을 할때 사용한다는 점이 다르다.

주인 **주** 제목 **제**

주 제 主 题 쥬̌우 티́이
zhǔ tí

주제마다 다른 관점을 가지고 있다.
每个主题都有不同的观点。
měige zhǔtí dōu yǒu bùtóng de guāndiǎn

메̌이끄어 쥬̌우티́이 또̄우 요̌우 뿌̀우토́옹 떠 꽈̄안띠̌앤

생각 **사**　생각할 **고**

사　고　思 考　스으카오
(생각)　　　　sī　kǎo

생각할 시간이 필요해요.

需要思考时间。
xūyào sīkǎo shíjiān

쒸이야오 스으카오 실의찌앤

관계할 **관**　이을 **계**

관　계　关 系　꽈안 씨이
　　　　　guān　xi

이것과 저건 무슨 관계가 있나요?

这个和那个有什么关系?
zhège hé nàge yǒu shénme guānxi

져어끄어 허어 나아끄어 요우 셔언머 꽈안씨이

제23장 | 마치며

참 진　　마음 심

진　심　真 心　져˘언씨ˉ인
zhēn　xīn

제 진심을 믿어주세요.
请相信我的真心。
qǐng xiāngxìn wǒ de zhēnxīn
치ˇ잉 씨ˉ앙씨ˋ인 우ˇ워 떠 져˘언씨ˉ인

바랄 희　바랄 망

희　망　希 望　씨ˉ이 와ˋ앙
xī　wàng

저는 모든 게 순조롭기를 바래요.
我希望一切顺利。
wǒ xīwàng yīqiè shùnlì
우ˇ워 씨ˉ이와ˋ앙 이ˉ이치ˋ에 슈ˋ운리ˋ이

· 顺利 : '순조롭다', '잘 풀리다'.

언어공감각
공통 한중어

참고문헌

『0~5세 언어발달 엄마가 알아야 할 모든 것』 정진옥, 코리아닷컴, 2020

『신화한어사전(新华汉语词典)』 商务印书馆国际有限公司出版发行, 2012

『아이슈타인과 문워킹을(Moonwalking with Einstein)』 Joshua Foer, 이순웅진, 2011

『언어의 뇌과학(The Bilingual Brain)』 Albert Costa, 현대지성, 2020

『언어의 역사(A little book of Language)』 David Crystal, 소소의책, 2020

『언어의 천재들(Babel No More)』 Michael Erad, 민음사, 2013

『언어의 탄생(Uniquely Human)』 Philip Lieberman, 글로벌콘텐츠, 2013

『열하일기』 박지원, 김혈조 옮김, 돌베개, 2017

『일반 언어학 강의(Cours de linguistique générale)』 Ferdinand de Saussure, 1916

『중국 정치 사상사』 김영민, 사회평론아카데미, 2021

『중국어의 비밀 : 한국인을 위한 중국어 사용 설명서』 박종한, 양세욱, 김석영, 궁리, 2012

『진화하는 언어(The Language Game)』 Morten H. Christiansen, Nick Chater, 웨일북, 2023

『특이점이 온다(The Singularity Is Near)』 Ray Kurzweil, 김영사, 2007

『크라센의 읽기 혁명(The Power of Reading)』 Stephen D. Krashen, 르네상스, 2013

『플루언트 포에버(Fluent Forever)』 Gabriel Wyner, 민음사, 2017

『한자의 탄생(文字的故事)』 탕누어(唐諾), 김영사, 2015

『한중일 언어를 통해 본 삼국의 사회와 문화』 연세대 언어정보연구원, 한국문화사, 2018

『AI 이후의 세계(The Age of AI: And Our Human Future)』 Henry A Kissinger, Eric Schmid, Daniel Huttenlocher, 월북, 2023

『Explorations in Language Acquisition and Use』 Stephen D. Krashen, Heinemann Educational Books, 2003

『Polyglot : How I Learn Languages』 Kató Lomb, TESL-EJ, 2018

『The Art and Science of Learning Languages』 Amorey Gethin, Erik V. Gunnemark, Intellect Ltd, 1997

『The Talking Ape: How Language Evolved』 Robbins Burling, Oxford University Press, 2005

찾아보기

ㄱ

가격	232
가능	034
가령	404
가속	231
각각	366
각자	462
각종	216
간단	032
간섭	383
감동	085
감정	103
감지	313
강력	391
강화	291
개발	332
개선	295
개성	450
개시(시작)	036
개월	312
거의	346
거절	409
건반(키보드)	420
건배	196
건의(제안)	111
결과	362
경계	316
경험	370
계산	228
고급	423
고도(높이)	268
고려	103
고사(이야기)	350
고상	422
고시(시험)	048
곤란	482
공간	168
공개	109
공격	132
공급	314
공기	089
공사(회사)	066
공상	471
공작(일, 직업)	442
공존	065
공통	031
공포	128
과연(역시)	248
과장	234
과정	238
관건	445
관계	489
관련	400
관리	186
관세	069

관심	488
관점	027
관찰	072
관통	194
관한	276
광고	234
광복	173
교량(다리)	486
교류	387
교육	237
구조	106
구체적	368
국가	172
국적	464
규칙	328
근본	267
기간	337
기괴(이상한)	149
기교(테크닉)	421
기능	050
기대	105
기록	125
기본상(기본적으로)	274
기술	252
기억	294
기원	310
기초(기반)	237
기타(그 외)	193
기호	045
기회	236

ㄴ

난이도	404
낭비	047
내용	364
내재화	335
냉정	257
노력	253
녹음	365
뇌파	313
능력	110

ㄷ

다양	064
단련	296
단순	347
담당	292
담화	090
답안(정답)	272
당시	102
당연(물론)	315
대뇌(머리)	288
대략(대강)	330
대상(상대)	363
대체	169
대표	178
대화	372
도달(달성)	215
도대체	308

도덕	192
도전	472
도처(여기저기)	124
독립	195
독특	171
돌파	403
동기	462
동서(물건)	186
동시	271
동의	085
동작	401
동화	350
등광(조명)	429
등등	193
등장	048

ㅁ

만세	196
만족	354
매력	071
매체(미디어)	365
맥락	484
맹목적	346
맹수	124
명백(알겠다)	427
모국어	382
모방(흉내내다)	349
모순	449
모양(모습, 꼴)	153

목적지	088
목전(눈앞에, 지금)	369
목표	392
몽상(꿈)	465
묘사	107
무관	049
무대	428
무수히	465
무술	406
무역	067
물리	466
민감	317
민족	064

ㅂ

반대	083
반도	172
반도체	068
반복(여러 번)	295
반영	317
반응	091
발견	480
발달	217
발명	146
발생(생기다)	127
발전	231
발표	150
방법	148
방식	106
방안	443

방어	132
방해	050
방향	368
배경	152
백지	384
범위	211
법칙	466
변화	214
보급(퍼지다)	470
보조	046
보존(보관)	177
보통	371
보편	467
보호	388
복잡	289
본래(원래)	054
본질	049
부근(근처)	187
부담	051
부분	266
부위	289
부족	366
분노	129
분명	053
분배(나누다)	155
분석	257
분위기	424
비교적	029
비명	134
비밀	334
비유	213
비평(비판)	275

ㅅ

사고	126
사고(생각)	489
사상(생각)	191
사실	486
사용	033
사치	233
사회	191
산보(산책)	073
산업	212
상관	364
상당히	390
상대적	028
상상	218
상용화	470
상징	107
상태	348
상호(서로)	387
색채	429
생명	310
생산	336
생존	151
생활(삶)	214
서적	268
석양	073
선명	171
선율(멜로디)	424

선천적	410	습관	348
설계(디자인)	328	승낙(굳은 약속)	409
설명	148	승리	338
성격	086	시간	168
성공	133	시기	330
성인(어른)	382	시대	209
성장	258	시도	090
성질(화나다)	271	시범	407
세계	082	시선	256
세상	230	시장	069
세월	194	시점(관점)	309
소비	235	시중심	088
소설	471	식품	154
소수	410	신경	288
소식(정보)	467	신기	430
소위(이른바)	208	신변(곁에)	215
소탈	086	신비	315
소통	482	신체(몸)	402
소화	175	신호	293
속도	217	실력	408
손상	290	실용	445
수단(수완)	046	실전	406
수도	187	실제	033
수시로(언제든지)	333	실패	133
수요(필요)	249	실험	363
수확	155	심지어	250
숙련된(능숙한)	408		
순서	352	**ㅇ**	
순진	385		
숫자	228	아동(어린이)	384

악기	420	외부	316
안전	405	요구	447
압력(스트레스)	092	요긴	351
애정(사랑,연애)	386	요소	353
애호(취미)	422	용감	129
양식(스타일)	254	용도	047
양육	329	용이(쉽다)	029
어이(어이없다)	092	운동	400
여전히	318	원리	273
역량	430	원인	030
역사	487	원칙	352
역전	338	위대	146
연결	483	위치	070
연구	362	위해	311
연속	401	유도(부추기다)	235
연주	421	유리(유익,이득)	053
연합	130	유머	087
영감	485	유명	210
영양	314	유사(비슷한)	487
영역(분야)	216	유일한	044
예방	131	유전	463
예술	229	유지	450
오해	134	유창	334
완벽	448	유치	385
완성	372	유쾌	087
완전	026	유혹	233
왕왕(종종)	127	육칠	312
왜곡	389	융합(어울리다)	175
외교	188	음료	154
외모	254	응용	337

찾아보기 499

의견	084
의도	367
의문	248
의복(옷)	190
의사(뜻)	331
의식	309
의외(뜻밖의)	126
의원(병원)	174
의의(의미, 뜻)	031
이모	102
이미	250
이상	272
이식	469
이용	105
이유	030
이익	151
이전(예전에)	296
이해	032
이후(앞으로)	034
인공	208
인생	266
인해(때문에)	389
일반(보통)	344
일종의	298
일체(모두)	109
입장	332

ㅈ

자격	444
자기(스스로, 혼자)	291
자동화	230
자세	402
자연	388
자원	178
자유	067
작용	370
작전	130
작품	427
잡음(소음)	347
재료	345
저렴	232
저장(보관)	469
적극적	111
전달	293
전부	269
전쟁	082
전진	403
전통	190
전파	156
절대	083
접근	273
정도	463
정돈	108
정리	108
정보	211
정부	044

정서(기분, 감정)	255
정식(공식)	045
정책	189
정치	188
제공	484
제도	189
조롱(놀리다)	270
조사	311
조소(비웃다)	270
조직	392
조합	425
존재	054
존중	192
종교	065
종류	407
주변	195
주부	104
주위	349
주의	405
주의(사상, 생각)	448
주장	084
주제	488
준비	036
중개	292
중요	089
증강	110
증거	176
증명	443
지능	209
지리	481

지방(장소, 곳)	170
지속(계속)	391
지식	468
지점(장소)	071
지지(응원)	318
지혜	468
직접	035
진보(늘다,발전하다)	210
진심	490
진정한	345
진행	147
진화	298
집중	351

ㅊ

차이	255
착오(잘못된, 실수)	446
찬란	074
참가	147
참고	333
창의	275
창조(만들다)	229
처리	290
척도(기준)	441
철저	177
첨단	212
청원(실례하다, 여쭙다)	447
초과	269
초기	052

초월	218
최근(요즘)	390
최소한(적어도)	176
최종	150
최초(처음)	308
최후(마지막)	367
추상	276
추측	153
축하	112
출발	052
출생	329
출신	464
출현(나타나다)	125
충격	128
충돌	169
충만	386
충분	354
취득(얻다)	444
취소	426
취재	072
취향	423
측면(옆)	249
치료	174
친근	173
친밀	251

ㅋ

쾌속	297

ㅌ

타당	440
탄생	112
탐색(탐구)	481
태도	253
토론	267
통신	446
투자	068
특별한	027
특색(특징)	170

ㅍ

파도	213
파악(잡다)	369
판단	035
편견	256
편리	236
평생	104
포괄(포함)	371
표시	331
표정	149
표준(기준)	353
표현(공연)	485
풍경	074
풍부	258
피해	131
필수(꼭, 반드시)	238
필연	383

ㅎ

합격	472
합리	440
합주	426
항공	442
해외	066
핵심	070
행동	152
행위	335
현실	441
호기심(궁금한)	336
혹시(어쩌면, 아마)	294
혼란	051
혼합(섞다)	274
화려	428
화음	425
확장	483
환경	156
환영	026
활동(행사, 이벤트)	251
황당	091
회복	297
회의	252
회의(의심)	449
획득(얻다)	028
효과	344
흔적	480
희망	490

언어 공감각, 공통 한중어

ⓒ 오연, 2025

초판 1쇄 발행 : 2025년 6월 8일

지 은 이	오연
펴 낸 이	윤지웅
펴 낸 곳	작은행동
디 자 인	디자인 아르시에
등 록	제 2024-000188 호
주 소	서울시 마포구 신촌로 2길 19 마포출판문화진흥센터 Platform-P, P50
전 화 번 호	010-7251-8816
이 메 일	littleaction.content@gmail.com
인스타그램	@littleactioncontent
I S B N	979-11-992874-0-2(03720)
값	22,000 원

후원해 주신 분들

고등어잡이, 고혜주, 권명숙, 김병희, 김성순, 김평숙, 김현미, 바람의노래, 송송자, 오진선, 오진영, 윤진서, 이상옥, 이상운, 이정림, 참새바다, 최현미